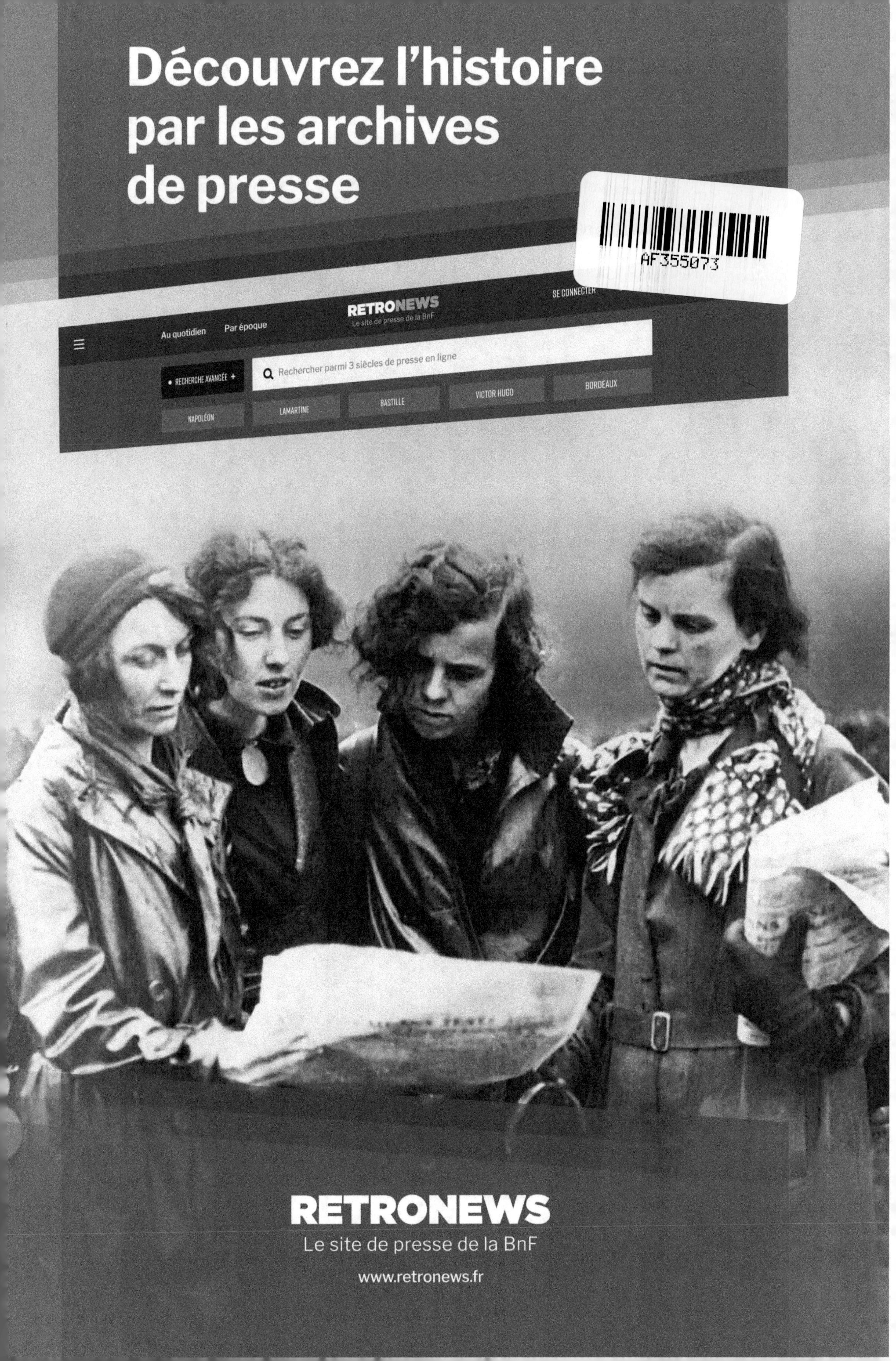
Découvrez l'histoire par les archives de presse
RETRONEWS
Le site de presse de la BnF
SE CONNECTER
Au quotidien
Par époque
RECHERCHE AVANCÉE +
Rechercher parmi 3 siècles de presse en ligne
NAPOLÉON
LAMARTINE
BASTILLE
VICTOR HUGO
BORDEAUX
RETRONEWS
Le site de presse de la BnF
www.retronews.fr

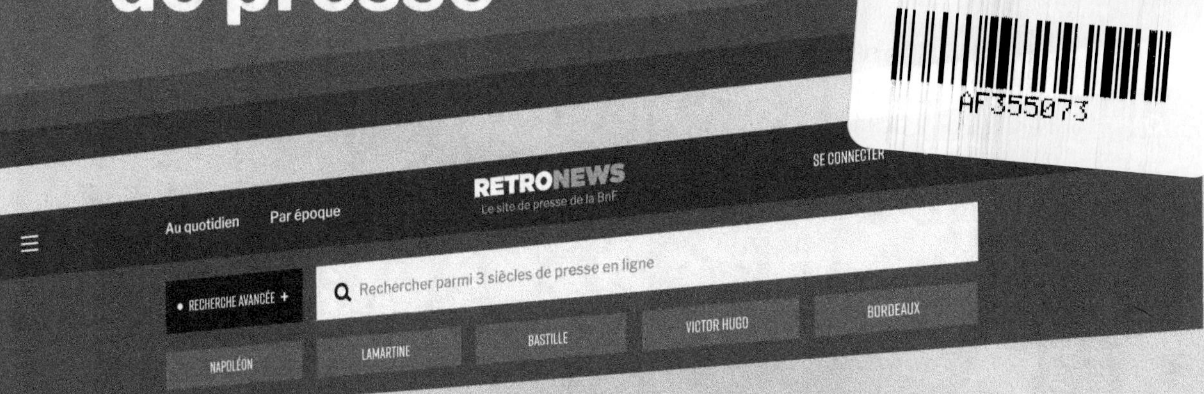

TABLE

ALPHABÉTIQUE ET ANALYTIQUE DES MATIÈRES

CONTENUES DANS LA

REVUE MARITIME & COLONIALE

DE 1879 A 1888

PARIS. — IMPRIMERIE L. BAUDOIN ET C⁰, RUE CHRISTINE, 2.

TABLE

ALPHABÉTIQUE ET ANALYTIQUE DES MATIÈRES

CONTENUES DANS LES 40 VOLUMES

DE LA

REVUE MARITIME ET COLONIALE

DE 1879 A 1888

PARIS

LIBRAIRIE MILITAIRE DE L. BAUDOIN ET Cᵉ

IMPRIMEURS-ÉDITEURS

30, Rue et Passage Dauphine, 30

—

1889

TABLE

ALPHABÉTIQUE ET ANALYTIQUE DES MATIÈRES

CONTENUES DANS LES 40 VOLUMES DE LA

REVUE MARITIME & COLONIALE

DE 1879 A 1888

———

N. B. — Les chiffres romains indiquent le tome, et les chiffres arabes la page ; le millésime placé entre parenthèses donne l'année de la publication de l'article.

————

A

Abordages : Moyen de les prévenir entre navires à vapeur, LXII (1879), 779.—Collision entre l'*Alexandra* et l'*Achilles*, LXIII (1879), 760. — Abordages et cloisons étanches, LXXVIII (1883), 485. — Eclairage des navires à vapeur pour prévenir les abordages, LXXXII (1884), 126. — Sauvetage rapide en mer, en cas d'abordage, LXXXIV (1885), 375. — Nouvelles règles anglaises pour prévenir les abordages à la mer, LXXXIX (1886), 185. — Enquête sur la perte de l'*Orégon*, LXXXIX (1886), 576. — Les collisions en mer, XCVII (1888), 177, 385 ; XCIX (1888), 177, 369. — Voy. *Tactique*.

Abydos : LXXIX (1883), 176.

Abyssinia, garde-côtes anglais, LXVIII (1881) 305.

Académie de Marine : Son histoire, LX (1879), 389 ; LXII (1879), 323 ; LXIII (1879), 76 ; LXIV (1880), 54, 528 ; LXV (1880), 539 ; LXVI (1880), 105 ; LXVIII (1881), 138, 277 573 ; LXIX (1881), 320 ; LXX (1881), 338 ; LXXI (1881), 33, 362 ; LXXII ; (1882), 326 ; LXXIII (1882), 67, 412 LXXIV (1882), 197, 318 ; LXXV (1882), 154. — L'Académie navale royale italienne, LXXIV (1882), 409. — Académie navale des Etats-Unis : nouveau règlement, XCV (1888), 564.

Académie des sciences : Prix décernés en 1879 à des officiers des différents corps de la Marine, LXI (1879), 361.

Acheron, torpilleur australien, LXIII (1879), 764.

Acheron, canonnière française cuirassée, LXXXV (1885), 715.

Achilles, cuirassé anglais : sa collision avec l'*Alexandra*, LXIII (1879),

750 ; — renseignements généraux, LXVIII (1881), 18.

Acier. — Voy. *Métallurgie*.

Acorn, corvette anglaise : ses essais, LXXXVII (1885), 187.

Acoustique : Inflexions dans la direction des sons, XCIV (1887), 203. — Emploi de la sirène et des résonnateurs, XCIV (1887), 346. — Signaux phoniques en temps de brume, XCVII (1888), 177, 385.

Active, croiseur anglais, LXXI (1881), 574.

Adams, croiseur américain, LXXI (1881), 621.

Adder, monitor cuirassé hollandais, LXXI (1881), 175.

Aden (notice sur), LXXIV (1884), 264. — L'ouragan de juin 1885 dans le golfe d'Aden, LXXXIX (1886), 69 ; XCIII (1887), 177.

Adigard (P.), lieutenant de vaisseau : Le nouveau port de l'île de la Réunion, LXXXVIII (1886), 472. — L'avarie du *Shamrock* et sa réparation provisoire, XCVIII (1888), 304.

Administration : Cours d'administration fait aux élèves-commissaires de Brest.— Cours de M. *Fournier* : Administration et comptabilité du matériel de la marine (*suite et fin*), LX (1879), 145, 458—Mission et organisation générale des services de la marine, LXII (1879), 674 ; LXIII (1879), 137, 488. — *Législation et administration* du recrutement, LXIII (1879), 690.—De la dette personnelle des citoyens envers l'État, LXIV (1880), 107, 257.

— Cours de M. *Enrici Bajon* : Action de police intérieure de la marine ou justice maritime, LX (1879), 529 ; LXI (1879), 47.— Administration des Colonies, LXII (1879), 29.

—Cours de M. *Neveu* : Organisation du personnel de la marine, LXIV (1880), 557 ; LXV (1880), 148, 398.

— Cours de MM. *Fournier* et *Neveu* : Administration de la fortune publique, LXXIX (1883), 5. — Personnel de la marine, LXXIX (1883), 363, 667.

—Cours de MM. *Fournier*, *Neveu* et *Bobet* : Administration du personnel de la marine, LXXX (1884), 92, 358. — Comptabilité des matières, LXXX (1884), 552 ; LXXXI (1884) 60. — Personnel ouvrier, LXXXI (1884), 292.— Approvisionnements, LXXXI (1884), 561 ; LXXXII (1884), 93. — Subsistances, LXXXII (1884), 437. — Hôpitaux, LXXXII (1884), 689.—Acquisition des immeubles, LXXXIII (1884), 98. — Equipages de la flotte, LXXXIII (1884), 387, 740.

L'administration centrale de la marine avant 1793, LXI (1879), 148 ; LXXXVIII (1886), 412. — Projet de dictionnaire administratif de la marine, LXV (1880), 257. — De l'importance administrative du régiment d'artillerie de la marine française en 1885, LXXXVIII (1886), 325. — Le contrôle de la marine, XCI (1886), 226.

Voy. *Marines militaires des diverses puissances*.

Affondatore, bélier cuirassé italien, LXX (1881), 501.

Affûts. — Voy *Artillerie*.

Afrika, croiseur russe, LXXI (1881), 601.

Afrique : Voy. *Canaux, Géographie, Pêches*.

Agamemnon, cuirassé anglais : sa mise à l'eau, LXIII (1879), 512 ; — son appareil de chargement hydraulique, LXI (1879), 434 ; — renseignements généraux, LXVIII (1881), 52 ; LXXXIV (1885), 761.

Agincourt, cuirassé anglais à batterie, LXVIII (1881), 22.

Agostino-Barbarigo, aviso italien, LXXI (1881), 616.

Agriculture : Le concours agricole et industriel de Papeete en 1878, LXI (1879), 321. — Station agronomique de la Réunion (*suite et fin*), LXXII (1882), 112, 305, 521.

Aguilard Samudce (J. d') : son opinion sur le cuirassement des navires, LXIII (1879), 349.

Air : Expériences sur sa résistance, LXI (1879), 20. — Bateau sous-marin à air comprimé, XCV (1888), 567.

Ajax, *cuirassé anglais* : son appareil de chargement hydraulique, LXI (1879), 434 ; — renseignements généraux, LXVIII (1881), 52 ; — ses canons, XC (1886), 326.

Ajax, monitor cuirassé américain, LXXI (1881), 309.

Alacrity, aviso anglais : ses essais, LXXXVII (1885), 185.

Alarm, torpilleur américain, LXIV (1880), 417.

Albatros, croiseur anglais, LXXI (1881), 586.

Albini, capitaine de vaisseau de la marine italienne : Le chargement par la culasse des canons de gros calibre à bord des cuirassés, LXI (1879), 429.

Alert, croiseur américain, LXXI (1881), 621.

Alexandra, *cuirassé anglais* : sa collision avec l'*Achilles*, LXIII (1879), 750 ; — renseignements généraux, LXVIII (1881), 36.

Alexandre II, cuirassé russe, LXXXII (1884), 736 ; XCIV (1887), 594.

Alexandrie (Bombardement d') en 1882, LXXV (1882), 604 ; LXXVIII (1883), 534 ; LXXXIII (1884), 330.

Alexandrine, corvette allemande, LXXXV (1885), 220.

Alger (Les corsaires de la régence d'), LXXVI (1883), 621.

Algérie : Sa navigation en 1877, LXI (1879), 444 ; en 1878, LXV (1880), 241 ; en 1879, LXVIII (1881), 657 ; — ses relations avec l'Afrique centrale, LXII (1879), 70 ; — ses pêches maritimes, LXXI (1881), 125. — Première tentative d'établissement des Français en Algérie (1664), XCV (1887), 188. — La marine de la régence d'Alger avant la conquête, LXXVI (1883), 619. — L'amiral Duperré et l'expédition d'Alger, LXIX (1881), 496.

Algranati (E.), lieutenant de vaisseau de la marine italienne : Considérations sur les grands navires italiens, LXXVI (1883), 400.

Algues marines comestibles : Voy. *Flore marine*.

Alima : Voy. *Gabon*.

Allemagne : Voy. *Artillerie, Bassins, Budgets, Canaux, Colonies, Constructions navales, Côtes, Géographie, Législation, Marines marchande et militaire, Pêches, Ports, Torpilles, Torpilleurs, Transports, Uniformes, Voyages*.

Alliance, corvette à hélice américaine, LXXI (1881), 621.

Almirante-Brown, corvette cuirassée argentine, LXVII (1880), 632.

Almirante-Cochrane, cuirassé chilien, LXXI (1881), 320.

Alt-Ofen, chantier de construction (Hongrie), LXXXVI (1885), 694.

America, porte-torpilleur italien, XCII (1887), 563.

Amerigo-Vespucci, croiseur italien, LXXI (1881), 645 ; LXXXII (1884), 492.

Amérique. — Voy. *Pêches*.

Amethyst, croiseur anglais, LXXI (1881), 576.

Amiral-Greigh, cuirassé russe à tourelles fermées, LXIX (1881), 210.

Amiral-Lazareff, cuirassé russe à tourelles fermées, LXIX (1881), 210.

Amiral-Nakhimoff, cuirassé russe, LXXXVII (1885), 661.

Amiral-Spiridoff, cuirassé russe à tourelles fermées, LXIX (1881), 211.

Amiral-Tchitchagoff, cuirassé russe à tourelles fermées, LXIX (1881), 211.

Amirauté anglaise : LXXXIII (1884), 223 ; — promesses, XCII (1887), 175 ; — bureau d'informations, XCIII (1887), 441 ; — réformes, XCV (1887), 172 ; XCVII (1888), 370 ; — responsabilités, XCVIII (1888), 340 ; — déclarations, XCIX (1888), 599.

Ampère (courants d') : LXII (1879), 640.

Amphion, croiseur anglais, LXXXVII (1885), 185 ; LXXXIX (1886), 558.

Amphitrite, monitor cuirassé américain, LXXI (1881), 307.

Amsterdam : Navigation de ce port, LXII (1879), 246.

Amsterdam (Ile) : Ses pêches maritimes, LXXV (1882), 103.

Analyse. — Voy. *Mathématiques*.

Ancona, cuirassé italien, LXXI (1881), 489.

Ancres : L'ancre flottante *Bullivant*, LXXVI (1883), 489. — Ancre sans jas *Wasteneys Smith*, LXXXVIII (1886), 546.

Andrea Doria, cuirassé italien, LXXXII (1884), 493.

Andrea Provana, canonnière italienne, LXXXII (1884), 493.

Andrieu (P.), lieutenant de vaisseau : L'industrie du hareng, LXXIII (1882), 199. — Engins et produits de pêche dans les mers de l'Europe, LXXVI (1883), 652; LXXVII (1883), 65.

Anesthésique (Obus chargé de substance), XCVI (1888), 191.

Anémomètres : LXV (1880), 658 ; LXXI (1880), 433.

Angamos (Punta). — Voy. *Histoire*.

Angelo Emo, nouveau croiseur italien, XCII (1887), 367.

Angle de dérive des navires, LXXVIII (1883), 679.

Angle horaire (calcul de l'), LXI (1879), 343.

Angleterre. — Voy. *Artillerie, Budgets, Canaux, Colonies, Commerce, Constructions navales, Côtes, Géographie, Histoire, Hydrographie, Législation, Machines, Manœuvres, Marines marchande et militaire, Métallurgie, Météorologie, Pêches, Ports, Torpilles, Torpilleurs, Transports, Travaux hydrauliques*.

Angra-Pequena, baie de l'Afrique, LXXXIX (1886), 407.

Anguilla : Colonie anglaise, LXVII (1880), 146.

Angus, steamer anglais : sa machine, XCIX (1888), 605.

Annam (Le royaume d'), LXXXV (1885), 527.

Anson, cuirassé anglais à tourelles barbette, LXXXIX (1886), 361; — modifications, XCVIII (1888), 536; XCIX (1888), 155.

Anthracite, steamer anglais : sa première traversée, LXVII (1880), 634.

Antigoa : Ile anglaise, LXVI (1880), 513.

Antilles. — Voy. *Hygiène*.

Antinoé : ville d'Egypte, LXXIX (1883), 173.

Antoine (Ch.), ingénieur de la marine : Lames de haute mer, LX (1879), 627 ; LXI (1879), 104. — Calculs des propulseurs hélicoïdaux, LXV (1880), 580 ; LXVII (1880), 352.

Antoine (Ch.), lieutenant de vaisseau : Expériences de blindages de la Spezia, LXXVII (1883), 760.

Anvers : Ses fortifications, LXXXIII (1884), 252.

Apparaux : Les pompes du *Tegetthoff*, cuirassé autrichien, LXVIII (1881), 233.

Apprentis-fusilliers de Lorient, XCV (1887), 5.

Aquidaban, cuirassé brésilien : LXXXIV (1885), 764; — ses essais, LXXXVI (1885), 457.

Arago (F.), lieutenant de vaisseau : Comparaison des montres par la méthode des coïncidences, LXVIII (1881), 249. — Note de M. Caspari sur ce travail, LXVIII (1881), 257. — Appareil de pointage à mouvements relatifs et fusil-canon mobile, LXXVIII (1883), 302.

Aragon, croiseur espagnol : son lancement, LXIII (1879), 752.

Arcachon. — Voy. *Physique de la mer*.

Arcadia, croiseur auxiliaire anglais, XCVII (1888), 359.

Archéologie : Recherches archéologiques dans le sud de l'Inde, LXV (1880), 670. — Archéologie navale : Influence des croisades sur l'industrie maritime, LXV (1880), 689.

Archer, croiseur-torpilleur anglais, LXXXVII (1885), 649; LXXXVIII (1886), 335; — ses essais, XCII (1887), 366; XCIII (1887), 218.

Archimède, aviso à hélice italien, XCI (1886), 180.

Archinard, chef d'escadron d'artillerie de la marine : *Notice sur M. Hélie*, LXXXVII (1885), 637. — Recherches archéologiques dans le sud de l'Inde, LXV (1880), 670.

Archives de la marine (Inventaire sommaire des) : LXXII (1882), 589. — Inventaire des archives de la marine du port de Marseille, XCIII (1887), 549; XCIV (1887), 248, 510. — Inventaire des archives de la marine de Saint-Servan, XC (1886), 281, 492.

Ardent, aviso français : LXXI (1881), 403.

Ardouin (L.), médecin de la marine : Aperçu de l'histoire de la médecine au Japon, LXXXI 1884, 606.

Arethusa, croiseur anglais, LXVII (1880), 263.

Argentine (République). — Voy. *Constructions navales, Marine militaire*.

Argentine, corvette de la marine argentine, LXXXII (1884), 248.

Ariadne, bâtiment école allemand, LXXI (1881), 594; XCV (1887), 356.

Ariete, torpilleur espagnol, XCIV (1887), 392.

Arizona : Projet de la réunir avec la Californie du Sud par un canal, LXII (1879), 247.

Arizona, steamer anglais : son lancement, LXI (1879), 420.

Armée. L'armée chinoise, LXX (1881), 223. — Les milices garde-côtes, LXXXVIII (1886), 509; LXXXIX (1886), 294.

Armes : Instruction du tir du fusil dans les marines anglaise et italienne, XCVI (1888), 261. — Fusil à tir rapide, XCVIII (1888), 350.

Arminius, garde-côtes allemand, LXVIII (1881), 610.

Armit, lieutenant de la marine anglaise : Son hélice propulsive, LX (1879), 203.

Armstrong. Canon de 111 tonnes; comparaison avec le canon Krupp de 118 tonnes, XCVI (1888), 390. — Canons de 110 tonnes, LXXXIV (1885), 767; XC (1886), 327; XCIII (1887), 439. — Canon de 100 tonnes, LXII (1879), 239, 487, 762, 763; LXIII (1879), 519; LXIV (1880), 408; LXVII (1880), 635; LXXI (1881), 411; LXXVIII (1883), 515; LXXX (1884), 726; LXXXVII (1885), 429. — Canon de 80 tonnes, LX (1879), 516; LXIII (1879), 517; LXIV (1880), 414. — Canon de 38 tonnes, LXII (1879), 761. — Canon de 29 tonnes (25c,4), LXIII (1879), 519; LXI (1879), 349; LXII (1879), 760. — Canon de 6 pouces LXXXVII (1885), 664; LXXXIX (1886), 430. — Canon de 5 et 4 pouces, XCV (1887), 359. — Canon à tir rapide, de 100 et 36 livres, XCVI (1888), 192, 193; XCIX (1888), 351.

Arras (Jean-Lambert d'), enseigne de vaisseau (1786-1851) : notice, LXXXVII (1885), 417.

Arrimage : Dangers des chargements de charbon, LXII (1879), 778; LXIII (1879), 770.

Arrogante, batterie flottante française : son renflouage, LXII (1879), 223.

Arsenaux. — Voy. *Marine militaire des diverses puissances : matériel*.

Arthur, capitaine de vaisseau anglais : Son appareil pour enlever les torpilles, LXIII (1879), 282.

Arthur, port militaire chinois, XCVII (1888), 569.

Artifices. — Voy. *Artillerie*.

Artillerie. — GÉNÉRALITÉS : Construction et résistance des canons, LXI (1879), 640; LXV (1880), 99. — Études comparatives des canons à grande puissance, LXIV (1880), 618. — Canons de gros calibre en 1884, LXXXIII (1884), 28. — L'artillerie à grande puissance,

LXXXII (1884), 253. — Discussion au sujet de ces canons à l'*United Service Institution*, LXXXV (1885), 573. — Progrès réalisés par l'artillerie navale de 1855 à 1880, LXX (1881), 253. — La nouvelle artillerie des marines française, italienne, anglaise et allemande, LXXXII (1884), 739. — Progrès récents de l'artillerie de marine en Allemagne, en Angleterre et en France, LXXXIV (1885), 65. — Procédé nouveau pour la fabrication des canons d'acier, XCVII (1888), 364. — Feu des canons à tir rapide pendant la nuit, XCIX (1888), 350.

AFFUTS : Canons *Armstrong* sur affûts à éclipse, XCVI (1888), 193. — Affût de côté des canons de 40 ᶜ (71 tonnes), LX (1879), 224 ; LXIII (1879), 242.

ARMES PORTATIVES : Fusil-canon mobile, LXXVIII (1883), 802. — Fusils automatiques *Maxim*, LXXXIII (1884), 554. — Fusil à tir rapide, XCVIII (1888), 350.

ARTIFICES : Fusée à double effet de *Bluntschli*, LX (1879), 218. — Fusée percutante pour retarder l'explosion des obus de combat, LXI (1879), 646. — Fusées bruyantes au coton poudre, LXII (1879), 784. — Fusées mécaniques *Berdan*, LXXXV (1885), 83.

BALISTIQUE : Expériences sur la résistance de l'air, LXI (1879), 20. — Étude spéculative de balistique intérieure, LXXIX (1883), 561.

CHARGEMENT et MANOEUVRE : Appareil *Smith* pour le chargement des gros canons, LX (1879), 216. — Le chargement par la culasse des canons de gros calibre à bord des cuirassés, LXI (1879), 429. — Appareils de chargement hydrauliques de l'*Ajax* et de l'*Agamemnon*, LXI (1879), 434. — Grue de 1000 tonnes pour la manoeuvre et l'embarquement des canons, LX (1879), 809. — Tour pour le canon de 160 tonnes, LX (1879), 809. — Appareil de pointage à mouvements relatifs et fusil-canon mobile, LXXVIII (1883), 302.

CUIRASSES : Coupoles *Gruson* employées dans les fortifications des bouches du Weser, LXII (1879), 242 ; LXIII (1879), 280. — Emploi des coupoles *Gruson* en Hollande, LXII (1879), 767. — Perforation de cuirasse en Hollande, LXVIII (1884), 231. — Coupoles cuirassées à Bucharest, LXXXVIII (1886), 172. — Le fort cuirassé de la Mersey, LXIII (1879), 520.

Les plaques de blindage des bâtiments de guerre, LXIII (1879), 104. — Note sur le cuirassement des navires, LXII (1879), 230 ; LXIII (1879), 335 ; 343, 356. — Blindage des flancs et des ponts des navires, LXXXIV (1885), 767.

Les blindages fer et acier en Angleterre, LXV (1880), 225. — Cuirasses et projectiles d'acier en Angleterre, XCII (1887), 178, 374. — Les lois de la perforation des plaques de blindage en fer forgé, LXXXIV (1885), 238. — Les plaques de blindage *Ellis*, LXIX (1881), 451. — Essais en Angleterre d'une nouvelle cuirasse compound, LXXXIII (1884), 563. — Expériences à Portsmouth sur des plaques de blindage, XCVIII (1888), 184. — Essais de plaques de blindage en Danemark, LXXXI (1884), 485. — Expériences de plaques de blindages à la Spezia, LXXVII (1883), 760. — Essais comparatifs de plaques de blindage, à la Spezia, en 1884, LXXXIV (1885), 175. — Tir à la Spezia contre une cuirasse en fonte dure, XC (1886), 147. — Essais en Italie de plaques de blindage, LXXXIII (1884), 563. — Essais des plaques du cuirassé *Conqueror*, LXVII (1880), 636. — Épreuves des plaques de l'*Inflexible*, LXII, (1879), 1888. — Les plaques du *Terrible*, garde-côtes français, LXXI (1881), 205.

CULOTS : Les culots obturateurs de l'artillerie anglaise, LX (1879), 516.

ÉCLATEMENT d'un des canons du cuirassé *Thunderer*, LX (1879), 809. — Rapport de la commission chargée de rechercher les causes de cette explosion, LXI (1879), 374. — Observations de la presse anglaise sur ce rapport, LXI

(1879), 218. — Expériences sur le canon du *Thunderer*, LXII (1879), 239 ; LXIV (1880), 412, 413 ; LXV (1880), 292. — Éclatement d'un canon à bord du *Renown*, LXIII (1879), 761. — Éclatement d'un canon de 12 pouces et de 43 tonnes à bord du *Collingwood*, LXXXIX (1886), 548. — Éclatement d'un canon *Krupp* de 28° et d'un canon de 15ᶜ de Woolwich, LXXVI (1883), 224. — Éclatement d'un canon de 24°, LXIII (1879), 278, 261. — Éclatement de canons anglais de 23ᶜ, XCVI (1888), 572.

EXPÉRIENCES et ESSAIS DE CANONS : Programme des expériences annuelles de l'usine Krupp à Meppen, LXII (1879), 240. — Résultats des expériences de Meppen en août 1879, LXIII (1879), 237. — Tableaux des dimensions des canons expérimentés à Meppen en 1879, LXII (1879), 649. — Expériences à l'usine Krupp, en 1878 et 1879, sur des obus de 15 °, LXII (1879), 482.

Expériences faites en Angleterre sur la résistance des canons, LXI (1879), 640 ; LXXXIII (1884), 248 ; LXXXVIII (1886), 170. — Expériences de Shœburyness en 1878, LX (1879), 212. — Expériences en 1878 avec des pièces *Armstrong*, LX (1879), 510. — Essais du canon *Armstrong* de 100 tonnes à Woolwich, LXII (1879), 487 ; à Shœburyness, 762. — Expériences à Wolwich du canon de 80 tonnes, LX (1879), 516. — Essais sur le canon de 80 tonnes, LXIV (1880), 414. — Expériences faites à Woolwich sur des canons *Longridge* à fil d'acier de 22 tonnes, XCVI (1888), 191 ; XCVII (1888), 161. — Essais des canons du *Dreadnought*, LX (1879), 214. — Essais des nouveaux canons de l'*Impérieuse*, LXXXVII (1888), 433. — Expériences d'artillerie sur la *Résistance*, XCVIII (1888), 185 ; XCIX (1888), 350.

Expériences à la Spezia, en juin 1879, avec le canon *Armstrong* de 100 tonnes, LXII (1879), 763 — Essai comparatif des canons *Hotchkiss* et des canons *Nordenfelt*, LXXXVII (1885), 434.

EXPLOSIFS : Note sur les composés explosifs, LX (1879), 372. — Note sur l'explosion des matières fusantes, LXI (1879), 434. — Inexplosibilité des munitions pour mitrailleuses, LXXXVIII (1886), 532. — Étude sur les poudres, LXV (1880), 519. — La meilleure poudre à canon, XCVI (1888), 389. — Poudre sans fumée, XCVIII (1888), 351, 533. — Nouvelle poudre américaine, LXXXVI (1885), 684. — Nouvelle substance explosive, XCVI (1888), 387. — Expériences à l'usine Krupp, en 1878 et en 1879, sur différentes espèces de poudre, LXII (1879), 482. — Essai de poudres pour les canons de 100 tonnes, LXXX (1884), 726.

La *bellite*, XCIV (1887), 388 ; XCVIII (1888), 350. — Fusées bruyantes au *coton-poudre*, LXII (1879), 784. — La *gélatine-dynamite*, LXI (1879), 217 ; XCI (1886), 191. — La *mélinite*, XCVIII (1888), 533. — La *nitro-gélatine*, XCVII (1888), 365. — La *nitro-glycérine* LXXXV (1885), 475. — Expériences en Angleterre avec la *poudre prismatique*, LX (1879), 516. — La *silotvaar*, XCI (1885), 589. — La *vigorite*, LX (1879), 224. — La *woodite*, XCI (1886), 589.

MÉTALLURGIE : Métaux employés dans la construction des canons, LXV (1880), 103. — Le fer et l'acier pour l'artillerie, LXII (1879), 571. — Fabrication des canons d'acier en Angleterre, LXXXIV (1885), 767 ; XCVII (1888), 364.

MITRAILLEUSES : La mitrailleuse *Nordenfelt*, LXVIII (1881), 681 ; LXXVIII (1883), 559. — Mitrailleuses *Maxim* et fusils automatiques, LXXXIII (1884), 564 ; XCVIII (1888), 349. — Canon *Nordenfelt-Gatling*, LXII (1879), 485, 765. — Essais en Hollande du canon-revolver *Hotchkiss* LXI (1879), 296.

MORTIERS : Mortier allemand de 15°, LXIII (1879), 253 ; de 24°, LXXXV (1885), 460. — Mortier américain de

12 pouces, LXXXI (1884), 744. — Mortiers de 30° en fonte rayés et frettés, leur emploi en France dans la défense des côtes, XCVII (1888), 87.

OBUS : L'obus incendiaire *O'Hara*, LXII (1879), 767. — Obus-torpilles ramés, LXXXIV (1885), 241. — Obus et fusées mécaniques *Berdan*, LXXXV (1885), 83. — Obus chargés de nitroglycérine, LXXXV (1885), 475. — Obus à la gélatine-dynamite : expériences de tir aux États-Unis, XCI (1886), 191. — Obus de *Firminy*, XCI (1886), 587. — Obus du canon pneumatique *Zalinski*, XCVI (1888), 190, 199, 566. — Obus chargés de substance anesthésique, XCVI (1888), 191. — Obus à la mélinite ; essais de tir, XCVIII (1888), 533. — Obus en acier de 15°, XCIX (1888), 352.

OBUSIERS : Obusier allemand rayé de 28°, LXIII (1879), 249 ; de 21°, LXIII (1879), 253. — Obusiers à fil d'acier, LXXXVI (1885), 684 ; LXXXVII (1885), 200.

PERSONNEL : Organisation du comité de la grosse artillerie en Angleterre, LXI (1879), 427. — Les volontaires de l'artillerie de la marine anglaise, LXII (1879), 489. — Organisation des volontaires de l'artillerie de la marine anglaise, LXXXVIII (1886), 167. — Notice historique sur le matelot-canonnier français et le navire-école de canonnage (1627-1882), LXXXIV (1885), 139, 349. — Importance administrative du régiment d'artillerie de la marine française en 1885, LXXXVIII (1886), 325.

PROJECTILES : Les projectiles en acier et en fonte dure, LXI (1879), 349. — Projectiles en fonte durcie, de fabrication espagnole, LXXXVIII (1886), 530. — Projectiles d'acier en Angleterre, XCII (1887), 374. — Effets balistiques et explosifs produits par les projectiles anglais lors de l'expédition d'Égypte, LXXXIII (1884), 292. — Projectile porte-amarre *Hunt*, LXII (1879), 783.

TACTIQUE : Rôle de l'artillerie dans un combat d'escadre, LXVII (1880), 181. — Importance des feux du travers et proposition d'un feu pour l'étude des combats sur mer, LXV (1880), 477. — De l'attaque des navires cuirassés par l'artillerie, LXXVII (1883), 228.

TIR : Notice sur une planchette pour tir incliné, LXIV (1880), 91. — Appareils de pointage à mouvements relatifs, LXXVIII (1883), 302. — Exercice de tir dans les batteries de côte, en Hollande, LXIV (1880), 622. — Nouveau mode d'exercice de tir sur but mobile, LXXV (1882), 5. — Le tir de l'infanterie en terrain varié, LXXIII (1882), 668 ; LXXIV (1882), 147. — Étude sur le tir de l'infanterie, LXXV (1882), 641. — Expériences de tir de la fabrique d'acier fondu de Krupp, LXXVIII (1883), 704. — Instruction du tir du fusil dans les marines anglaise et italienne, XCVI (1888), 261. — Application de l'électricité aux exercices de tir, LXXXIII (1884), 574. — Nouvelle loi de probabilité des écarts, XCI (1886), 70.

DIVERS : L'instruction de la mousqueterie à bord des bâtiments, LXXX (1884), 181. — Signaux par le canon, LXXXI (1884), 229. — Applications faites dans l'artillerie du transport de la force par l'électricité, LXXXVIII (1886), 347.

ALLEMAGNE : Canon *Krupp* de 40 centimètres (71 tonnes), LX (1879), 224 ; LXI (1879), 428 ; LXIII (1879), 242 ; LXVIII (1881), 233. — Canon de 35°,5 (51 tonnes), LX (1879), 223 ; LXIII (1879), 248 ; LXXXII (1884), 503. — Canons de 35° et de 28°, LXXVIII (1883), 704 ; LXXVI (1883), 224. — Canon long de 24°, LXI (1879), 646 ; LXIII (1879), 251, 278, 761. — Canon cuirassé de 15°,5, LXIII (1879), 255. — Canon long de 15° de marine et de côte, LXI (1879), 644 ; LXIII (1879), 254. — Canons de 15°, LXXXVII (1885), 664. — Canon de siège et de place de 10°,5, LXIII (1879), 257. — Canon de 9°,6, LXIII (1879), 259. — Canon long de 8°,7 pour embarcations,

LXIII (1879), 259. — Canon de 150 tonnes, XCVII (1888), 566 ; de 118 tonnes ; comparaison avec le canon *Armstrong* de 111 tonnes, XCVI (1888), 390.

Canon pneumatique : expériences de Kiel, XCIX (1888), 155. — Le *Mars*, vaisseau-école d'artillerie, LXV (1880), 447. — Voy. *Cuirasses, Eclatement, Mortiers, Obusiers.*

ANGLETERRE : L'artillerie de la marine anglaise, LXVIII (1881), 650 ; de 1877 à 1884, LXXXIV (1885), 766. — Dépenses pour l'artillerie, XCI (1886), 447. — Les comptes des dépenses de la manufacture de Woolwich en 1876-1877, LX (1879), 210. — L'artillerie et la défense des côtes, XCVIII (1888), 534. — Perfectionnements de l'artillerie navale, XCIX (1888), 349.

Canon *Armstrong* de 111 tonnes ; comparaison avec le canon Krupp de 118 tonnes, XCVI (1888), 390. — Canons de 110 tonnes, LXXXIV (1885), 767 ; XC (1886), 327 ; XCIII (1887), 439. — Canon de 100 tonnes, LXII (1879), 239, 487, 762, 763 ; LXIII (1879), 519 ; LXIV (1880), 408 ; LXVII (1880), 635 ; LXXI (1881), 411 ; LXXVIII (1883), 515 ; LXXX (1884), 726 ; LXXXVII (1885), 429. — Canon de 80 tonnes, LX (1879), 516 ; LXIII (1879), 517 ; LXIV (1880), 414. — Canon de 35 tonnes, LXII (1879), 761. — Canon de 29 tonnes (25 c,4), LXIII (1879), 519 ; LXI (1879), 349 ; LXII (1879), 760. — Canon de 6 pouces, LXI (1879), 349 ; LXXXVII (1885), 664 ; LXXXXI (1886), 430. — Canon de 5 et 4 pouces, XCV (1887), 359. — Canon à tir rapide de 100 et 36 livres, XCVI (1888), 192, 193 ; XCIX (1888), 351.

Canon de 68 tonnes, construit à Woolwich, XCI (1886), 191. — Canons de 63 tonnes, construits à Woolwich, LXXXVI (1885), 203. — Canons de 43 tonnes, LXXVI (1883), 223. — Canons de 13,5, de 12, de 10, de 9,2, de 8, de 6, de 5 et de 4 pouces, leur construction, LXXXVII (1885), 429.

Canon *Hope* de 6c, XCI (1886), 587. — Canon *J. Mann*, LXXXI (1884), 743. — Canons à fil d'acier *Longridge*, LXXXVI (1885), 303 ; LXXXIX (1886), 564 ; XCVI (1888), 191 ; XCVII (1883), 161 ; XCVIII (1888), 185. — Canon *Maitland* à portée de 12 milles, XCVII (1888), 566. — Canon *Nordenfelt*, LXII (1879), 485, 765 ; LXXXVII (1885), 434 ; XCVIII (1888), 350. — Canon à feu invisible, *Flechter*, XCIX (1888), 351. — Canon à tir rapide, LXXXIV (1885), 117. — Les culots obturateurs de l'artillerie anglaise, LX (1879), 516. — Voy. *Cuirasses, Chargement, Eclatement, Personnel.*

AUTRICHE : L'artillerie de forteresse et de siège du colonel Uchatius, LXII (1879), 766.

DANEMARK. — Voy. *Cuirasses.*

ESPAGNE : Canon de 16 c, LXXXII (1884), 253. — Tir de ce canon contre des cuirasses, XC (1886), 146. — Canon *Ordonez* de 15 c, LXXXVII (1885), 199, 664.

ÉTATS-UNIS : L'artillerie de la marine des États-Unis, LXXXVII (1885), 327.

Canon rayé de 10 pouces, XCVIII (1888), 532. — Canons de 8 et 6 pouces, LXXXVI (1885), 205.

Canon pneumatique *Zalinski*, à charge de dynamite, LXXXI (1884), 744 ; XCII (1887), 547 ; XCV (1887), 529. — Le canon pneumatique devant le *Royal United service institution*, XCVI (1888), 566. — Conclusions de la commission technique chargée des expériences, XCVII (1888), 161.

Canon *Folger*, LXXXVI (1885), 684. — Canons *Lyman-Haskell*, à charges multiples, LXXXVI (1885), 207. — Canon *Ericsson*, LXXXVII (1885), 343 ; XC (1886), 550. — Voy. *Mortiers.*

FRANCE : Canons à tir rapide *Hotchkiss*, XCIX (1888), 603. — Voy. *Cuirasses, Mortiers, Personnel.*

HOLLANDE : Essai du canon-revolver *Hotchkiss*, LXI (1876), 296. — Canons à tir rapide, LXXXIV (1885), 117 ; XCIX (1888), 603.

ITALIE : Canon de 118 tonnes, construit par *Krupp*, XCIII (1887),

624 ; XCVI (1888), 389.— Canons culasse *Armstrong* de 100 tonnes, LXIII (1879), 519 ; LXIV (1880), 408.

Fonte à Turin du canon *Rosset* de 100 tonnes, LXIV (1880), 406 ; son transport à la Spezia, LXIV (1880), 629 ; ses expériences de tir, LXIX (1881), 658.

Canon pneumatique de 15 pouces, ses essais, XCVIII (1888), 349. — Voy. *Cuirasses.*

RUSSIE : L'artillerie et la défense des côtes, XCVIII (1888), 534. — Artillerie de marine, LXXXIX (1886), 371. — Projet d'un canon de 15 ° tirant des obus lourds avec une grande vitesse initiale, LXIV (1880), 609. — Matériel d'artillerie de petit calibre en service dans la flotte, LXXXII (1884), 503.— Canon divisible, LXII (1879), 242.

SUISSE : Fusée *Bluntschli*, LX (1879), 218.

TURQUIE : Coupoles cuirassées à Bucharest, LXXXVIII (1886), 172.

Ascension (Ile de l') : Ses pêches maritimes, LXXV (1882), 105. — Notice sur l'île de l'Ascension, LXXV (1882), 236.

Asia, croiseur russe, LXXI (1881), 601.

Asie Mineure (L') : LXXX (1884), 43, 389, 643.

Asphyxie. — Voy. *Hygiène.*

Assari-Chevket, corvette cuirassée turque, LXIX (1881), 396.

Assiout, ville d'Egypte, LXXIX (1883), 174.

Assouan, ville d'Egypte, LXXIX (1883), 178.

Assurances : L'assurance sur fret en Angleterre, LXII (1879), 358. — Assurances maritimes, LXXXVII (1885), 145. — Assurance sur la vie (Projet d'une association professionnelle d'), spéciale aux officiers de marine, LXXIX (1883), 415.

Astronomie : Adoption projetée d'un premier méridien, LXXXIII (1884), 5. — De la détermination des longitudes par le télégraphe, LXI (1879), 5. — Déterminations télégraphiques de différences de longitude dans l'Amérique du Sud, LXXXII (1884), 427. — Détermination de la différence de longitude entre Paris et Berlin, LXII (1879), 250. — Calcul de la longitude à la mer, LXVII (1880), 116.—Étude comparative de deux façons de résoudre le calcul d'angle horaire, LXI (1879), 343. — Rapport de M. le vice-amiral Jurien de la Gravière sur un travail de M. *Baills* sur les éclipses et les occultations, LXI (1879), 361.— Occultations des étoiles par la lune, LXXII (1882), 279, 538 ; LXXIII (1882), 41. — Occultations , éclipses et passages LXXIII (1882), 449. — Distances lunaires : table du Négrier, LXIX (1881), 249.— Rapport du Comité hydrographique sur une proposition ayant pour objet d'introduire dans la *connaissance du temps* de petites distances lunaires, LXXX (1884), 231. — Considérations sur la méthode des distances lunaires, LXXXIII (1884), 118. — Lois des distances astrales, XCVII (1888), 486. — Mouvement de la toupie; application pour obtenir la hauteur des astres, XCI (1886), 433 ; XCII (1887), 539. — Note sur la rectification pratique du point observé, LXXIV (1882), 219.— Détermination du point par les hauteurs circumzénithales correspondantes, LXXXI (1884), 88. — Note sur l'horizon à mercure à cuvette amalgamée, LXXXI (1884), 464.— Théorie des trajectoires , LXXXII (1884), 68. — Dépressions de l'horizon de la mer, LXXXIX (1886), 377. — Les observations de nuit à la mer, LXXX (1884), 731 ; LXXXIII (1884), 171.— Emploi d'une table de lignes naturelles dans les calcules de mer, LXXXV (1885), 616.— Comète aperçue à Papeete en janvier 1887, XCVIII (1888), 495.—Étude de deux fonctions liées par une équation linéaire, LXXIX (1883), 305. — Voy. *Hydrographie, Instruments.*

Atahualpa, monitor cuirassé péruvien, LXXI (1881), 318.

Atfé : LXXIX (1883), 165.

Athar-Tevket, cuirassé turc, LXIX (1881), 389.

Atlanta, croiseur américain : ses essais, XCIV (1887), 209.

Atlantique : Ses courants, LXXXIX (1886), 190 ; XCIX (1888), 356. — Traversée de l'Atlantique en quatre jours, XCIII (1887), 441. — Disparition de Sable-Island, XCVIII 838.

Atmosphère. — Voy. *Météorologie.*

Aube (Th.), contre-amiral : La guerre maritime et les ports militaires de la France, LXXIII (1882), 5.

Audacious, cuirassé anglais : réparation sur place de l'arbre de l'hélice de ce bâtiment, LXI (1879), 427 ; — renseignements généraux, LXVIII (1881), 294.

Aukland : Ouverture d'un bassin de radoub, XCVII (1888), 371.

Auradou, ingénieur de la marine : Dimensions et système de construction de l'*Iris,* LXIV (1880), 508. — Théorie du navire, LXXVI (1883), 5, 300, 565 ; LXXVII, (1883), 97, 705.

Aurora, corvette autrichiene, LXXI (1881), 610.

Aurora, croiseur anglais : ses essais, XCVIII (1888), 351.

Austral, steamer anglais : sa perte et son renflouage, LXXX (1884), 82.

Australia, bateau électrique, LXXXIII (1884), 569.

Australia, croiseur protégé anglais : dimensions, LXXXVII (1885), 649 ; — sa mise à l'eau, XCII (1887), 365 ; — son artillerie, XCIX (1888), 602.

Australie : Notice sur l'Australie du Sud, LXIX (1881), 343. — Sur l'Australie occidentale, LXIX (1881), 585. — La route de l'Australie par le thermomètre, LXXIII (1882), 576. —

Les pêches maritimes , LXXV (1882), 106. — Défenses maritimes des colonies australiennes, LXXXIV (1885), 794. — Projet de câble télégraphique avec Vancouver, XCVIII (1888), 540. — Voy. *Constructions navales, Géographie.*

Autriche. — Voy. *Artillerie, Budgets, Constructions navales, Côtes, Législation, Marines marchande et militaire, Pêches, Photographie, Voyages.*

Auvert, lieutenant de vaisseau : Rapport de mer du torpilleur, 61, XC (1886), 356.

Avalle (E.), chef de bureau au ministère de la marine : Notices sur les colonies anglaises (*suite*), LXXIII (1882), 251, 513 ; LXXIV (1882), 5, 264, 504 ; LXXV (1882), 131, 225 ; LXXVI (1883), 127, 421 ; LXXVII (1885), 794.

Avaries. — Voy. *Constructions navales.*

Aved de Magnac, capitaine de vaisseau : Sextant binoculaire et les observations de nuit, LXXXIII (1884), 171.

Avertisseur d'incendie. — Voy. *Incendie.*

Avisos. — Voy. *Constructions navales.*

Avni-Illah, corvette cuirassée turque, LXIX (1881), 394.

Aymes, lieutenant de vaisseau : Régulation des compas au moyen du fer doux, LXIX (1881), 554 ; LXX (1881), 159.

Ayrault (L.), procureur de la République : Étude sur la législation réglementant la coupe et la récolte des herbes marines, LXIII (1879), 5, 401, 598.

Azhingo (Voyage au lac) : LXXVIII (1883), 241.

Azizieh, frégate cuirassée turque, LXIX (1881), 387.

B

Bacchante, croiseur anglais, LXXI (1881), 579.

Baden, corvette cuirassée allemande : son lancement, LXVII (1880), 267.

Bahama : colonie anglaise, LXVI (1880), 229.

Bahia, monitor de haute mer brésilien, LXXI (1881), 331.

Baiern, corvette allemande, LXVIII (1881), 611.

Bathaut, député : Discours prononcé à la Chambre des députés, lors de la discussion du budget de la marine de 1879, LX (1879), 95.

Baills, lieutenant de vaisseau : Rapport de M. le vice-amiral Jurien de la Gravière sur son travail sur les éclipses et occultations, LXI (1879), 361.

Bajon. — Voy. *Enrici*.

Bakuin, steamer pétrolier, XC (1886), 539.

Baleine. — Voy. *Pêches*.

Balézeaux, capitaine de frégate en retraite : Notice nécrologique sur *O.-F.-C. Didelot*, vice-amiral (1812-1886) ; XCI, (1886), 577.

Balisage. — Voy. *Bouées*.

Balistique : Expérience sur la résistance de l'air, LXI (1879), 20. — Étude spéculative sur la balistique intérieure, LXXIX (1883), 561.

Ballay (Dr) : Expédition sur les cours supérieurs de l'Ogooué, de l'Alima et de la Licona, LXI (1879), 245. — Lettre au commandant du Gabon sur le voyage de M. de Brazza, LXXVI (1883), 555.

Ballet (J.), chef du service de l'enregistrement à la Guadeloupe : Les hautes montagnes centrales de la Guadeloupe et le chemin de Saint-Hugues, (LXIV) (1880), 39, 311 ; LXV (1880), 334, 574.

Baltimore, croiseur américain, XCI (1886), 416 ; — son lancement, XCIX (1888), 602.

Baltique : Création d'un port russe dans la mer Baltique, XCVI (1888), 576.

Banaré, capitaine de frégate : Les collisions en mer. — (1re *partie*) Routes de navigation et signaux phoniques en temps de brume, XCVII (1888), 177, 385. — (2e *partie*) Feux de route et règlement pour prévenir les collisions, avec appendice à la 1re partie, XCIX (1888), 177, 369.

Bancs huîtriers de la baie de Bourgneuf, XCIII (1887), 431.

Barbade (La), colonie anglaise, LXVII (1880) 166.

Barbuda (La), colonie anglaise, LXVI (1880), 520.

Barcelo, nouveau torpilleur espagnol, XCVII (1888), 370.

Barnaby, directeur des constructions navales en Angleterre : Le cuirassement des navires au moyen de l'acier, LXII (1879), 230 ; LXIII (1879), 335, 343, 356. — Cuirassement des paquebots au moyen des soutes à charbon, LXII (1879), 235. — Les navires du type *Nelson*, LXVII (1880), 263. — Les éléments de la puissance navale, LXXVII (1883), 808. — Les constructions navales en Angleterre, LXXXIV (1885), 781 ; LXXXVI (1885), 690.

Baromètre à glycérine pour les observations météorologiques, LXV (1880), 656.

Barre. — Voy. *Hydrographie*.

Barroso, monitor de haute mer brésilien, LXXI (1881), 330.

Bassins : Le bassin de carénage de *Stockholm*, LXII (1879), 789. — Bassin de carénage de la marine allemande, LXII (1879), 789. — Nouveau bassin à flot de *Bombay*, LXIII (1879), 292.

— Le grand bassin de carénage de *Milford-Haven*, LXIII (1879), 521. — Bassin de radoub à *Esquimalt*, XCIII (1887), 217 ; XCV (1887), 536. — Ouverture d'un bassin de radoub à *Aukland*, XCVII (1888), 371. — Voy. aussi *Ports*.

Bataillon d'apprentis-fusiliers de Lorient, XCV (1887), 5.

Batavia : Drague à vapeur pour ce port, LXI (1879), 655. — Construction d'un port à Batavia, LXIV (1880), 420.

Bateaux électriques. — Voy. *Électricité*.

Bateau sous-marin : Canon sous-marin *Ericson*, LXXXVIII (1886), 343 ; XC (1886), 550. — Voy. *Constructions navales, Électricité, Torpilleurs*.

Bateaux-torpilleurs. — Voy. *Torpilleurs*.

Batoum : port russe, XCVIII (1888), 539.

Battambang (aperçu sur la province de), XCII (1887), 5, 302.

Baudens (G.), capitaine de frégate : La Corée, LXXXII (1884), 206. — Notice sur les typhons des mers de Chine et du Japon LXXXII (1884), 330. — Deux années au Tonkin (1884-1886), XCV (1887), 143.

Baudin (A.-L.-F), contre-amiral : notice nécrologique, LXII (1879), 464.

Baudouin (Ch.), sous-lieutenant d'infanterie de la marine : Épisode de la guerre d'Orient (1877-1878) : le siège de Chipka, LXXXIII (1884, 585).

Baudouin, procureur général : L'octroi de mer aux colonies françaises, LXXXV (1885), 375.

Bay : Notes sur son propulseur, LXI (1879), 425 ; LXIII (1879), 517 ; LXVII (1880), 632.

Bay-of-Cadix, navire à vapeur anglais, en acier, LXI (1879), 420.

Bayol, lieutenant-gouverneur du Sénégal : Son voyage en Sénégambie, XCIV (1887), 441 ; XCV (1887), 72, 266, 438 ; XCVI (1888), 155, 492.

Beaussier (Les) : Une famille dans la marine au XVIIIᵉ siècle, LXII (1879), 395, 640, 205 ; LXVII (1880), 314 ; LXVIII (1881), 92.

Bélanger (Ch.), directeur du Jardin des plantes de Saint-Pierre-Martinique : notice nécrologique, LXXII (1882), 664.

Belgique. — Voy. *Pêches*.

Belle-Isle, cuirassé anglais, LXVIII (1881), 49.

Bellérophon, cuirassé anglais, LXVIII (1881), 20 ; LXXXVIII (1886), 164.

Bellite, XCIV (1887), 388 ; XCVIII (1888), 350.

Bellot (A.), lieutenant de vaisseau : Le voyage de la *Jeannette*, LXXVII (1883), 5. — Adoption projetée d'un premier méridien, LXXXIII (1884), 5. — Missions circumpolaires internationales, LXXXIII (1884), 279.

Benbow, cuirassé anglais, LXXXVI (1885), 194 ; XCI (1886), 176 ; — ses essais, XCI (1886), 584 ; XCIX (1888), 155.

Bengale (Les cyclones dans le golfe du), XCII (1887), 266.

Bengo, canonnière portugaise : sa mise à l'eau, LXIII (1879), 513.

Béni-Hassan : LXXIX (1883), 173.

Beni-Souef : LXXIX (1883), 170.

Bénier, lieutenant de vaisseau : Découverte et sauvetage de débris provenant de l'expédition de Lapérouse, LXXX (1884), 175.

Bennett. — Voy. *Gordon*.

Bentley. — Voy. *Holman*.

Béranger-Féraud, médecin en chef de la marine : Rapport de M. Bouley sur son *Traité de la fièvre bilieuse aux Antilles*, LXI (1879), 870.

Berdan : Ses obus et fusée mécaniques, LXXXV (1885), 83. — Sa torpille, LXXXVII (1885), 440 ; XCVI (1888), 199 ; XCVIII (1888), 541.

Bérénice, LXXVI (1883), 180.

Bermudes (Notice sur les), LXXVI (1883), 448.

Bernard, chef d'escadron d'ar-

tillerie de la marine : Chaudière à vapeur *Rikker*, LXIII (1879), 153. — Torpille offensive à *réaction*, LXIII (1879), 764.

Bernard (J.), lieutenant de vaisseau : Études comparatives des canons à grande puissance, LXIV (1880), 618.

Bernard (L.), capitaine au long cours : Le calculateur de la variation et de son sens, LXVIII (1881), 216.

Bernardières (De), lieutenant de vaisseau : Déterminations télégraphiques de différences de longitude dans l'Amérique du sud, LXXXII (1884), 427.

Berry (C.), capitaine de frégate : Occultations, éclipses et passages, LXXIII (1882), 449.

Berry (A.), lieutenant de vaisseau : Compas de hune à transmission électrique du cap du navire, LXXII (1882), 509.

Berthoule (A.) : Pêche des îles Loffoden, XC (1886), 152.

Bertin (E.), ingénieur de la marine : Le roulis et le tangage des navires, LXVII (1880), 5. — Relation entre la période réelle des vagues et la période observée à bord d'un navire en marche, LXVII (1880), 590.

Bessemer : L'acier dans les constructions navales, LXII (1879), 230.

Besson, lieutenant de vaisseau : Étude sur les combats de mer, LXXIX (1883), 63.

Bestion, médecin de la marine : Étude sur les eaux potables du Gabon, LXXVII (1883), 746.

Béthencourt (J. de) et Gadifer de La Salle aux îles Canaries, LXIV (1880), 349, 488.

Bethmont (P.), député : Discours prononcé à la Chambre des députés lors de la discussion du budget de la marine de 1879, LX (1879), 94. — Discours prononcés comme rapporteur du budget de 1880, LXIII (1879), 575, 580, 585.

Bettolo, capitaine de corvette de la marine italienne : Les navires de guerre, LXXXV (1885), 5.

Bœuf (J.-C), lieutenant de vaisseau : Occultations des étoiles par la lune, LXXII (1882), 279, 538 ; LXXIII (1882), 41.

Beyrouth : LXXX (1884), 74.

Bibliographie maritime et coloniale, LX (1879), 522, 817 ; LXI (1879), 226, 454, 673 ; LXII (1879), 262, 513, 822 ; LXIII (1879), 305, 530, 784 ; LXIV (1880), 187, 430, 643 ; LXV (1880), 253, 469, 682 ; LXV (1880), 197, 439, 693 ; LXVII (1880), 294, 520, 651 ; LXVIII (1881), 244, 432, 667 ; LXIX (1881), 241, 474, 670 ; LXX (1881), 251, 483, 677 ; LXXI (1881), 209, 426, 624 ; LXXXVIII (1886), 185, 377, 562 ; LXXXIX (1886), 206, 397, 598 ; XC (1886), 172, 349, 558 ; XCI (1886), 206, 430, 609 ; XCII (1887), 206, 382, 569 ; XCIII (1887), 222, 447, 633 ; XCIV (1887), 223, 399, 601 ; XCV (1887), 174, 366, 547 ; XCVI (1888), 204, 398, 583 ; XCVII (1888), 174, 380, 582 ; XCVIII (1888,) 202, 363, 550 ; XCIX (1888), 172, 365, 609.

Bigues (Système *Day* et *Summer*), LXV (1880), 647.

Bilbao : Chantier de constructions navales, XCVIII (1888), 188 ; XCIX (1888), 156.

Biographie. — Voy. *Histoire*.

Birt (A.-W.) : Les engins de sauvetage pour la marine, LXII (1879), 491.

Bismark : frégate de croisière, allemande, LXXI (1881), 597.

Bisson (E.), sous-directeur du Comptoir d'escompte : Son compas, XCI (1886), 126.

Black-Prince, cuirassé à batterie anglais, LXVIII (1881), 12.

Blake, navire américain chargée d'une exploration des fonds de la mer, LXIII (1879), 772.

Blanche, croiseur anglais, LXXI (1881), 573.

Blanchard de Farges, consul général : La marine marchande

anglaise et les principales marines étrangères de 1840 à 1883, LXXXII (1884), 743.

Blanchet : Son projet de canal interocéanique, LXII (1879), 130.

Blanchin (B.), professeur d'hydrographie : *Note sur la rectification pratique du point observé*, LXXIV (1882), 219. — *Les observations de nuit à la mer*, LXXX (1884), 731.

Blanco - Encalada, cuirassé chilien : le combat de Punta-Angamos (8 octobre 1879), LXIV (1880), 375, 387, 631 ; — renseignements généraux de construction, LXXI (1881), 321.

Blindages. — Voy. *Artillerie : cuirasses ; — Constructions navales*.

Blocus : *Le jeu du blocus naval*, XCVII (1888), 570 ; XCVIII (1888), 194.

Bloedhond, monitor cuirassé hollandais, LXXI (1881), 173.

Blucher, bâtiment - école allemand, LXXI (1881), 597.

Bluntschli, colonel d'artillerie suisse : Sa fusée à double effet, LX (1879), 218.

Boadicea, croiseur anglais, LXXI (1881), 579.

Bobet, commissaire de la marine : Cours d'administration des élèves commissaires : détail des approvisionnements, LXXXI (1884), 561 ; LXXXII (1884), 93.

Bobr, canonnière russe, LXXXII (1884), 736.

Boireaux, lieutenant de vaisseau : Rapport de mer du torpilleur 70, XC (1886), 363.

Bois : Moyen de rendre le bois incombustible et imperméable, LXI (1879), 217. — Voy. aussi *Forêts*.

Bolivie. — Voy. *Histoire*.

Bombay : Son nouveau bassin à flot, LXIII (1879), 292.

Bombe, aviso-torpilleur français, LXXXIV (1885), 506 ; LXXXV (1885), 463.

Bompard : Son expédition en

Irlande et les cinq combats de la *Loire* (1798), LXXXI (1884), 718.

Bonain (A.), médecin de 2e classe de la marine : La baie de Diégo-Suarez, XCI (1886), 295.

Bonne-Espérance (cap de) : LXXV (1882), 131. — La route au canal de Suez, XCIV (1887), 393.

Bonnefin (Ch.), lieutenant de vaisseau : Porteur d'ordres électrique, LXVII (1880), 281.

Bonnefoy, capitaine au long cours : Sauvetage rapide dans les abordages en mer, LXXXIV (1885), 375.

Borel de Bretizel (L.), lieutenant de vaisseau : Appareils d'éclairage *Silber*, LX (1879), 621.

Bornéo : Notice sur l'île, LXXIV (1882), 280. — Compagnie anglaise de Bornéo, LXXXV (1885), 235. — Un voyage à Bornéo, XCVII (1888), 66, 305.

Bornet : Sa lampe sous-marine, LXI (1879), 438.

Bosphore (Projet de fortification du), LXXXVI (1885), 208.

Boston, croiseur américain : essais d'artillerie, XCIX (1888), 355.

Boucher : Note sur son cercle à calcul, LXIV (1880), 468.

Bouchet, inspecteur en chef de la marine : Notice nécrologique sur M. *Ch. Joubert*, inspecteur en chef de la marine, LXXXVII (1885), 176.

Bouchon-Brandely, secrétaire du Collège de France : Rapport sur la génération et la fécondation artificielle des huîtres, LXXVI (1883), 276 ; LXXX (1884), 692.

Bouées éclairées au gaz en Angleterre, LXI (1879), 655. — Bouée à gaz de Wilhemshaven, LXII (1879), 782. — Notice sur les bouées, LXX (1881), 299, 561 ; LXXI (1881), 502. — Bouée de sauvetage électrique, XCI (1886), 196 ; XCVII (1888), 165.

Bouinais (A.), capitaine d'infanterie de la marine : Le royaume du Cambodge, LXXXII (1884), 517. — La marine et les troupes coloniales en Cochinchine, LXXXIII (1884), 352. —

Le protectorat du Tonkin, LXXXIV (1885), 280, 571. — Le royaume d'Annam, LXXXV (1885), 527.

Boulangier (Edj), ingénieur des ponts et chaussées : La colonisation de l'Indo-Chine, LXXXV (1885), 87.

Bouquet de la Grye, ingénieur hydrographe : Les ondes atmosphériques, LXIII (1879), 435. — Guide des manœuvres en cas de cyclone, LXVII (1880), 489. — Paris port de mer, LXXIX (1883), 605. — Étude sur la barre du Sénégal, LXXXIX (1886), 515.

Bour (Ch.), commandant de cercle : Étude sur le fleuve Cazamance, LXXV (1882), 330. — Les dépendances du Sénégal, LXXXV (1885), 26.

Bourbon (île). — V. *Réunion*.

Bourdon (G.), lieutenant de vaisseau : Note sur la détermination d'une droite de hauteur par la méthode de l'amiral Marcq de Saint-Hilaire, LXXXVIII (1886), 102.

Bourgneuf : Situation des bancs huîtriers, XCIII (1887), 431.

Bourgogne, paquebot de la Compagnie transatlantique, LXXXVII (1885), 671 ; LXXXIX (1886), 61.

Bourgois, vice-amiral, conseiller d'État : Rapport au Conseil d'État sur la délimitation de la mer à l'embouchure de la Seine, LXXIII (1882), 357, 534 ; LXXIV (1882), 88. — Navigation sous-marine, XC (1886), 192.

Boussoles : Système de compensateurs magnétiques circulaires ou annulaires pour la correction des boussoles et des compas, LXIX (1881), 401. — Voy. *Compas*.

Bout (H.) : Note historique sur la pisciculture, LXII (1879), 151. — Coup d'œil sur la pisciculture et ses procédés, LXIV (1880), 473. — Notices nécrologiques sur les contre-amiraux *Baudin* et *Darricau*, LXII (1879), 464, 467. — Notice sur les *Filhol-Camas*, LXIV (1880), 153.

Bouvet (Pierre) : Notice historique, LXXV (1882), 398, 523 ; LXXVIII (1883), 138, 318.

Bramble, canonnière anglaise XCVI (1888), 186.

Brame (G.), député : Discours prononcé à la Chambre des députés lors de la discussion du budget de la marine de 1880, LXIII (1879), 575.

Bramwell (F.-J.) : Rapport de la Commission d'enquête chargée de rechercher les causes de l'explosion d'un canon du *Thunderer*, LXI (1879), 371.

Brandon, aviso français, LXXI (1881), 403.

Brault (L.), capitaine de frégate : Des deux grandes phases de la circulation annuelle de l'atmosphère, LXIII (1879), 283. — Note sur la circulation générale de l'atmosphère à la surface du globe, LXIV (1880), 172. — Circulation atmosphérique à la surface des Océans, LXXII (1882), 75. — Les observations simultanées et les cartes synoptiques au congrès météorologique de Rome, LXIV (1880), 293. — Nouvelles cartes de navigation donnant la direction et la force du vent dans l'Océan indien, LXIX (1881), 462. — Notice nécrologique, LXXXVII (1885), 177.

Brassey (Sir Thomas) : La marine anglaise, LXXVI (1883), 475 ; LXXXVI (1885), 484 ; LXXXVII (1885), 644.

Brazil, garde-côtes cuirassé péruvien, LXXI (1881), 329.

Brazza (P. Savorgnan de) : Expédition sur les cours supérieurs de l'Ogooué, de l'Alima et de la Licona, LXI (1879), 245. — Ses voyages d'exploration dans l'Ogooué et au Congo, LXXVI (1883), 509 ; LXXVII (1883), 175, 670 ; LXXVIII (1883), 379, 591 ; LXXIX (1883), 205, 264. — Prix décerné par l'Académie des sciences pour son expédition sur l'Ogooué, LXI (1879), 370.

Bréard (Ch.) : La Guinée, le Congo et le commerce français au XVIII° siècle, LXXVI (1883), 511.

Bréguet (L.-F.-C.), membre de l'Académie des sciences (1804-1883) notice nécrologique, XC (1886), 521.

Brême (Le port de) : XCI (1886), 200.

Brennan : Sa torpille dirigeable, LXXXVI (1885), 210 ; LXXXVIII (1886), 541 ; XCI (1886), 592 ; XCIII (1887), 443 ; XCIV (1887), 595 ; XCVI (1888), 96.

Brésil. — Voy. *Constructions navales, Marine militaire.*

Brest : Traversée de Nouméa à Brest, par M. Lormier, lieutenant de vaisseau, XCIV (1887), 326.

Brien. Aperçu sur la province de Battambang (Siam), XCII (1887), 5, 302.

Brionval, chef de bataillon d'infanterie de marine : Notice nécrologique sur le général d'infanterie de marine *Faron*, LXXII (1882), 229.

Bris (Droit de) : Étude historique, LXXXI (1884), 312.

Brisk, croiseur torpilleur anglais : LXXXVII (1885), 649 ; XCI (1886), 584 ; — ses essais, XCII (1887), 366 ; XCVI (1888), 379 ; XCVII (1888), 563 ; — essais d'artillerie et de torpilles, XCVIII (1888), 188.

Brissaud, rédacteur au Ministère de la marine : Notice biographique sur *Dayot* (Jean-Marie), XCVIII (1888), 519.

Brisson (H.), député : Discours prononcé à la Chambre des députés lors de la discussion du budget de la marine de 1880, LXIII (1879), 588.

Briton, croiseur anglais, LXXI (1881), 576.

Britton : Son gouvernail à vapeur, LXXXV (1885), 228.

Bronenosetz, monitor russe, LXIX (1881), 208.

Brossard de Corbigny, lieutenant de vaisseau : Notice sur les travaux de canalisation de la Cochinchine française (*fin*), LX (1879), 336.

Brouillard : Trompette pour signaux de brouillard (système *Holme*), LXV (1880), 655.

Brown. — Voy. *Almirante-Brown.*

Brume (Navigation en temps de), XCIV (1887), 183 ; XCVII (1888), 177, 385 ; XCIX (1888), 177, 369.

Brun : Navigation sous-marine, XC (1886), 192.

Brunet (D.), procureur général : L'instruction publique à l'île de la Réunion, LXXXIII (1884), 49.

Budgets des marines militaires au 1er janvier 1879, LXV (1880), 633. — Comparaison entre les budgets de la marine de l'Angleterre et de la France, LXXIII (1882), 241. — Budgets des marines étrangères : Allemagne, Angleterre, Autriche, Danemark, Espagne, Grèce, Hollande, Italie, Russie, LXXXIV (1885), 96.

ALLEMAGNE : Budget de sa marine pour 1879-1880, LXII (1879), 473 ; — pour 1880-1881, LXVI (1880), 182 ; — pour 1881, LXIX (1881), 450 ; — pour 1884-1885, LXXXIV (1885), 96. — Dépenses de sa marine depuis 1874, LXII (1879), 755. — Loi tendant à l'obtention de crédits pour le développement de la marine, LXXXIII (1884), 693.

ANGLETERRE : Budget de sa marine pour 1879-1880, LXI (1879), 213 ; discussion, LXI (1879), 569 ; LXIII (1879), 747 ; — pour 1881-1882, LXX (1881), 414 ; — pour 1884-1885, LXXXI (1884), 509 ; LXXXII (1884), 664 ; LXXXIII (1884), 873 ; LXXXIV (1885), 100 ; — pour 1885-1886, LXXXV (1885), 219 ; LXXXVI (1885), 241, 538 ; — pour 1886-1887, XCI (1886), 519 ; XCII (1887), 153, 383 ; — pour 1887-1888, LXV (1880), 442 ; — pour 1888-1889, XCVII (1888), 119. — Le budget de la guerre et la question de la défense des forts en Angleterre, XCVII (1888), 5.

AUTRICHE : Budget de sa marine pour 1878, LX (1879), 507 ; — pour 1879, LXI (1879), 416 ; — pour 1884, LXXXIV (1885), 102.

DANEMARK : Budget de sa marine pour 1884-1885, LXXXIV (1885), 103.

ESPAGNE : Budget de sa marine pour 1884-1885, LXXXIV (1885), 104.

ÉTATS-UNIS : Budget de leur marine pour 1880, LXVI (1880), 186.

FRANCE : Budget de sa marine pour 1879 ; note préliminaire, LX, (1879), 5 ; discussion, LX, (1879), 33. — pour 1880 ; note préliminaire, LXIII (1879), 309 ; discussion, LXIII (1879), 537. — Nouvelle forme du budget des dépenses de l'exercice 1887, XCI (1886), 209 ; — discussion, XCIII (1887), 5.

GRÈCE : Budget de sa marine pour 1883-1884, LXXXIV (1885), 106.

HOLLANDE : Budget de sa marine pour 1884-1885, LXXXIV (1885), 108.

ITALIE : Budget de sa marine pour 1879, LX (1879), 198 ; — pour 1880, LXVI (1880), 45 ; — pour 1881, LXVIII (1881), 643 ; — pour 1884-1885, LXXXIV (1885), 112.

RUSSIE : Budget de sa marine pour 1879, LX (1879), 195 ; LXI (1879), 634 ; — pour 1880, LXV (1880), 445 ; — pour 1881, LXVII (1880), 628 ; — pour 1884, LXXXIV (1885), 116 ; — pour 1886, LXXXVIII (1886), 340.

SUÈDE : Budget de sa marine pour 1879, LXV (1880), 217.

Buenos-Ayres : son port, LXXXIX (1886), 381 ; — son lazaret, XCI (1886), 594.

Buffel, garde-côte cuirassé hollandais, LXXI (1881), 174.

Buisson : Son loch takimétrique à air, LXXXVIII (1886), 48.

Bulgarie. — Voy. *Marine militaire*.

Bullivant : Son ancre flottante, LXXVI (1883), 489.

Burian (Otto), lieutenant de vaisseau de la marine italienne : Le dromoscope d'ouragan, LXVII (1880), 494.

Burr, canot américain à grande vitesse, XCV (1887), 528.

Burun, canonnière russe : son lancement, LXV (1880), 447.

Busson (R.), aide-commissaire : Les établissements de pêche et le domaine public maritime, XCV (1887), 493 ; XCVI (1888), 5, 233, 407.

Bussy (L. de), directeur des constructions navales : Note sur la stabilité, LXVI (1880), 66.

But. — Voy. *Artillerie*.

Buttgenbach (Fr.) : Son enduit pour l'intérieur des chaudières, LXI (1879), 653.

Buys-Ballot : Sur son mémoire relatif aux observations simultanées et cartes synoptiques (météorologie), LXIV (1880), 201. — Exposé théorique de la loi de Buys-Ballot, LXIX (1881), 525.

C

Cabany, sous-ingénieur de la marine : Les établissements maritimes de l'Extrême-Orient, LXVI (1880), 540.

Cabotage. — Voy. *Marine marchande*.

Cabral, garde-côtes cuirassé brésilien, LXXI (1881), 328.

Cacongo, canonnière portugaise, XCI (1886), 188.

Caïffa, LXXX (1884), 63.

Caïman, cuirassé d'escadre français, LXXXV (1885), 711.

Caïques (Iles), colonie anglaise, LXVI (1880), 238.

Caire (Le), LXXVIII (1883), 522.

Caisse des invalides de la marine : Sa suppression, LXXII (1882) 237.

Calculateur (Le) : De la variation et de son sens, LXVIII (1881), 216.

Calcul de mer (Emploi d'une table de lignes naturelles dans le), LXXXV (1885), 616.

Calcul géométrique (Le):
LXXVI (1883), 735 ; LXXVII (1883),
44 ; LXXVIII (1883), 416 ; LXXXI
(1884), 653 ; LXXXII (1884), 149,
483 ; LXXXIII (1884), 376, 880.

Calédonien, transport français,
LXXXIII (1884), 557.

Californie du Sud : Projet de la
réunir à l'Arizona par un canal, LXII
(1879), 247,

Camanche, monitor cuirassé
américain, LXXI (1881), 310.

Camas. — Voy. *Filhol*.

Cambodge : La pêche du Tonli-
Sop, LXI (1879), 535. — Le royaume
de Cambodge, LXXXII (1884), 517.—
Le commandant de La Grée au Cam-
bodge et son voyage en Indo-Chine,
LXXXV (1885), 260. — Rapides du
Haut-Mékong, XCIII (1887), 499. —
Voyage aux lacs du Cambodge, XCVIII
(1888), 369.

Campagne de Rio-Janeiro, 1711,
XCV (1887), 467 ; XCVI (1888), 296 ;
XCVIII (1888), 76.

Camperdown, cuirassé anglais, *LXXVI* (1883), 214 ; LXXXIX
(1886), 165 ; — modifications apportées
aux plans primitifs, XCVIII (1888), 536.

Camphre (Le) du Japon, LXII
(1879), 443.

Campion (P.), lieutenant de
vaisseau : Les îles et les côtes françaises du golfe de Siam, XCI (1886),
395.

Canada, croiseur anglais, LXXI,
(1881), 582.

Canada : Nouvelle route commerciale, LXI (1879), 447. — Projet
d'établissement d'un réseau télégraphique de secours sur les côtes du golfe et
du fleuve Saint-Laurent, LXII (1879),
785. — Canal entre le golfe Saint-Laurent et le golfe du Mexique, LXVII
(1880), 639.— Notice sur le Canada,
LXXVI (1883), 127, 421. — Le chemin de fer canadien du Pacifique,
LXXXIV (1885), 796. — Statistique
de la marine marchande en 1878, LXII
(1879), 508.

Canaries : (*J. de Béthencourt* et

Gadifer de La Salle aux îles Canaries)
(1402-1422), LXIV (1880), 349, 488.

Canaux : Le projet du canal maritime de l'Océan à la Méditerranée,
LXVII (1880), 297. — Canal de l'Ems
à la Jade, LXIII (1879), 774. — Ca-
nal de Saint-Pétersbourg à Cronstadt,
LXII (1879), 246, 793 ; LXXXIII
(1884), 577 ; LXXXVIII (1886), 348.
— Le canal entre la Sprée et l'Oder,
LXIX (1881), 471. — Canal de jonc-
tion de la mer du Nord et de la mer
Baltique, LXXI (1881), 419 ; LXXXI
(1884), 240 ; LXXXVI (1885), 525. —
Canal de Pérékop, XCII (1887), 375 ;
XCVIII (1888), 193. — Canal de Co-
rinthe, LXXXI (1884), 676.— Canal de
Manchester, XCV (1887) 361.

Travaux de canalisation en Cochinchine (*fin*), LX (1879), 336. — Projet de
canal navigable dans l'île de Ramiseran,
entre l'Inde et Ceylan, LXII (1879),
247.

Rapport de M. Marius Fontane sur
les progrès du commerce des régions
d'Europe et d'Asie mises en relations
par le percement de l'isthme de Suez,
LXII (1879), 139. — Notice. LXXVIII
(1883), 423 ; XCIV (1887), 393. —
Navigation de nuit dans le canal de
Suez, LXXXVII (1885), 669 ; XC (1886)
330. — Éclairage du canal de Suez,
XCV (1887), 360. — Situation de la
rade de Port-Saïd en 1878 LXI (1879),
666 ; LXXVIII (1883), 351.

Projet de canal interocéanique *Blanchet*, LXII (1879), 130. — Projet *Sell-
fridge*, LXII (1879), 137. — Rapport de
M. Voisin-Bey sur les différents projets du
canal interocéanique, LXII (1879), 125.
— Le canal interocéanique et les explorations dans l'isthme américain, LXI
(1879), 75.— Le percement de l'isthme
américain, LXI (1879), 659. — Forages
pratiqués dans l'isthme de Panama,
LXXI (1881), 207. — Projets de canaux
maritimes aux États-Unis, LXII (1879),
247. — Projet de canal aux chutes du
Niagara, XCVII (1888), 162. — Canal
de Nicaragua, XCV (1887), 534. —
Projet de canal coupant la péninsule

Floridienne, LXI (1879), 447. — Canal entre le golfe Saint-Laurent et le golfe du Mexique, LXVII (1880), 639.

Canolle (L.), médecin de 1re classe de la marine : Angra-Pequena, LXXXIX (1886), 407.

Canon. — Voy. *Artillerie.*

Canon à tir rapide. — Voy. *Artillerie : mitrailleuses.*

Canons-revolvers. — Voy. *Artillerie : mitrailleuses.*

Canonicus, monitor cuirassé américain, LXXI (1881), 309.

Canonnières. — Voy. *Constructions navales.*

Canots. — Voy. *Constructions navales : embarcations.*

Cap de Bonne-Espérance (Notice sur le) : LXXV (1882), 131 ; XCIV (1887), 393.

Cap Horn. — Voy. *Horn.*

Caprera (île italienne) : Ses fortifications, XCIX (1888), 161.

Cap-Vert (Les îles du) et la colonisation portugaise, LXXI (1881), 225.

Cardiff : Dock flottant, XCIX (1888), 358.

Carènes. — Voy. *Constructions navales.*

Carlage (L.), capitaine d'artillerie de la marine : Le canon *Armstrong* de six pouces, LXI (1879), 349.

Carmel (Le), LXXX (1884), 64.

Caron (E.), lieutenant de vaisseau : Essai de météorologie, LXXIX (1883), 114. — La marine au Niger, XCIX (1888), 504.

Carré, lieutenant de vaisseau : Application de la pinnule *Hue* aux instruments à réflexion, LXIX (1881), 456.

Cartes synoptiques, LXIV (1880), 208. — Voy. *Météorologie.*

Caudière, capitaine de frégate en retraite : notice nécrologique, XCII (1887), 542.

Carysfort, croiseur anglais, LXXI (1881), 582.

Caspari (C.-Ed.), ingénieur hydrographe : *Note sur un mémoire de*

M. Arago intitulé : « *Comparaison des montres par la méthode des coïncidences,* LXVIII (1881), 257. — Étude sur la marche et la conduite des chronomètres, LXXI (1881), 526.

Caspienne (Mer) : Sa navigation en 1878, LXII (1879), 794. — Navigation au pétrole, XCVIII (1888), 187. — Chemin de fer de Samarcande à la mer Caspienne, XCVIII (1888), 194.

Castalia, navire à coques jumelles, LXIII (1879), 17.

Castelfidardo, cuirassé italien, LXX (1881), 489.

Catherine II, cuirassé russe : description, LXXXII (1884), 736 ; XCVI (1888), 188 ; — voyage à Sébastopol, 387 ; — état d'avancement, 565.

Catskill, monitor cuirassé américain, LXXI (1881), 310.

Cavelier de Cuverville, contre-amiral : Progrès réalisés par l'artillerie navale de 1855 à 1880, LXX (1881), 253. — Le sextant binoculaire *Aved de Magnac* et les observations de nuit, LXXXIII (1884), 171. — Le chemin de fer du Tonkin, XCV (1887), 369.

Cazamance (Étude sur le fleuve) : LXXV (1882), 330.

Cécille, croiseur français, LXXXVIII (1886), 162, 371.

Cerberus, garde-côtes anglais, LXVIII (1881), 303.

Cerberus, monitor cuirassé hollandais, LXXI (1881), 173.

Cercle à calcul de M. *Boucher,* LXIV (1880), 468.

Cerno-Moretz, croiseur russe, XCVI (1888), 386.

Cette : Notice sur son port, LXVI (1880), 89.

Ceylan (Notice sur), LXXIV (1882), 266. — Projet de canal, LXII (1879), 247.

Chabaud-Arnault (Ch.), capitaine de frégate de réserve : Stratégie et tactique des flottes modernes, LXI (1879), 271, 514. — Emploi des torpilles comme arme des canots à va-

peur contre les bâtiments, LXII (1879), 5. — *Les torpilles à bord des navires et des embarcations de combat*, LXXXII (1884), 269.

Études historiques sur la marine militaire de la France, LXXXXVIII (1886), 189 ; LXXXIX (1886), 234 ; XC (1886), 245, 373 ; XCII (1887), 131, 276 ; XCIV (1887), 543 ; XCV (1887), 20, 313 ; XCVII (1888), 29, 326 ; XCIX (1888), 130, 536. — Les batailles navales au milieu du XVIIᵉ siècle, LXXXV (1885), 497 ; LXXXVI (1885), 74. — La guerre navale de 1812 entre l'Angleterre et les États-Unis d'Amérique, LXXIX (1883), 438, 498. — Tableau général de l'histoire maritime contemporaine (1815-1870), LXVI (1880), 650 ; LXVIII (1881), 178, 479 ; LXIX (1881), 72. — La marine pendant la guerre de l'indépendance grecque, LXX (1881), 109. — Les combats de la rivière Min (1884), LXXXIV (1885), 517.

Chalcis (Détroit de) : Son élargissement, LXXXVI (1885), 69.

Chaleur. — Voy. *Thermométrie.*

Chamaeleon, canonnière cuirassée allemande : son lancement, LXI (1879), 415.

Champagne, paquebot français, LXXXV (1885), 486 ; LXXXIX (1886), 61, 68.

Champion, croiseur anglais, LXXI (1881), 582.

Chantiers. — Voy. *Constructions navales.*

Chappedelaine (G. de), lieutenant de vaisseau. — Voy. *les tables des tomes* LX, LXI et LXII.

Charbon. — Voy. *Combustibles.*

Charente : Ses marées, LXXXIX (1886), 132.

Chargement. — Voy. *Artillerie.*

Charleston, croiseur américain : sa mise à l'eau, XCVIII (1888), 537 ; XCIX (1888), 602.

Charpy, capitaine de frégate : Essai sur le renflouage d'un navire coulé, LXVIII (1881), 110. — Nouveau

système d'éclairage des navires à vapeur, pour prévenir les abordages, LXXXII (1884), 126.

Chateauminois, capitaine de frégate : Mémoire du ministre de la guerre du Chili sur la guerre chilo-péruvienne, LXXV (1882), 300.

Chatelain (C.), inspecteur en chef de la marine : De la revision et de la codification des lois : aperçu sur la refonte de la législation de la marine ; projet de dictionnaire administratif de la marine, LXV (1880), 257. — De la délimitation du rivage de la mer et du mesurage des pas géométriques dans les colonies françaises, LXXXIX (1886), 209.

Chaudières. — Voy. *Machines.*

Chaudoye, sous-ingénieur de la marine : Le cuirassement des navires, LXIII (1879), 104, 335.

Chauffe. — Voy. *Machines.*

Chemins de fer : Constructions de chemins de fer militaires pendant la guerre turco-russe, LXVI (1880), 685. — Chemin de fer de la Méditerranée aux Indes par la vallée de la Mésopotamie, LXIX (1881), 570. — Chemin de fer canadien du *Pacifique*, LXXXIV (1885), 796. — Chemin de fer transocéanien, ses conséquences pour l'Angleterre, XCI (1886), 179. — Chemins de fer du Tonkin, XCV (1887), 369. — Chemin de fer de la mer Caspienne à Samarcande, XCVIII (1888), 194.

Chesapeake (Baie de la) : Projet de la réunir par un canal à la baie de la Delaware, LXII (1879), 247.

Chevallier (H), lieutenant de vaisseau : Travaux exécutés au port d'Oamaru (Nouvelle-Zélande), LXXVI (1883), 497. — Les réserves navales de l'Angleterre, LXXVII (1883), 813. — Du choc dans une bataille navale, LXXXII (1884), 680. — Nouveau canon à tir rapide de la marine anglaise, LXXXIV (1885), 117. — De l'emploi des torpilleurs pour la défense des côtes, LXXXV (1885), 245.

Chevaux. — Voy. *Transport.*

Cheyne, commander de la marine anglaise : *Son projet d'expédition arctique*, LX (1879), 807.

Chicago, croiseur américain : ses essais, XCVI (1888), 380 ; XCIX (1888), 602.

Chichensnovicth, lieutenant de vaisseau russe : *Quelques mots sur les torpilles employées pour l'armement des torpilleurs ou des navires de guerre*, LXIV (1880), 324.

Childers : Ses instructions sur les chargements de charbon, LXIII (1879) 770.

Childers, bateau-torpilleur australien, LXXX (1884), 489.

Chili. — Voy. *Constructions navales, Histoire, Marine militaire.*

Chimère, aviso français, LXVII (1880), 626 ; LXXI (1881), 204.

Chimiques (Produits) des colonies françaises à l'exposition d'Anvers, LXXXIX (1886), 470.

Chine : Notes politiques, commerciales, maritimes et militaires, LXVI (1880), 348, 445 ; LXVII (1880), 207. — Les établissements maritimes de l'Extrême-Orient, LXVI (1880), 540. — L'armée chinoise, LXX (1881), 223. — Renseignements sur la province de Lang-Son et la frontière du Tonkin et de la Chine, LXXI (1881), 419. — Typhons des mers de Chine, LXXXII (1884), 330 ; XCVI (1888), 183 ; — Rapport sur l'affaire de Sheipoo, LXXXVI (1885), 56. — Progrès de la mécanique, LXXVIII (1883), 286. — Voy. *Constructions navales, Histoire, Marines militaire et marchande, Ports.*

Ching-Yuan, croiseur chinois : sa mise à flot, XCII (1887), 373.

Chio (Ile de), LXXX (1884), 643.

Chipka (Le siège de), LXXXIII (1884), 585.

Choc : Sur l'action de déformation du choc comparée à celle d'un effort continu, LXXIV (1882), 229.

Choléra. — Voy. *Médecine.*

Christmas (Ile de l'océan Pacifique) : Nouvelle station anglaise, XCVII (1888), 568.

Chronique maritime et coloniale : LX (1879), 189, 504, 798 ; LXI (1879), 212, 409, 632 ; LXII (1879), 223, 471, 753 ; LXIII (1879), 266, 512, 748 ; LXIV (1880), 160, 398, 609 ; LXV (1880), 215, 442, 631 ; LXVI (1880), 178 ; LXVII (1880), 263, 626 ; LXVIII (1881), 229, 643 ; LXIX (1881), 448, 655 ; LXX (1881), 471 ; LXXI (1881), 203, 403 ; LXXIV (1882), 401 ; LXXVI (1883), 214, 475, 757 ; LXXVII (1883), 808 ; LXXX (1884), 213, 481, 713 ; LXXXI (1884), 234, 468, 782 ; LXXXII (1884), 244, 490, 736 ; LXXXIII (1884), 221, 556 ; LXXXIV (1885), 227, 506, 761 ; LXXXV (1885), 219, 461, 711 ; LXXXVI (1885), 193, 445, 664 ; LXXXVII (1885), 182 ; 421, 642 ; LXXXVIII (1886), 162, 335, 525 ; LXXXIX (1886), 165, 361, 555 ; XC (1886), 144, 324, 532 ; XCI (1886), 176, 416, 583 ; XCII (1887), 175, 364, 546 ; XCIII (1887), 215, 439, 620 ; XCIV (1887), 207, 381, 579 ; XCV (1887), 165, 349, 527 ; XCVI (1888), 182, 370, 563 ; XCVII (1888), 158, 355, 563 ; XCVIII (1888), 176, 381, 521 ; XCIX (1888), 148, 345, 599.

Chronomètres : Étude sur la marche et la conduite des chronomètres, d'après les travaux de MM. Caspari et Lieussou, LXXI (1881), 526. — Historique et état actuel du service des chronomètres au service hydrographique de la marine, XCIX (1888), 324, 480. — Influence du magnétisme sur les chronomètres, LXXXVIII (1886), 5.

Chypre : LXXX (1884), 409.

Cinémomètre : XCIV (1887), 381.

Ciotat (La) : Le port et le quartier maritime de La Ciotat, XC (1886), 305.

Circulation atmosphérique, LXIII (1879), 283 ; LXIV (1880), 172 ; LXXII (1882), 75.

City of New-York, croiseur auxiliaire anglais, XCVII (1888), 359.

City of Paris, croiseur auxiliaire anglais, XCVII (1888), 359.

Clauzel, sous-ingénieur de la marine : Note sur un indicateur du nombre de tours, LXIV (1880), 168.

Clément (J.), lieutenant de vaisseau : Les croiseurs et la propriété privée à la mer, LXI (1879), 33.

Clément, ingénieur de la marine : Programme d'accroissement de la flotte anglaise, LXXXIV (1885), 192.

Cléopatra, croiseur anglais, LXXI (1881), 582.

Clinomètre : LXXXIX (1886), 184.

Cloarec, enseigne de vaisseau : Les manœuvres de l'escadre anglaise en 1886, XCI (1886), 61.

Cloisons étanches : Circulaire de l'Amirauté anglaise sur la manœuvre des portes, LXII (1879), 784. — Cloison étanches et abordages, LXXVIII (1883), 485.

Clorinde : Observations faites à Terre-Neuve, à bord de la frégate la *Clorinde*, pendant la campagne de 1886, XCIII (1887), 398.

Cloué, vice-amiral : Notes sur les trombes, LXVII (1880), 430. — L'ouragan de juin 1885 dans le golfe d'Aden, LXXXIX (1886), 69 ; XCIII (1887), 177. — Le filage de l'huile, XCIV (1887), 88. — Note relative à un mémoire sur la navigation en temps de brume, XCIV (1887), 199.

Clyde : ses constructions navales, LXII (1879), 760 ; LXXXIII (1884), 247. — Travaux d'approfondissement, XCVIII (1888), 542 ; XCIX (1888), 358. — Action corrosive de ses eaux, LXXI (1881), 2C6.

Cochinchine : Notice, LXXVII (1883), 532. — Exposé de sa situation en 1878, LXIV (1880), 437. — La marine et les troupes coloniales en Cochinchine, LXXXIII (1884), 352. — Notice sur les travaux de canalisation (*fin*), LX (1879), 336.

Cochrane, cuirassé chilien : le combat de Punta-Angamos (8 octobre 1879), LXIV (1880), 375, 387.

Cochrane (A.), amiral anglais : Ses obus-torpilles ramés, LXXXIV (1885), 241.

Codification des lois. — Voy. *Législation*.

Coïncidences (Méthodes des) pour la comparaison des montres, LXVIII (1881), 257.

Colin (Dᵣ) : Le Soudan occidental, LXXVIII (1883), 5. — Le Diébédougou, LXXXI (1884), 501.

Collingwood, cuirassé anglais : ses essais, LXXXII (1884), 492 ; — éclatement d'un de ses canons de 43 tonnes, LXXXIX (1886), 548 ; — son artillerie, XCVIII (1888), 186, 532.

Collisions en mer : XCVII (1888), 177, 385 ; XCIX (1888), 177, 369. — Collision entre l'*Alexandra* et l'*Achille*, LXIII (1879), 750 ; du *Shorpioen*, XCI (1887), 187. — V. *Abordages*.

Colomb (P.-H.), capitaine de vaisseau anglais : Importance des feux du travers et proposition d'un feu pour l'étude des combats sur mer, LXV (1880), 477. — Puissance d'évolutions des bâtiments, LXXVIII (1883), 356.

Colombia, paquebot anglais : son renflouement, LXIII (1879), 767.

Colombo, garde-côtes cuirassé péruvien, LXXI (1881), 328.

Colonies : Organisation politique et militaire des colonies étrangères, XC (1886), 56.

Colonies allemandes : Traité d'alliance avec les îles Samoa, LXII (1879), 257. — L'île Samoa, LXVIII (1881), 397.

Colonies anglaises : Classification des colonies, LXVI (1880), 201. — Le gouverneur, 204. — Assemblées et conseils législatifs, 210. — Conseil exécutif, 212. — Commerce et navigation, 213. — Des navires et des marins, 214. — Phares et naufrages, 216. — Législation et administration, LXXIII (1882), 251.

Nouvelles stations anglaises dans le Pacifique, XCVII (1888), 163, 568.

Défenses des colonies anglaises, LXXXIV (1885), 249 ; XCVII (1888),

162.—Leurs forces militaires, LXXXV (1885), 233. — Officiers spéciaux pour la flotte coloniale, XCVI (1888), 363.

Possessions d'Europe, LXXIII (1882), 513.

Possessions d'Afrique : Maurice, LXXIV (1882), 504 ; cap de Bonne-Espérance, LXXV (1882), 131 ; Natal, 225 ; Sainte-Hélène et Ascension, 236 ; Côte-d'Or, 240 ; Lagos, 245 ; Sierra-Leone, 249 ; Gambie, 253. — Ordonnance du gouverneur de Maurice pour amender et réunir les lois sur l'immigration et sur le travail, LXI (1879), 579 ; LXII (1879), 96, 283, 711. — Immigration à Maurice, LXXXII (1884), 511.

Possessions d'Amérique : Honduras, LXVI (1880), 217 ; Bahama, 229 ; îles Turques et Caïques, 238 ; la Jamaïque, 490 ; îles Sous-le-Vent, 506 ; LXVIII (1881), 397 ; Antigoa, LXVI (1880), 513 ; La Barbuda, 520 ; Montserrat, 520 ; Saint-Christophe, LXVII (1880), 139 ; Anguilla, 146 ; Névis, 146 ; La Dominique, 152 ; îles Vierges, 160 ; La Barbade, 166 ; La Trinité, 436 : Guyane, 448 ; La Grenade, 549 ; Saint-Vincent, 556 ; Tabago, 566 ; Sainte-Lucie, 572 ; . îles Falkland, LXVIII (1881), 220 ; Nouvelle-Galles du Sud, LXVII (1880), 27 ; LXVIII (1881), 509 ; Canada, LXXVI (1883), 127, 421 ; Terre-Neuve, 442 ; les Bermudes ; 448 ; tableaux statistiques, LXXVII (1883), 794.

Possessions d'Asie : Notice sur l'Inde anglaise, LXXIV (1882), 5 ; LXXX (1884), 483 ; LXXXVII (1885), 152. La famine dans l'empire indo-britannique en 1876-77 ; LX (1879), 610 ; Inde, LXXIV (1882), 5 ; Aden, 264 ; Périm, 266 ; Ceylan, 266, canal navigable, LXII (1879), 247 ; Malacca, LXXIV (1882), 273 ; Labuan, 279 ; Bornéo, 280 ; Hong-Kong, 282.

Possessions de l'Océanie : Iles Fidji, LXII (1879), 257 ; LXVIII (1881), 397 ; LXXI (1881), 284. — Victoria, LXIX (1881), 155 ; Australie du sud, 343 ; Australie occidentale, 536 ; Queensland, LXX (1881), 24 ; Tasma-

nie, 365 : Nouvelle-Zélande, 635. — Forces militaires et navales des colonies de l'Océanie, LXXXVII (1885), 344. — Défenses maritimes des colonies australiennes, LXXXIV (1885), 794.

Colonies françaises : Discussion à la Chambre des députés du budget des colonies pour l'exercice 1879, LX (1879), 119. — Administration générale des colonies, LXII (1879), 29. — Notice sur les colonies françaises, LXXVII (1883), 273. — Liberté du commerce aux colonies, LX (1879), 429. — Navigation des colonies françaises avec la métropole en 1882, LXXX (1884), 490. — Impôts dans la métropole et dans les colonies, LXXXV (1885), 315. — Octroi de mer aux colonies, LXXXV (1885), 375. — Délimitation du rivage de la mer et mesurage des pas géométriques dans les colonies, LXXXIX (1886), 209. — Rapport sur la participation des colonies à l'Exposition de 1878, LXIII (1879), 388. — Compte rendu des travaux de la commission de surveillance de l'Exposition permanente des colonies, LXXIV (1882), 593 ; LXXVI (1883), 208 ; LXXXII (1884), 507. — Produits chimiques et pharmaceutiques des colonies à l'Exposition d'Anvers, LXXXIX (1886), 470.

Possessions d'Afrique : Navigation de l'Algérie, LXI (1879), 444 ; LXV (1879), 241 ; LXVIII (1880), 657. — Relations de l'Algérie avec l'Afrique centrale, LXII (1879), 70. — Première tentative d'établissement des Français en Algérie (1664), XCV (1887), 188,

Notice sur le Sénégal, LXXVII (1883), 396. — Dépendances du Sénégal, LXXXV (1885), 26. — Pénétration au Soudan, LXX (1881), 458 ; LXXI (1881),|456 ; LXXII (1882), 143, 637 ; LXXVIII (1883), 5. — Le Diébedougou (Sénégal), LXXXI (1884), 501. — Le Gabon, LXXVII (1883), 417, 670, 746. — La Côte-d'Or, LXXV (1882), 240 ; LXXVII (1883), 424.

Ile Bourbon (Réunion). Description, LXXVII (1883), 367. — Son port, LXXXVIII (1886), 472. —Ses origines,

LXXXVI (1885), 491; LXXXVII (1885), 109, 356, 607 ; LXXXVIII (1886), 112, 290 ; LXXXIX (1886), 438; XC (1886), 439.

Madagascar, LXVIII (1881), 619 ; LXIX (1881), 48, 104 ; LXX (1881), 77; LXXV (1882), 72 ; LXXVI (1883), 596 ; LXXX (1884), 310 ; LXXXI (1884), 115 ; LXXXII (1884), 510 ; LXXXIII (1884), 183, 579 ; LXXXVII (1885), 561 ; XCV (1887), 369 ; XCVI (1888), 63. — Ressource de Madagascar au point de vue de l'immigration, LXXXIX (1886), 381. — Sainte-Marie de Madagascar, LXXVII (1883), 391. — Mines, LXXXIII (1884), 579. — Mahanoro (Madagascar), LXXXIV (1885), 512. — Passeports malgaches, LXXXVI (1885), 708. — Mayotte, LXXVII (1883), 461. — Nossi-Bé, LXVI (1880), 170 ; LXXVII (1883), 468.

Possessions d'Amérique : La colonie pénitentiaire agricole de Saint-Laurent du Maroni en 1878, LXVI (1880), 72.

Notice sur la Guadeloupe, LXXVII (1883), 337. — Les hautes montagnes centrales de la Guadeloupe et le chemin de V. Hugues, LXIV (1880), 39, 311 ; LXV (1880), 334, 574. — Épidémie cholérique de la Guadeloupe (1865-1866), LXXXIV (1885), 433, 700, 797 ; LXXXV (1885), 155, 321, 648 ; LXXXVI (1885), 121, 383.

Notice sur la Guyane, LXXVII (1883), 428 ; LXXX (1884), 202. — Saint-Pierre et Miquelon, LXXVII (1883), 446 ; LXXXVIII (1886), 15, 238.

Martinique : Gouvernement de M. de Vaugiraud (1814-1818), LXVI (1880), 311. — Étude sur la Martinique, LXIX (1881), 260, 536 ; LXX (1881), 176 ; LXXVII (1883), 303. — *Les colonies du Rio-Uruguay,* LXXIX (1883), 418.

Possessions d'Asie : L'Inde française, LXXVII (1883), 511. — Iles et côtes françaises du golfe de Siam, XCI (1886), 395. — Le Cambodge LXXXII (1884), 517.

Notice sur la Cochinchine, LXXVII (1883), 532 ; sur les travaux de canalisation de la Cochinchine, LX (1879), 336. — Situation générale de la Cochinchine en 1878, LXIV (1880), 437. — Marine et troupes coloniales en Cochinchine, LXXXIII (1884), 352.

Colonisation de l'Indo-Chine, LXXXV (1885), 87. — Organisation de l'Indo-Chine, LXXXVI (1885), 368.

Le Tonkin, LXXI (1881), 419 ; LXXXVIII (1886), 381; XC (1886), 5. — Protectorat du Tonkin, LXXXIV (1885), 280, 571. — Frontière, LXXI (1881), 419. — Ports, LXXXVIII (1886), 381. — Rivières, XC (1886), 5. — Les chemins de fer du Tonkin, XCV (1887), 369. — Système des impôts au Tonkin, LXXXI (1884), 261. — Historique du Tonkin, XCVI (1888), 35, 209. — Deux années au Tonkin, XCV (1887), 143. — Le Tonkin en 1883, XCVI (1888), 113.

Royaume d'Annam, LXXXV (1885), 527.

Possessions d'Océanie : Nouvelle-Calédonie, LXXVII (1883), 493. — La baie du Prony, LX (1879), 244. — Taïti, LXXVII (1883), 475. — Le concours agricole et industriel de Papeete en 1878, LXI (1879), 321.

Colonies néerlandaises : L'armée coloniale des Indes, LXXXIV (1885), 5.

Colonies portugaises : Les îles du Cap-Vert et la colonisation du Portugal, LXXI (1881), 225.

Colonisation. Voy. *Colonies.*

Colossus, cuirassé anglais, LXVII (1880), 636 ; LXVIII (1881), 52 ; LXXIV (1882), 401 ; — son éclairage électrique, LXXXIV (1885), 786.

Combustible : Instructions de M. Childers sur les chargements de charbon, LXIII (1879), 770. — Contrôle de l'utilisation du combustible, LXVIII (1881), 437 ; LXIX (1881), 218. — Les dépôts de charbon sur les divers points du globe, XCVIII (1888), 535. — Défense des stations anglaises de charbon, LXXXVII (1885), 218 ; XCVI (1888), 186 ; XCVIII (1888), 344. — Transports de charbon attachés aux

escadres anglaises, XCVI (1888), 380.
— Port Hamilton, station de charbon, LXXXV (1885), 487 ; LXXXVII (1885), 443. — Gîtes de charbons de Formose, LXXXVIII (1886), 355. — Analyse des charbons de la Nouvelle-Calédonie, XC (1886), 547. — Combustible liquide, LXXXVIII (1886), 543 ; XCI (1886), 418, 593. — Remplacement de l'eau par des liquides très volatiles, XCVII (1888), 366. — Voy. *Pétrole*.

Combustion : Dangers des chargements de charbon, LXII (1879), 778 ; LXIII (1879), 770.

Comète aperçue à Papeete en 1887, XCVIII (1888), 495.

Comino. — Voy. *Pêches*.

Commerce : La liberté du commerce aux colonies, LX (1879), 429. — Le commerce des colonies anglaises, LXVI (1880), 213.

Notes commerciales sur la Chine et le Japon, LXVI (1880), 348, 445 ; LXVII (1880), 207 ; LXX (1881), 477. — Mouvement commercial des ports coréens, XC (1886), 149. — Progrès du commerce par suite du percement de l'isihme de Suez, LXII (1879), 139. — *Le commerce français en Guinée et au Congo au XVIII* siècle, LXXVI (1883), 511 ; sur la côte occidentale d'Afrique, LXXVIII (1883), 591. — Convention internationale relative au commerce dans le Congo, LXXXIX (1886), 576. — Pétition de la Chambre de Commerce de la Réunion, LXXV (1882), 623. — Commerce général de l'île de la Réunion en 1883, LXXXIV (1885), 250 ; en 1884, LXXXVI (1885), 703 ; en 1885, XCI (1886), 595. — Commerce de Maurice à Madagascar, LXXXII (1884), 510. — Commerce des îles Sandwich en 1884, LXXXVIII (1886), 357. — Commerce de l'île de Terre-Neuve en 1884, XC (1886), 334. — Voy. *Marine marchande* et *Navigation commerciale*.

Commissariat de la Marine : Notice sur l'organisation de ce corps, LX (1879), 288, 759 ; LXI (1879), 179.

Communications interocéaniques : Route entre le madre de Dios et un affluent du Purus (Pérou), LXXXI (1884), 757.

Compagnie générale transatlantique : La *Bourgogne*, LXXXVII (1885), 671. — La *Champagne*, LXXXV (1885), 486 ; LXXXIX (1886), 68. — La *Gascogne*, LXXXIX (1886), 197. — La *Normandie*, LXXV (1882), 588 ; LXXXVII (1885), 450. — Le *Portugal*, XC (1886), 538. — Renseignements généraux sur les paquebots, LXXXIX (1886), 61.

Compas : Théorème fondamental de la méthode des compas conjugués, LXI (1879), 617. — Instrument de Neumayer pour l'étude de la déviation des compas, LXV (1880), 455. — Le calculateur de la variation et de son sens, LXVIII (1881), 266. — Des perfectionnements à apporter au compas de relèvements, LXVI (1880), 625 ; LXXIV (1882), 496. — Notes sur le magnétisme et sur la compensation des compas, LXIX (1881), 461 ; LXXV (1882), 432, 505 ; LXXVI (1883), 78. Régulation des compas au moyen du fer doux, LXIX (1881), 554 ; LXX (1881), 259. — Emploi de l'ombre pour l'étude expérimentale d'une oscillation quelconque sur une mer agitée, de la giration et de la régulation des compas, LXXII (1882), 461. — Rose à relèvements destinée à faciliter la correction mécanique des compas, LXXXVIII (1886), 71 — Compas avertisseur *Severn*, LXIII (1879), 285. — Compas *Fleuriais*, LXXI (1881), 433. — Compas *Gareis*, LXVII (1880), 535. — Compas *Thomson*, LXVIII (1881), 352. — Compas *Bisson*, XCI (1886), 126. — Compas de hune à transmission électrique du cap du navire, LXXII (1882), 809. — Compas à aiguilles divisées, XC (1886), 148. — Voy. *Boussoles*.

Compensateurs magnétiques circulaires ou annulaires pour la correction des boussoles et des compas, LXIX (1881), 461.

Comptabilité : Comptabilité du matériel de la marine en France, LX (1879), 145, 458. — Étude comparative ser les comptabilités-matières de la guerre et de la marine, LXXI (1881), 5, 259, 473 ; LXXII (1881), 5, 439. — Comptabilité des matières de la marine, LXXX (1884), 552, LXXXI (1884), 60. — Quelques mots sur la comptabilité de la marine, XCI (1886), 136.

Comptes rendus analytiques d'ouvrages sur la Marine et sur les Colonies, LX (1879), 251, 619, 815 ; LXI (1879), 225, 449, 669 ; LXII (1879), 260, 816 ; LXIII (1879), 303, 524, 780 ; LXIV (1880), 183, 428, 640 ; LXV (1880), 245, 466, 676 ; LXVI (1880), 191, 433, 685 ; LXVII (1880), 502, 643 ; LXVIII (1881), 237, 431, 662 ; LXIX (1881), 241, 472, 668 ; LXX (1881), 245, 481, 694 ; LXXI (1881), 423, 622 ; LXXII (1882), 233, 460, 668 ; LXXIII (1882), 238, 499, 711 ; LXXIV (1882), 425, 650 ; LXXV (1882), 466, 704 ; LXXVI (1883), 244, 504, 769 ; LXXVII (1883), 826 ; LXXVIII (1883), 235, 717 ; LXXIX (1883), 241, 478, 725 ; LXXX (1884), 244, 736 ; LXXXI (1884), 209, 504, 762 ; LXXXII (1884), 265, 512, 750 ; LXXXIII (1884), 258, 581, 889 ; LXXXIV (1885), 256, 514 ; LXXXV (1885), 236, 491, 736 ; LXXXVI (1885), 228, 477, 711 ; LXXXVII (1885), 226, 457, 675 ; LXXXVIII (1886), 177, 373, 553 ; LXXXIX (1886), 201, 393, 592 ; XC (1886), 168, 338, 551 ; XCI (1886), 202, 425, 603 ; XCII (1887), 192, 370, 566 ; XCIII (1887), 220, 445, 630 ; XCIV (1887), 217, 395, 599 ; XCV (1887), 364, 542 ; XCVI (1888), 201, 391, 579 ; XCVII (1888), 170, 374, 577 ; XCVIII (1888), 198, 360, 545 ; XCIX (1888), 169, 363, 607.

Compteurs : Compteur différentiel Valessie, LX (1879), 257 ; LXI (1879), 368 ; LXXIV (1882), 55. — Compteur électrique Ponty de nombre de tours de machine, LXIV (1880), 402.

Comus, croiseur anglais : ses essais, LX (1879), 193 ; LXXI (1881), 582.

Conakry (Le), LXXXV (1885) : 79.

Concours agricole de Papeete en 1878, LXI (1879), 321.

Condor, croiseur-torpilleur français, LXXXV (1885), 713.

Condor, canonnière espagnole : ses essais, XCVIII (1888), 536.

Congo : Le premier établissement de *Stanley* dans le Congo supérieur, LXIV (1880), 425. — Voyages d'exploration de M. de *Brazza*, LXXVI (1883), 509 ; LXXVII (1883), 175, 670 ; LXXVIII (1883), 379, 591 ; LXXIX (1883), 205, 264. — Les routes du Congo, LXXXVII (1885), 461. — Le commerce français au Congo au XVIIIe siècle, LXXVI (1883), 511. — Convention internationale relative au commerce et à la navigation dans le Congo, LXXXIX (1886), 576.

Connaissance du temps. — Voy. *Astronomie*.

Conqueror, cuirassé anglais, LXVII (1880), 636 ; LXVIII (1881), 52 ; LXXI (1881), 410.

Conseils de guerre : Les Conseils de guerre de la marine française, LX (1879), 529. — Conseils de guerre de la marine anglaise, LXI (1879), 413.

Conquest, croiseur anglais, LXXI (1881), 582.

Constance, croiseur anglais, LXXI (1881), 582.

Constantin, capitaine de frégate : Réparation du palier d'étambot du *Mytho*, LXXXIX (1886), 401. — Filtres par ascension : leur utilisation à bord des bâtiments, XCI (1886), 401. — Le bataillon d'apprentis-fusiliers de Lorient, XCV (1887), 5.

Constructions navales ; GÉNÉRALITÉS : Constructions navales et marines militaires, LXXXVI (1885), 564. — Théorie du navire, LXXVI (1883), 5, 300, 565 ; LXXVII (1883),

CONSTRUCTIONS   REVUE MARITIME ET COLONIALE   CONSTRUCTIONS

97, 705; XCVI (1888), 401. — Angle de dérive des navires, LXXVIII (1883), 679. — Ondulations de la mer et formes des carènes, LXV (1880), 304. — Application de l'électricité à l'étude de la résistance des carènes, LXXXI (1884), 273. — Résistance des carènes, LXXXV (1885), 477. — Résistance des bâtiments, LXV (1880), 638. — Comparaison des navires au point de vue propulsif, LXXXVI (1885), 459. — Le gréement des navires, LXXII (1882), 391.

Canonnières et cuirassés, LXII (1879), 476. — De l'adaptation des navires à vapeur de long cours aux besoins de la guerre, LXVIII (1881), 319. — Les navires de guerre, LXXXV (1885), 5. — Les marines de guerre de l'antiquité et du moyen âge, LXXXVI (1885), 5, 314, 598; LXXXVII (1885), 22. — Qualités que doit réunir un navire de guerre moderne, LXXXVIII (1886), 169.

AVARIES : Réparation sur place de l'arbre de l'hélice de l'*Audacious*, cuirassé anglais, LXI (1879), 427. — Destruction des mâts du *Vanguard*, cuirassé anglais, LXII (1879), 504. — Avaries du *Livadia*, yacht impérial russe, LXVIII (1881), 646. — Avaries des machines de l'*Océan*, cuirassé français d'escadre, LXXII (1882), 419. — Réparation du palier d'étambot du *Mytho*, transport français de 1ʳᵉ classe, LXXXIX (1886), 401. — Avaries du *Shamrock*, transport français, sa réparation provisoire, XCVIII (1888), 304. — Collision de l'*Achilles* avec l'*Alexandra*, cuirassés anglais, LXIII (1879), 750. — Collision du *Schorpioen*, cuirassé hollandais, avec un remorqueur, XCI (1886), 187.

BATEAUX SOUS-MARINS : Nouveau type de bateau sous-marin, XCVII (1888), 368, 567.

BLINDAGES : Note sur le cuirassement des navires, LXII (1879), 230; LXIII (1879), 335, 343, 356. — Les plaques de blindage des bâtiments de guerre, LXIII (1879), 104, 352. —

Blindage des flancs, et blindage des ponts des navires, LXXXIV (1885), 767. — Les cuirasses d'acier, XCII (1887), 178, 374. — Les blindages fer et acier en Angleterre, LXV (1880), 228. — Lois de la perforation des plaques de blindage en fer forgé, LXXXIX (1886), 238. — Cuirassement des paquebots au moyen des soutes à charbon, LXII (1879), 235. — Sur l'action de déformation du choc comparée à celle d'un effort continu, LXXIV (1882), 229. — Protection des cuirasses contre l'action de l'eau de mer, LXXXVII (1886), 219.

CHANTIERS de construction : de la *Clyde*, LXII (1879); LXXXIII (1884), 247; — de *Sunderland*, LXII (1879), 794; — de *Portsmouth*, LXXVI (1883), 478; — de *Glascow*, LXIII (1879), 516. — Chantiers de constructions navales de la marine marchande en Angleterre, LXV (1880), 23, 493. — Chantiers de construction de *Alt-Ofen* (Hongrie) : lancement et mise à terre des navires par côté, LXXXVI (1885), 694. — Chantier de la construction de *Bilbao*, XCVIII (1888), 188; XCIX (1888), 156.

CLOISONS ÉTANCHES : Abordages et cloisons étanches, LXXVIII (1883), 485. — Circulaire de l'Amirauté sur la manœuvre des portes des cloisons étanches, LXII (1879), 754.

EMBARCATIONS DIVERSES : Bateaux *Yarrow*, à roues arrière, pour le haut Nil, LXXXVIII (1886), 541. — Navire à coques jumelles, LXIII (1879), 17. — Steamers pétroliers XC (1886), 539.

GOUVERNAIL : Instruments pour transmettre les ordres à la barre du gouvernail, LX (1879), 207. — Appareil à vapeur pour le gouvernail, LX (1879), 209. — Gouvernail auxiliaire mû par la vapeur, LX (1879), 209. — Engrenage à vapeur pour gouverner, (système *Nelson*), LXV (1880), 641. — Gouvernail à vapeur *Britton*, LXXXV (1885), 228. — Gouvernail électrique *Washburn*, LXXXVI (1885), 467; LXXXIX (1886), 568. — Gouvernail

de fortune, LXXXVII (1886), 220, 668. Gouvernail électrique, LXXXVIII (1886), 542. — Indication des mouvements de la barre par la phosphorescence du sulfure du callium, LXXXVII (1885), 670.

MÉTAUX : Tôles d'acier pour la construction des navires (*suite et fin*), LX (1879), 380, 727. — Emploi de l'acier dans les constructions navales, LX (1879), 727 ; LXI (1879), 639 ; LXII (1879), 230 ; LXIII (1879), 335. — Préservation des carènes en fer ou en acier, XCVI (1888), 189. — Enduit pour la protection des carènes en fer ou en acier, XCVII (1888), 354. — Moyen de rendre le bois incombustible et imperméable, LXI (1879), 217.

RENFLOUAGE : Essai sur le renflouage d'un navire coulé, LXVIII (1881), 119. — Renflouage du *Grosser Kurfürst*, frégate cuirassée allemande, LXV (1880), 325 ; — de la *Résistance*, cuirassé anglais, XCIV (1887), 385 ; — de l'*Eurydice*, corvette anglaise, LX (1879), 229 ; — du *Colombia*, paquebot anglais, LXIII (1879), 767 ; — de l'*Austral*, steamer anglais, LXXX (1884), 82 ; — du *Richelieu*, cuirassé français, LXXIX (1883), 245 ; — de l'*Arrogante*, batterie flottante cuirassée française, LXII (1879), 223 ; — de l'*Euménide*, corvette française, LXXIX (1883), 712 ; — du *Rhin*, transport français, LXVI (1880), 525 ; — du *Saint-Germain*, paquebot français, LXXIV (1882), 80.

ROULIS : Critique de la théorie moderne du roulis, LXII (1875), 277. — Le roulis et le tangage des navires, LXVII (1880), 5. — Instrument destiné à se rendre compte du roulis, XCIII (1887), 225.

STABILITÉ : Stabilité de l'équilibre des corps flottants, LX (1879), 682. — Manque de stabilité des navires en général, LXII (1879), 269. — La stabilité considérée au point de vue de la durée et de l'amplitude du roulis, LXVI (1880), 66. — Variations de stabilité des navires, LXXIX (1883), 532. —

Développements de géométrie du navire avec applications aux calculs de stabilité, XCIII (1887), 332. — Pesanteur apparente sur les navires à la mer, LXXXIV (1885), 206.

ALLEMAGNE : Constructions maritimes à Hambourg de 1871 à 1878, LXIII (1879), 292. — Programme de la flotte de 1873, LXXXI (1884), 474 ; exécution de ce programme, LXXXIII (1884), 160. — Constructions navales (1883-1885), LXXXVII (1885), 426. — Canonnière pour grosse artillerie, LX (1879), 800. — Construction de croiseurs en acier, LXV (1880), 448.

FRÉGATES CUIRASSÉES : *Deutschland*, LXVIII (1881), 606 ; description, LXIX (1881), 656. — *Friedrich-Carl*, LXVIII (1881), 601. — *Friedrich-der-Grosse*, LXVIII (1881), 604. — *Grosser Kurfürst*, LXV (1880), 325. — *Kaiser*, LXVIII (1881), 606 ; LXIX (1881), 656. — *Khönig Wilhelm*, LXVIII (1881), 602. — *Kronprinz*, LXVIII (1881), 601. — *Preussen*, LXVIII (1881), 604.

CORVETTES CUIRASSÉES : *Baden*, lancement, LXVII (1880), 267. — *Baiern*, LXVIII (1881), 611. — *Hansa*, LXVIII (1881), 608. — *Oldenburg*, lancement, LXXXIV (1885), 510. — *Sachsen*, essais, LXII (1879), 472 ; LXVIII (1881), 611. — *Wurtemberg*, LXVIII (1881), 611 ; LXX (1881), 475.

GARDE-CÔTES : *Arminius*, LXVIII (1881), 610.

CANONNIÈRES CUIRASSÉES : *Chamaeleon* ; lancement, LXI (1879), 415. — *Natter* ; lancement, LXVII (1880), 631. — *Viper*, LXVIII (1881), 613. — *Wespe*, LXVIII (1881), 613. — Constructions de canonnières type *Weser*, LXX (1881), 475.

FRÉGATES DE CROISIÈRE : *Bismark*, LXXI (1881), 597. — *Gneisenau* ; essais de machine, LXVIII (1881), 646 ; LXXI (1881), 397. — *Leipzig*, LXXI (1881), 596. — *Moltke*, LXXI (1881), 597. — *Stein*, LXXI (1881), 597. — *Stosch*, LXXI (1881), 597.

CORVETTES DE CROISIÈRE : *Alexandrine*, lancement, LXXXV (1885), 220. — *Freja*, LXXI (1881), 595. — *Irène*, XCVII (1888), 356. — *Marie*, mise à flot, LXXI (1881), 410.

CROISEURS : *Habicht*, lancement, LXIII (1879), 752 ; description, LXV (1880), 447. — *Mowe* ; description, LXV (1880), 447. — *Schwalbe* ; description, XCVII (1888), 158.

AVISO : *Greif*, mise à l'eau, XCI (1886), 179.

TORPILLEURS : Les torpilleurs *Thornycroft* et *Yarrow*, LXXXIX (1886), 177. — Torpilleurs de haute mer, XCIX (1888), 362.

BATIMENTS ÉCOLES : *Ariadne* (mousses), LXXI (1881), 594 ; description, XCV (1887), 356. — *Luise* (mousses), LXXI (1881), 594. — *Nixe* (mousses) ; lancement, LXXXVI (1885), 681. — *Blücher* (torpilles), LXXI (1881), 597. — *Princess Wilhelm* (ex-Ariadne), XCVI (1888), 182 ; XCVII (1888), 356. — *Mars* (canonniers) ; description, LXV (1880), 447.

NAVIRE DE COMMERCE : *Preussen*, paquebot, XCI (1886), 419.

BATIMENT DE SERVITUDE : *Otter* ; description, LXII (1879), 756.

ANGLETERRE : Éléments de puissance navale, LXXVII (1883), 808. — Congrès des *Naval-Architects*, LXXXI (1884), 493. — Contrats pour constructions et réparations, LXXXV (1885), 307. — Instructions de l'amirauté sur les réparations à faire aux navires venant de la mer, LXXXVII (1885), 666. — Réglementation nouvelle pour l'adoption des plans de navire, XCIII (1887), 620. — Ses constructions navales en 1878, LXII (1879), 794 ; en 1879, LX (1879), 798 ; LXI (1879), 409, 639 ; LXII (1879), 224 ; en 1879-1880, LXV (1880), 215 ; en 1884, LXXXIII (1884), 247 ; LXXXIV (1885), 781 ; LXXXVI (1885), 690 ; en 1885-86, LXXXVII (1885), 647 ; en 1888, XCVI (1888), 563. — Croiseur de réserve, XCV (1887), 350. —

Vitesse des croiseurs, XCVIII (1888), 341. — *La question des transports*, LXII (1879), 225.

CUIRASSÉS A TOURELLES BARBETTE : *Anson* : dimensions, LXXXIX (1886), 361 ; modification des plans, XCVIII (1888), 536 ; XCIX (1888), 155. — *Benbow* ; lancement, description, LXXXVI (1885), 194 ; armement, XCI (1886), 176 ; essais, XCI (1886), 584 ; XCIX (1888), 155. — *Camperdown*, dimensions, LXXVI (1883), 214 ; lancement, armement, cuirasses, coût, LXXXIX (1886), 165 ; modification des plans primitifs, XCVIII (1888), 536. — *Collingwood*, essais, LXXXII (1884), 492 ; artillerie, LXXXIX (1886), 548 ; XCVIII (1888), 186, 532. — *Howe*, essais, LXXXV (1885), 715 ; LXXXVIII (1886), 526 ; modification des plans primitifs, XCVIII (1888), 536 ; artillerie, XCIX (1888), 601. — *Rodney*, lancement, description, LXXXIII (1884), 558 ; essais, LXXXVII (1885) 183 ; artillerie, XCVII (1888), 365 ; modification des plans, XCVIII (1888), 536. — *Sans-Pareil*, essais, XCIX (1888), 352. — *Téméraire*, LXVIII (1881), 40 ; artillerie, XCVIII (1888), 186. — *Victoria* (ex-Renown), projet de construction, LXXXVI (1885), 200 ; essais, XCVIII (1888), 351.

CUIRASSÉS A TOURELLES FERMÉES : *Agamemnon*, mise à l'eau, LXIII (1879), 512 ; appareil de chargement hydraulique, LXI (1879), 434 ; description générale, LXVIII (1881), 52 ; LXXXIV (1885), 761. — *Ajax*, appareil de chargement hydraulique, LXI (1879), 434 ; renseignements généraux, LXVIII (1881), 52 ; canons, XC (1886), 326. — *Colossus*, armement, LXVII (1880), 636 ; LXVIII (1881), 52 ; dimensions, LXXIV (1882), 401 ; LXXXIV (1885), 786. — *Conqueror*, LXVII (1880), 636 ; LXVIII (1881), 52 ; lancement, LXXI (1881), 410. — *Dévastation*, modifications apportées à la construction, LXIII (1879), 270 ; LXVIII (1881), 42 ; XCIX (1888), 157. — *Dreadnought*, essais de son ar-

tillerie, LX (1879), 214; LXVIII (1881), 45; construction d'un nouveau bâtiment du même type, LXXXVII (1885), 421.—*Edinburgh*, dimensions, LXXIV (1882), 401; essais, LXXXI (1884), 473. — *Hero*, mise à l'eau, dimensions, LXXXVII (1885), 680. — *Inflexible*, essais, LX (1879), 193, 504; mâture et tourelles, LX (1879), 506; LXIII (1879), 514; épreuves de ses plaques, LXII (1879), 488; artillerie, LX (1879), 215; renseignements généraux, LXVIII (1881), 50, 389; LXXIV (1882), 401. — *Monarch*, LXVIII (1881), 27; avaries, LXXXV (1885), 716. — *Neptune*, défauts de construction, LXVII (1880), 626; LXVIII (1881), 29. — *Nile*, mise à l'eau, XCVII (1888), 357; supplément d'armure, XCIX (1888), 156. — *Résistance*, LXVIII (1881), 14; expériences d'artillerie, XCI (1886), 193; XCVIII (1888), 185; XCIX (1888), 350; de torpilles, XCIV (1887), 209; XCVII (1888), 166; renflouage, XCIV (1887), 385. — *Thunderer*, LXVIII (1881), 474; artillerie, LX (1879), 809; LXI (1879), 218, 371; LXII (1879), 329; LXIV (1880), 413; LXV (1880), 292; machines, XCIX (1888), 602. — *Trafalgar*, description, LXXXVIII (1886), 525; mise à l'eau, dimensions, XCV (1887), 350; supplément d'armure, XCIX (1888), 156.

Cuirassés a réduit central : *Alexandra*, collision avec l'*Achille*, LXIII (1879), 750. — *Audacious*, LXI (1879), 427; LXVIII (1881), 294. — *Belleisle*, LXVIII (1881), 49. —*Bellerophon*, essais, LXVIII (1881), 20; LXXXVIII (1886), 164. — *Hercules*, LXVIII (1881), 31.— *Hotspur*, LXVIII (1881), 310. — *Invincible*, LXVIII (1881), 294. — *Iron-Duke*, LXVIII (1881), 296.— *Orion*, LXVIII (1881), 49. — *Pénélope*, XCVI (1888), 564; armement, XCIX (1888), 601. — *Rupert*, LXVIII (1881), 312.—*Sultan*, modifications à son armement, LXII (1879), 471; LXVIII (1881), 33. — *Superb*, transformation, LXVIII (1881), 38; XCIX (1888), 157. — *Swiftsure*, LXVIII (1881), 297. — *Triumph*, LXVIII (1881), 297.

Cuirassés a batterie : *Agincourt*, LXVIII (1881), 22. — *Black-Prince*, LXVIII (1881), 12. — *Hector*, LXVIII (1881), 16; son armement, XCIX (1888), 155. — *Northumberland*, LXVIII (1881), 24.— *Warrior*, LXVIII (1881), 12; transformation, XCIX (1888), 157. —Projets divers, LXII (1879), 476; LXXXVI (1885), 445.

Croiseurs a tourelles barbette : *Impérieuse*, description, LXXI (1881), 205; essais, LXXXVII (1885), 433, 652; XCIV (1887), 591; XCVII (1888), 358; excédent de tirant d'eau, XCI (1886), 177, 583. — *Warspite*, description, XCIV (1887), 591. — Projets divers, LXXXV (1885), 221.

Croiseurs a redoute : *Nelson*, LXVII (1880), 268; LXVIII (1881), 304; LXV (1889), 641; navires de ce type, LXVII (1880), 263. — *Northampton*, essais de ses torpilleurs, LXIII (1879), 763; LXVII (1880), 268; LXVIII (1881), 304. — *Shannon*, LXVIII (1881), 299.

Croiseurs a ceinture cuirassée : *Aurora*, essais, XCVIII (1888), 351. — *Australia*, dimensions, LXXXVII (1885), 649; mise à l'eau, XCII (1887), 365; artillerie, XCIX (1888), 602. — *Galatea*, dimensions, LXXXVII (1885), 649; mise à l'eau; machines, XCIII (1887), 622; essais, XCVI (1888), 185. — *Immortalité*, mise à l'eau, XCIV (1887), 386. — *Narcissus*, dimensions, LXXXVII (1885), 649; lancement, XCII (1887), 366; essais, XCVI (1888), 379; XCVII (1888), 358.— *Orlando*, dimensions, LXXXVII (1885), 649; lancement, description, XC (1886), 532; essais, XCII (1887), 364; tirant d'eau, XCIII (1887), 623. essais d'artillerie, XCVII (1888), 566; essai d'un appareil fumivore, XCVIII (1888), 356. — *Undaunted*, dimensions, LXXXVII (1885), 649; mise à l'eau, XCII (1887), 365; essais de ma-

chines, XCIV (1887), 387. — Projets divers, LXXXVI (1885), 445.

GARDE-CÔTES A TOURELLES : *Abyssinia*, LXVIII (1881), 305. — *Cerberus*, LXVIII (1881), 303. — *Cyclops*, description, LXVIII (1881), 306. — *Gorgon*, LXXVIII (1883), 307. — *Hécate*, LXVIII (1881), 307.— *Hydra*, LXVIII, (1881), 307. — *Magdala*, LXVIII (1881), 303. — *Prince-Albert*, LXVIII (1881), 19.— *Scorpion*, LXVIII (1881), 290. — *Wivern*, LXVIII (1881), 290.

CROISEURS PROTÉGÉS : *Amphion*, description, LXXXVII (1885), 185; essais, LXXXIX (1886), 558. — *Arethusa*, dimensions, LXVII (1880), 263. — *Forth*, lancement, dimensions, XCI (1886), 584; essais, armement, XCV (1887), 349. — *Leander*, dimensions, LXVII (1880), 263; LXXVI (1883), 215; avaries, LXXXVI (1885), 665. — *Magicienne*, XCVIII (1888), 188.— *Marathon*, lancement, XCIX (1888), 158. — *Medea*, lancement, XCVIII (1888), 351. — *Medusa*, lancement, XCIX (1888), 158. — *Melpomène*, lancement, XCIX (1888), 353. — *Mersey*, lancement, description, LXXXV (1885), 463; essais, XCVI (1888), 379. — *Phaéton*, dimensions, LXVII (1880), 263; essais, LXXXI (1884), 474.— *Severn*, ses machines, LXXXIV (1885), 762; lancement, description, LXXXVII (1885), 425. — *Thames*, lancement, dimension, LXXXVIII (1886), 166; LXXXIX (1886), 392; essais, XCII (1887), 365; XCIII (1887), 215.

CROISEURS DE 2e ET 3e CLASSES · *Active*, LXXI (1881), 574.— *Albatros*, LXXI (1881), 586. — *Bacchante*, LXXI (1881), 579.— *Blanche*, LXXI (1881), 573. — *Boadicea*, LXXI (1881), 579. *Canada*, LXXI (1881), 582. — *Carysfort*, LXXI (1881), 582. — *Champion*, LXXI (1881), 582.— *Cléopatra*, LXXI (1881), 582. — *Comus*, essais, LX (1879), 193; LXXI (1881), 582.— *Conquest*, LXXI (1881), 582.— *Constance*, LXXI (1881), 582.— *Cordelia*, LXXI (1881), 582. — *Curaçoa*, LXXI

(1881), 582. — *Danaë*, LXXI (1881), 575. — *Diamond*, LXXI (1881), 576. — *Emerald*, LXXI (1881), 580. — *Euryalus*, LXXI (1881), 579.— *Garnet*, LXXI (1881), 580.— *Héroïne*, mise en chantiers, LXVII (1880), 627.— *Hyacinthe*, mise en chantiers, LXVII (1880), 627. — *Inconstant*, LXXI (1881), 566. — *Iris*, essais, LXI (1879), 633; LXII (1879), 381, 814; hélices, LX (1879), 509; dimensions, LXIV (1880), 508; LXXI (1881), 587; XCVIII (1888), 188. — *Mercury*, essais, LXI (1879), 413; LXIII (1879), 266; LXXI (1881), 593. — *Opal*, LXXI (1881), 580. — *Pylades*, description, LXXXIV (1885), 229. — *Rover*, LXXI (1881), 577. — *Ruby*, LXXI (1881), 580. — *Sapphire*, LXXI (1881), 576. — *Shah*, artillerie, LXIX (1881), 657; LXXI (1881), 569. — *Tourmaline*, LXXI (1881), 580. — *Turquoise*, LXXI (1881), 580. — *Volage*, LXXI (1881), 574.

CROISEURS AUXILIAIRES : *Arcadia*, XCVII (1888), 359. — *City of New-York*, XCVII (1888), 359. — *City of Paris*, XCVII (1888), 359. — *Etruria*, XCIII (1887), 623. — *Gallia*, expériences, LXI (1879), 420; description, LXVI (1880), 187. — *Océana*, XCVII (1888), 359. — *Victoria*, LXXXVI (1885), 200; LXIX (1881), 155.

AVISOS : *Alacrity*, essais, LXXXVII (1885), 185. — *Surprise*, essais, LXXXVI (1885), 451.

CORVETTES : *Acorn*, résultats des essais, LXXXVII (1885), 187. — *Cormorant*, LXXI (1881), 585. — *Daphne*, XCVIII (1888), 188. — *Daring*, LXXI (1881), 586.— *Dragon*, LXXI (1881), 585. —*Egeria*, LXXI (1881), 586. — *Espiègle*, LXXI (1881), 585. — *Gannet*, LXXI (1881), 585. — *Icarus*, lancement, dimensions, LXXXVII (1885), 186. — *Kingfisher*, LXXI (1881), 585. — *Miranda*, LXXI (1881), 585. — *Mutiné*, LXXI (1881), 585. — *Nymphe*, XCIV (1887), 592; lancement, XCVII (1888), 564. — *Osprey*, LXXI (1881), 585.— *Pegasus*, LXXI (1881),

585. — *Pélican*, LXXI (1881), 585. — *Penguin*, LXXI (1881), 585. — *Swalow*, armement, équipage, LXXXII (1884), 493 ; description, LXXXVII (1885), 188. — *Wanderer*, essais de machine, LXII (1879), 238. — *Wild-Swan*, LXXI (1881), 585.

Canonnières de 1re classe : *Bramble*, essais, XCVI (1888), 186. — *Curlew*, essais, LXXXIX (1886), 174 ; tirant d'eau, XCI (1886), 178. — *Doterel*, explosion, LXX (1881), 472. — *Landrail*, mise à l'eau, dimensions, LXXXVIII (1886), 528 ; excédent de tirant d'eau, XCI (1886), 178. — *Lizard*, essais, XCIII (1887), 621. — *Magpie*, XCVII (1888), 361. — *Partridge*, XCVIII (1888), 188 ; XCIX (1888), 602. — *Peacock*, lancement, XCVIII (1888), 351 ; essais, XCIX (1888), 353, 602. — *Pheasant*, mise à l'eau, XCVII (1888), 357 ; essais, XCIX (1888), 159, 602. — *Pigeon*, essais, XCIX (1888), 602. — *Pigmy*, essais, XCIX (1888), 602. — *Plover*, lancement, XCIX (1888), 602. — *Ranger*, description, LXIII (1879), 749. — *Rattler*, armement, XCII (1887), 365 ; XCIII (1887), 217. — *Redbreast*, XCVII (1888), 361. — *Redpole*, XCVII (1888), 361. — *Wasp*, dimensions, LXVII (1880), 627 ; XCII (1887), 365 ; XCVI (1888), 183

Canonnières de 2e classe : *Gadfly*, essais, LXII (1879), 753. — *Grappler*, dimensions, LXVII (1880), 627. — *Phœnix*, description, LXIII (1879), 749 ; LXXI (1881), 585 ; LXXVI (1883), 482. — *Pincher*, essais, LXII (1879), 753. — *Wrangler*, dimensions, LXVII (1880), 627. — Projets divers : LX (1879), 800 ; LXII (1879), 476 ; LXXXVI (1885), 201 ; LXXXVII (1885), 656.

Bélier-torpilleur : *Polyphemus*, innovations apportées dans sa construction, LXII (1879), 244 ; description, LXXXVI (1885), 455.

Croiseurs torpilleurs : *Archer*, description, LXXXVII (1885), 649 ; lancement, dimensions, LXXXVIII (1886), 335 ; essais, XCII (1887), 366 ; XCIII (1887), 218. — *Brisk*, description, LXXXVII (1885), 649 ; mise à l'eau, XCI (1886), 584 ; essais, XCII (1887), 366 ; XCVI (1888), 379 ; XCVII (1888), 363 ; XCVIII (1888), 188. — *Cossack*, description, LXXXVII (1885), 649 ; mise à l'eau, XCI (1886), 584 ; essais, XCII (1887), 366 ; XCIII (1887), 218. — *Fearless*, dimensions, LXXXIX (1886), 555 ; essais, XCVII (1888), 358. — *Marsouin*, description, XC (1886), 536. — *Mohawk*, description, LXXXVII (1885), 649 ; lancement, LXXXVIII (1886), 527. — *Porpoise*, description, LXXXVII (1885), 649. — *Scout*, lancement, description, LXXXVI (1885), 664 ; LXXXVII (1885), 423. — Navires de ce type, LXXXIV (1885), 228 ; LXXXVI (1885), 449. — *Serpent*, construction, LXXXIX (1886), 362 ; mise à l'eau, armement, XCIII (1887), 625. — *Tartar*, description, LXXXVII (1885), 649 ; lancement, armement, XCI (1886), 584 ; XCV (1887), 358.

Avisos torpilleurs : *Grasshopper*, Mise à l'eau, XCV (1887), 359. — *Rattlesnake*, essais, XCI (1886), 591 ; XCIII (1887), 218, 625. — *Sandfly*, mise à l'eau, XCV (1887), 359. — *Sharpshooter*, construction d'avisos de ce type, XCIX (1888), 156. — *Skipjack*, XCVII (1888), 567. — *Spider*, mise à l'eau, XCV (1887), 359.

Torpilleurs : Leur construction, LXVIII (1881), 652. — Leur entretien, LXXXVII (1885), 209. — Dispositions pour la réserve, LXI (1879), 220. — Torpilleur n° 21, LXXXV (1885), 723. — Essais des torpilleurs *Yarrow*, n° 79, XCII (1887), 176 et n° 80 ; XCIV (1887), 594. — Essais du n° 256, XCIX (1888), 362. — Type de petit torpilleur, XCV (1887), 538. — Torpilleur d'acier de 55m,33 de 6m,08, XCVI (1888), 195. — Avaries de torpilleurs, XCVII (1888), 371. — Nouveaux torpilleurs, LXXXVII (1885), 207. — Chaloupes porte-torpilles, LXV (1880), 455 ; LXVII (1880), 638.

TRANSPORT DE TORPILLES : *Hécla*, LX (1879), 189.

TRANSPORTS : *Crocodile*, réparations, LXVII (1880), 627. — *Malabar*, réparations, XCIV (1887), 207. — *Tyne*, armement, LXI (1879), 632.

BATIMENT ÉCOLE : *Handy* (artillerie), dimensions, LXXXII (1884), 493.

SERVICE HYDROGRAPHIQUE : *Flying-Fish*, LXXI (1881), 586. — *Rambler*, canonnière, description, LXIII (1879), 749.

STATIONNAIRE : *Duncan*, dimensions, LXXVI (1883), 214.

NAVIRES DE COMMERCE : *Arizona*, steamer, lancement, LXI (1879), 420. — *Austral*, steamer, LXXX (1884), 82. — *Bay-of-Cadix*, navire à vapeur en acier, description, LXI (1879), 420. — *Castalia*, navire à coques jumelles, description, LXIII (1879), 17. — *Dua*, yacht à deux hélices concentriques, description, LX (1879), 193. — *Mendoza*, paquebot à hélice; essais, LXIV (1880), 400. — *Niger*, aviso, description, LXIII (1879), 750. — *Orégon*, paquebot, LXXXIX (1886), 576. — *Orient*, paquebot, description, LXII (1879), 478; LXIII (1879), 515. — *Orizaba*, paquebot vapeur, XCI (1886), 198. — *Sardiman*, paquebot, LXIII (1879), 520.

EMBARCATIONS DIVERSES : Yacht anglais utilisable comme aviso de guerre, XCVIII (1888), 353. — *Hata*, bateau de rivière à faible tirant d'eau, XCVIII (1888), 538. — Steamers à petit tirant d'eau, LXI (1879), 421. — *Angus*, steamer, ses machines, XCIX (1888), 605. — *Anthracite*, LXVII (1880), 634. — *Duchesse de Sutherland*, sa transformation, XCIX (1888), 158.

ARGENTINE (République) : CORVETTE CUIRASSÉE : *Almirante-Brown*, lancement, LXVII (1880), 632.

CANONNIÈRE DE 1re CLASSE : *Argentine*, dimensions, LXXXII (1884), 248.

AUSTRALIE, CROISEUR : *Protector*, dimensions, LXXXII (1884), 502.

TORPILLEURS : *L'Achéron*, LXIII (1879), 764. — Torpilleurs *Thornycroft*, *Childers*; description, essais, LXXX (1884), 489.

AUTRICHE : CUIRASSÉS : *Custoza*, LXIX (1881), 488. — *Don Juan de Austria*, LXIX (1881), 490. — *Erzherzoq Albrecht*, LXIX (1881), 485. — *Kaiser*, LXIX (1881), 487. — *Kaiser Max*, LXIX (1881), 490. — *Lissa*, LXIX (1881), 483. — *Prinz Eugen*, LXIX (1881), 492. — *Kronprinz-Rudolf*, XCIV (1887), 387. — *Tegetthoff*, LXVIII (1881), 233; LXIX (1881), 492.

FRÉGATE CUIRASSÉE : *Habsburg*, LXIX (1881), 482.

FRÉGATES NON CUIRASSÉES : *Landon*, LXXI (1881), 608. — *Radetzky*, LXXI (1881), 608.

CORVETTES A BATTERIE : *Donau*, LXXI (1881), 616. — *Saida*, LXXI (1881), 609.

CORVETTES A BARBETTE : *Aurora*, LXXI (1881), 610. — *Frundsberg*, LXXI (1881), 610. — *Zrinyi*, LXXI (1881), 610.

CROISEURS TORPILLEURS : Le *Léopard*; lancement, LXXXVII (1885), 657; *Panther*; lancement, description, LXXXVI (1885), 682; XCIX (1888), 162. — *Spalato*, LXXI (1881), 611. — *Zara*, LXXI (1881), 611.

TORPILLEURS : Essai d'un torpilleur construit en Angleterre, LXII (1879), 777. — Les torpilleurs *Yarrow*, LXXXV (1885), 464, 724. — Le *Falke*, LXXXVIII (1886), 336.

BATIMENT-ÉCOLE : *Ferdinand-Max*, LXXX (1881), 482.

PONTON : *Salamander*, LXIX (1881), 421.

BRÉSIL. CUIRASSÉS : *Aquidaban*, mise à l'eau, LXXXIV (1885), 764; essais, LXXXVI (1885), 457. — *Riachuelo*, description, LXXXI (1881), 480.

MONITORS DE HAUTE MER : *Bahia*, LXXI (1881), 331. — *Barroso*, LXXI (1881), 330. — *Javary*, LXXI (1881), 333. — *Solimoes*, LXXI (1881), 333.

GARDE-CÔTES CUIRASSÉ : *Cabral*, LXXI (1881), 328.

CANONNIÈRE CUIRASSÉE : *Marojo*, essais, description, LXXXIX (1886), 563.

TORPILLEURS : LXXVI (1883), 227.

CHILI. CUIRASSÉS : *Almirante Cochrane*, LXXI (1881), 320. — *Blanco Encalada*, LXXI (1881), 321.

CROISEUR : *Esmeralda*, essais, description, LXXXIII (1884), 240.

CHINE. CUIRASSÉ A TOURELLES : *Ting-Yuen*, dimensions, LXXX (1884), 226.

CROISEURS PROTÉGÉS : *Ching-Yuan*, mise à flot, XCII (1887), 373 ; — *Tchi-Yuen*, lancement, description, LXXX (1884), 230.

CROISEURS : *Nan-Shuin*, lancement, dimensions, LXXX (1884), 725. — *Nan-Thing*, LXXX (1884), 725.

CANONNIÈRES : LXII (1879), 759.

TORPILLEURS : LXIII (1879), 282 ; les torpilleurs *Schichau*, LXXXIX (1886), 373 ; XCI (1886), 590. — Les torpilleurs *Yarrow*, XCIV (1887), 215. — Nouveaux torpilleurs, XCIV (1887), 215.

DANEMARK. CUIRASSÉS : *Danmark*, LXXI (1881), 180. — *Helgoland*, LXXI (1881), 185. — *Iver-Hvitfeld*, XC (1886), 144. — *Odin*, LXXI (1881), 183. — *Tordens'Kjold*, LXVII (1880), 638.

GARDE-CÔTES : *Gorm*, LXXI (1881), 187. — *Lindormen*, LXXI (1881), 187. — *Rolf Krake*, LXXI (1881), 182.

ESPAGNE : Plans de navire cuirassé, type italien *Lepanto* et français *Marceau*, LXXXIII (1884), 230. — Croiseur, type anglais, *Australia*, LXXXIX (1886), 364. — Soumission pour la construction de trois croiseurs, XCVII (1888), 368.

CUIRASSÉ A TOURELLES BARBETTE, *Pelayo*, essais, XCIX (1888), 159.

FRÉGATES : *Numancia*, LXXI (1881), 151. — *Sagunto*, LXXI (1881), 155. — *Vitoria*, LXXI (1881), 153. — *Zaragoza*, LXXI (1881), 154.

CROISEURS DE 1ʳᵉ CLASSE : *Aragon* : lancement, LXIII (1879), 752. — *Reina-Regente*, mise à l'eau, description, XCIII (1887), 442 ; essais, XCV (1887), 527.

CROISEURS DE 3ᵉ CLASSE : *Filippinas*, mise à l'eau, description, XCIII (1887), 624 ; — *Infanta Isabel*, mise à l'eau, description, LXXXVII (1885), 196. — *Isabel II*, mise à l'eau, XCI (1886), 180. — Construction de croiseurs de 3,000 et de 7,000 tonnes, XCIX (1888), 353.

CANONNIÈRE : *Condor*, essais, XCVIII (1888), 536.

CANONNIÈRE A HÉLICE DE 2ᵉ classe : *Eulalie*, description, LXXXIII (1884), 233.

CONTRE TORPILLEUR : *Destructor* ; description, XC (1886), 537 ; essais, XCII (1887), 373, 564.

TORPILLEURS : *L'Ariete*, XCIV (1887), 392. — *Orion*, LXXXIX (1886), 559. — *Rayo*, XCV (1887), 173. — Les torpilleurs *Yarrow*, LXXXV (1885), 464, 724. — Le *Barcelo*, XCVII (1888), 370.

MONITOR DE RIVIÈRE : *Puigcerda*, LXXI (1881), 156.

ÉTATS-UNIS : Ses constructions navales en 1878, LXI (1879), 421. — Notes sur quelques modèles de navires américains envoyés à l'Exposition de Philadelphie en 1876, LXV (1880), 219. — Plans de croiseurs type : *Inconstant*, *Mersey*, *Scout* de la marine anglaise, LXXXVII (1885), 198 ; adoption de ces plans, dimensions, armement, 661. — Résultat du concours ouvert pour les plans d'un cuirassé, XCVII (1888), 367. — Vote de crédits pour la construction et l'armement de nouvelles canonnières, XCVIII (1888), 530.

MONITORS A DEUX TOURELLES : *Amphitrite*, LXXI (1881), 307. — *Miantonomoh*, dimensions, LXVII (1880), 287 ; LXXI (1881), 307. — *Monadnock*, LXXI (1881), 307. — *Puritan*, LXXI (1881), 308. — *Terror*, LXXI (1881), 307.

MONITORS A UNE TOURELLE : Plan, XCIX (1888), 354. — *Ajax*, LXXI (1881), 309. — *Camanche*, LXXI (1881), 310. — *Canonicus*, LXXI (1881),

309. — *Catskill*, LXXI (1881), 310. — *Jason*, LXXII (1881), 310. — *Lehigh*, LXXI (1881), 310.— *Mahopac*, LXXI (1881), 309. — *Manhattan*, LXXI (1881), 309. — *Montauk*, LXXI (1881), 310. — *Nahant*, LXXI (1881), 310. — *Nantucket*, LXXI (1881), 310. — *Passaïc*, LXXI (1881), 310. — *Wyandotte*, LXXI (1881), 309.

Croiseurs : *Atlanta*, essais, XCIV (1887), 209. — *Baltimore*, dimensions, XCI (1886), 416 ; lancement, XCIX (1888), 602. — *Boston*, essais d'artillerie, XCIX (1888), 355. — *Charleston*, lancement, XCVIII (1888), 537 ; XCIX (1888), 602. — *Chicago*, essais, XCVI (1888), 380 ; XCIX (1888), 602. — *Maine*, XCVII (1888), 565. — *Newark*, description ; construction de croiseurs de ce type, XCV (1887), 354. — ¡*Vesuvius*, lancement, XCVII (1888), 565 ; essais, XCIX (1888), 602. — *Philadelphia ;* essais, XCIX (1888), 602 ; machines, XCIX (1888), 682. — Projets divers, LXXXVII (1885), 198, 661.

Aviso : *Dolphin*, dimensions, LXXXII (1884), 502 ; essais, LXXXVIII (1886), 340.

Canonnière : *Yorktown*, mise à l'eau, XCVII (1888), 565.

Corvettes a hélice : *Adams*, LXXI (1881), 621. — *Alert*, LXXI (1881), 621. — *Alliance*, LXXI (1881), 621. — *Entreprise*, LXXI (1881), 621. — *Essex*, LXXI (1881), 621. — *Galena*, LXXI (1881), 620. — *Kearsarge*, essais, XCIX (1888), 354. — *Marion*, LXXI (1881), 383. — *Mohican*, LXXI (1881), 620. — *Nipsic*, LXXI (1881), 621.— *Quinnebaug*, LXXI (1881), 620. *Ranger*, LXXI (1881), 621.— *Swatara*, LXXI (1881), 620. — *Trenton*, LXXI (1881), 610.—*Vandalia*, LXXI (1881), 620.

Torpilleurs : *Alarm*, LXIV (1880), 417. — *Destroyer*, LX (1879), 517.— Torpilleurs de 41 mètres et de 4m,50, XCVI (1888), 195. — Emploi à bord des torpilleurs du propulseur Mallory, LXII (1879), 777.

Ponton : *Saugus*, LXXI (1881), 309.

Embarcations diverses : *Burr*, canot à grande vitesse, XCV (1887), 528. — Construction d'un radeau de bois brut, XCIX (1888), 355. — *Now-Then*, yacht rapide, XCIV (1887), 593. — Le *Sharpee*, bâtiment à voiles, LXX (1881), 5.

FRANCE : Les constructions navales au Niger, XCIX (1888), 504.

Cuirassés d'escadre : *Caïman*, lancement, description, LXXXV (1885), 711. — *Formidable*, lancement, description, LXXXV (1885), 461. — *Hoche*, dimensions, LXVII (1880), 626. — *Magenta*, dimensions LXVII (1880), 626. — *Marceau*, dimensions, LXVII (1880), 626 ; lancement, LXXX (1884), 713. — *Neptune*, dimensions, LXVII (1880), 626. — *Requin*, lancement, description, LXXXVI (1885), 193. — *Richelieu*, renflouement, LXXIX (1883), 245.

Cuirassé de croisière : *Turenne*, lancement, LXIII (1879), 746.

Garde-cotes cuirassés : *Terrible*, plaques de blindage, LXXI (1881), 205. — *Tonnant*, lancement, dimensions, LXVII (1880), 625.

Canonnières cuirassées de 1re classe : *Achéron*, lancement, description, LXXXV (1885), 715. — De 2e classe, *Fusée*, lancement, description, LXXXI (1884), 732.

Batterie flottante cuirassée : *Arrogante*, renflouage, LXII (1879), 223.

Croiseurs a batterie : *Cécille*, croiseur, LXXXVIII (1886), 162, 371. — *Dubourdieu*, mise à l'eau, description, LXXXIV (1885), 227. — *Sfax*, dimensions, armement, LXXXI (1884), 468. — *Tage*, dimensions, LXXXVII (1885), 642.

Croiseurs de 1re classe : *D'Estaing*, lancement, LXIII (1879), 746.—De 2e classe : *Milan*, lancement, description, LXXXII (1884), 244.

Croiseur torpilleur : *Condor*, lancement, description, LXXXV (1885), 713.

CONSTRUCTIONS TABLE DES MATIÈRES CONSTRUCTIONS

Avisos a hélice de 1re classe : *Inconstant*, XC (1886), 324. — *Voltigeur*, machines et chaudières, LXXVI (1883), 483. — De 2e et 3e classe : *Chimère*, dimensions, LXVII (1880), 626 ; LXXI (1881), 204.

Avisos a roues de 2e et 3° classe : *Ardent*, dimensions, LXXI (1881), 403. — *Brandon*, dimensions, LXXI (1881), 403. — *Écureuil*, lancement, dimensions, LXIX (1881), 449. — *Oyapock*, lancement, dimensions, LXIX (1881), 655. — *Pingouin*, lancement, description, LXXXIII (1884), 556.— *Pluvier*, dimensions, LXXI (1881), 204.

Aviso torpilleur : *Bombe*, dimensions, LXXXIV (1885), 506 ; lancement, LXXXV (1885), 463.

Canonnière a hélice • *Vipère*, lancement, dimensions, LXIX (1881), 449.

Chaloupe canonnière a roues : *Pionnier*, essais, LXXXII (1884), 492.

Torpilleurs : Le n° 44 : Passage des rapides du Mékong, LXXXVIII (1886), 462. — Les nos 60, 61, 69, 70 et 71 : rapports de mer, LXXXIX (1886), 5 ; XC (1886), 353.— Le *Coureur*, XCVIII (1888), 357.

Transports de 1re classe : *Gironde*, dimensions, LXVIII (1881), 229. — *Nive*, dimensions, LXVIII (1881), 229. — De 2e classe : *Calédonien*, mise à l'eau, description, LXXXIII (1884), 557. — *Magellan*, mise à l'eau, dimensions, LXXXII (1884), 490.

Batiment-École : *Iphigénie*, dimensions, machines, LXXI (1881), 203.

Navires de commerce : *Bourgogne*, LXXXVII (1885), 671. — *Champagne*, LXXXV (1885), 486 ; LXXXIX (1886), 68. — *Gascogne*, LXXXIX (1886), 61. — *Normandie*, LXXV (1882), 588 ; traversée de Nouméa à New-York, LXXXVII (1885), 450. — *Portugal*, XC (1886), 538. — Renseignements généraux sur ces paquebots, LXXXIX (1886), 61.

Embarcations diverses : *Farcy*, chaloupe-canonnière, essais, description, LXXXIV (1885), 508. — Les *Sharpees* en France, LXXII (1882), 42.

GRÈCE. Canonnières : *Eurotas*, essais, LXXXIV (1885), 763.— *Georgios*, LXXI (1881), 161. — *Hydra*, description, LXXXI (1884), 736. — *Peneus*, essais, LXXXIV (1885), 763. — *Spetsaïs*, description, LXXXI (1884), 736.

HOLLANDE. Cuirassés a tourelles : *Koning der Nederlanden*, LXXI (1881), 170. — *Prins-Hendrik*, LXXI (1881, 168.

Garde-cotes : *Buffel*, LXXI (1881), 174. — *Guinea*, LXXI (1881), 174. — *Stier*, LXXI (1881), 171.

Monitors cuirassés ; *Adder*, LXXI (1881), 175.—*Blœdhond*, LXXI (1881), 173. — *Cerberus*, LXXI (1881), 173. — *Draak*, LXXI (1881), 177. — *Haai*, LXXI (1881), 175. — *Heligerlee*, LXXI (1881), 173. — *Hyena*, LXXI (1881), 175.— *Krokodil*, LXXI (1881), 173. — *Luipaard*, LXXI (1881), 175. — *Matador*, LXXI (1881), 177. — *Panter*, LXXI (1881), 175. — *Schorpioen*, sa perte par collision, XCI (1886), 187. — *Tyger*, LXXI (1881), 173. — *Wesp*, LXXI (1881), 175.

ITALIE : Considération sur la construction de ses grands navires, LXXVI (1883), 400 ; LXXXI (1884), 238 ; LXXXII (1884), 493. — Dispositions prises pour faire construire les cuirassés en Italie, XCII (1887), 562. — Les plates-formes tournantes, LXXXI (1884), 239.

Cuirassés a tourelles fermées : *Dandolo*, renseignements généraux, LXII (1879), 758 ; LXX (1881), 494 ; considérations générales, LXXVI (1883), 400. — *Duilio*, lancement, armement, coût, LXII (1879), 758 ; LXX (1881), 494 ; LXXVI (1883), 400.

Cuirassés a réduit central a barbette : *Andrea Doria*, construction, LXXXII (1884), 493. — *Francesco-Morosini*, description, LXXX (1884), 483 ; construction, LXXXII (1884), 493 ; lancement, armement, LXXXVI (1885), 670. — *Italia*, tonnage, coût, LXII (1879), 158 ; LXX (1881), 498 ;

considérations générales, LXXVI (1883), 400 ; armement, LXXXII (1884), 493 ; essais, LXXXIX (1886), 558. — *Lepanto*, tonnage, coût, LXII (1879), 758; LXX (1881), 498; considérations générales, LXXVI (1883), 400 ; lancement, dimensions, déplacement, LXXX, (1884), 720 ; armement, LXXXII (1884), 493 ; essais, XCIX (1888), 160. — *Ruggiero di Lauria*, construction, LXXXII (1884), 493 ; LXXXIII (1884), 229. — *Sardegna*, machines, XCIX (1888), 162.

FRÉGATES A RÉDUIT CENTRAL : *Ancona*, LXXI (1881), 489. — *Castelfidardo*, LXX (1881), 489. — *Maria Pia*, LXX (1881), 489. — *Palestro*, LXX (1881), 492. — *Principe Amedeo*, LXX (1881), 492.

BÉLIER A TOURELLES : *Affondatore*, LXX (1881), 501.

BÉLIERS-TORPILLEURS. *Dogali* (ex-Salaminia-Angelo-Emo) : description, XCII (1887), 367 ; XCIV (1887), 208. — *Etna*, construction, LXXXII (1884), 493 ; machines, LXXXV (1885), 727. — *Giovanni Bausan*, construction, LXXVI (1883), 759 ; description, armement, LXXXVI (1885), 201. — *Stromboli*, construction, LXXXII (1884), 493; LXXXVIII (1886), 530. — *Vesuvio*, construction, LXXXII (1884), 493.

CROISEURS TORPILLEURS : *Piemonte*, lancement, XCIX (1888), 159 ; description, XCIX (1888), 355. — *Tripoli*, mise à l'eau, dimensions, XC (1886), 536 ; essais, XCIII (1887), 626.

CORVETTES A BARBETTE. *Amerigo-Vespuci*, LXXI (1881), 615 ; armement, LXXXII (1884), 492. — *Cristoforo Colombo*, LXXI (1881), 613. — *Flavio-Gioia*, lancement, dimensions, LXX (1881), 476 ; LXXI (1881), 615. — *Savoia*, armement, LXXXII (1884), 493.

AVISOS A HÉLICE : *Agostino Barbarigo*, LXXI (1881), 616. — *Archimède*, description, XCI (1886), 180. — *Rapido*, LXXI (1881), 615. — *Staffetta*, LXXI (1881), 615.

CANONNIÈRES A HÉLICE : *Andrea-Provana*, construction, LXXXII (1884), 493. — *Veniero*, construction, LXXXII (1884), 493.

TORPILLEURS : Le *Fatum*, XCVI (1888), 577. — Les torpilleurs *Yarrow*, LXVII (1880), 276 ; LXXXVI (1885), 701 ; LXXXIX (1886), 373 ; XCIII (1887), 626 ; XCVIII (1888), 197. — Les *Thornycrot, Pattison, Guppy, Cravero, Odero*, LXXXIX (1886), 373. — Les *Schichau*, LXXXIX (1886), 373 ; XCI (1886), 192. — Nouveaux torpilleurs, LXVII (1880), 276.

TRANSPORT DE TORPILLES : *America*, XCII (1887), 563.

BATIMENT-ÉCOLE : *Venezia*, LXX (1881), 491.

JAPON. FRÉGATE A BATTERIE : *Fu-Sô*, LXXI (1881), 314.

CROISEURS : *Hi-Yei*, LXXI (1881), 315. — *Kon-Go*, LXXI (1881), 315. — *Naniwa*, lancement, description, LXXXV (1885), 464 ; LXXXIX (1886), 561. — *Takatchiho*, lancement, description, LXXXVI (1885), 201 ; LXXXIX (1886), 561. — *Unébi*, lancement, description, artillerie, LXXXIX (1886), 366.

TORPILLEURS : Les torpilleurs *Yarrow*, XC (1886), 328.

NORVÈGE. MONITORS : *Mjolner*, LXXI (1881), 192. — *Scorpionen*, LXXI (1881), 192. — *Thor*, LXXI (1881), 192. — *Thrudvang*, LXXI (1881), 192.

CANONNIÈRE DE 1re CLASSE : *Ellida*, description, LXVIII (1881), 230.

PÉROU. MONITOR CUIRASSÉ : *Atahualpa*, LXXI (1881), 318.

GARDE-CÔTES CUIRASSÉS : *Brazil*, LXXI (1881), 329. — *Colombo*, LXXI (1881), 328.

PORTUGAL. CORVETTE : *Vasco da Gama*, LXXI (1881), 158.

CANONNIÈRES A HÉLICE : *Bengo*, lancement, description, LXIII (1879), 513. — *Cacongo*, essais, description, XCI (1886), 188. — *Mandovi*, lancement, description, LXIII (1879), 513. — *Massabi*, essais, description, XCI (1886), 188.

VAPEUR A HÉLICE : *Fulminante*, LXVIII (1881), 233.

RUSSIE : Cuirassés commandés en Angleterre, LXIII (1879), 751. — Navires destinés à la flotte de l'océan Pacifique, LXXXVIII (1886), 338. — Les *Popoffkas*, XC (1886), 550. — Construction de cuirassés de 100 tonnes, XCV (1887), 356.

CUIRASSÉS A TOURELLES BARBETTE : *Alexandre II*, projet de construction, LXXXII (1884), 736 ; mise à l'eau, dimensions, XCIV (1887), 594. — *Amiral Nakhimoff*, lancement, dimensions, LXXXVII (1885), 661. — *Catherine II*, description, LXXXII (1884), 736 ; XCVI (1888), 188 ; voyage à Sébastopol, 387 ; état d'avancement, 565. — *Sinope*, description, LXXXII (1884), 736 ; XCVI (1888), 188 ; état d'avancement, 565. — *Tschesma*, description, LXXXII (1884), 736 ; emploi du pétrole à bord, XCIV (1887), 387 ; voyage d'expériences, XCVI (1888), 188, 387 ; état d'avancement, 565.

CUIRASSÉS A TOURELLES FERMÉES : *Amiral Greigh*, LXIX (1881), 210. — *Amiral Lazareff*, LXIX (1881), 210. — *Amiral Spiridoff*, LXIX (1881), 211, — *Amiral Tchitchagoff*, LXIX (1881), 211. — *Pierre-le-Grand*, LXIX (1881), 201.

CROISEURS CUIRASSÉS : *Dmitri-Donskoï*, projet de construction, lancement, description, LXX (1881), 474 ; LXXXI (1884), 479 ; LXXXII (1884), 736. — *Duc d'Edinburg*, LXIX (1881), 203. — *General Amiral*, LXIX (1881), 203. — *Minin*, description, LXIII (1879), 271 ; LXIX (1881), 199. — *Pamiaty-Azova*, lancement, XCVIII (1888), 353. — *Wladimir-Monomakh*, description, LXX (1881), 474 ; lancement, LXXVI (1883), 758.

GARDE-CÔTES : *Kreml*, LXIX (1881), 205. — *Netroni Menia*, LXIX (1881), 205. — *Perwenetz*, LXIX (1881), 205.

MONITORS A TOURELLES : *Bronenosetz*, LXIX (1881), 208. — *Erdinorog*, LXIX (1881), 208. — *Koldun*, LXIX (1881), 208. — *Latnik*, LXIX (1881), 208. — *Lawa*, LXIX (1881), 208. — *Perun*, LXIX (1881), 208. — *Russalka*, LXIX (1881), 209. — *Smerch*, LXIX (1881), 206. — *Strjeletz*, LXIX (1881), 208. — *Typhon*, LXIX (1881), 208. — *Uragan*, LXIX (1881), 208. — *Wischtun*, LXIX (1881), 208.

CROISEURS : *Mandshur*, lancement, XCII (1887), 176. — *Rynda*, description, LXXXII (1884), 736 ; XCI (1886), 585. — *Vitiaz*, description, LXXXII (1884), 736.

CROISEURS CANONNIÈRES : *Cerno-Moretz*, état d'avancement, XCVI (1888), 386. — *Donetz*, lancement, XCVI (1888), 386. — *Toretz* (canonnières type), XCVI (1888), 188. — *Uraletz*, lancement, XCVI (1888), 386, 566. — *Zaporozetz*, XCVI (1888), 386.

CROISEUR TORPILLEUR : *Lieutenant-Iljen*, description, LXXXIX (1886), 362.

CLIPPERS : *Dzigit*, LXXI (1881), 603. — *Kreiser*, LXXI (1881), 603. — *Naiezdnick*, LXXI (1881), 604. — *Plastun*, lancement, armement, LXII (1879), 472 ; dimensions, LXIII (1879), 273 ; LXXI (1881), 603. — *Razboinik*, LXXI (1881), 604. — *Strielok*, LXXI LXXI (1881), 603.

FRÉGATES : *Afrika*, LXXI (1881), 601. — *Asia*, LXXI (1881), 601. — *Zabiaka*, essais, dimensions, LXI (1879), 415 ; LXXI (1881), 601.

CANONNIÈRES : *Bobr*, description, LXXXII (1884), 736. — *Burun*, lancement, LXV (1880), 447. — *Mandjoor*, description, XCIV (1887), 387. — *Sivoutch*, description, LXXXII (1884), 736 ; dimensions, artillerie, LXXXIII (1884), 561. — *Tutscha*, lancement, LXV (1880), 447.

TORPILLEURS : *Sulina*, avaries, LX (1879), 813. — *Tsapli*, sa perte, LXXVI (1883), 226. — *Ugor*, avaries, LX (1879), 813. — *Wiborg*, XCI (1886), 591. — Les *Thornycroft*, *Yarrow*, *Normand* et *Schichau*, LX (1879), 228 ; LXXVI (1883), 226 ; LXXXIX (1886), 177, 565. — Torpilleurs commandés à

l'Allemagne, LX (1879), 228; LXXXIX (1886), 565.

TRANSPORTS : *Europa*, LXXI (1881), 602. — *Moskwa*, LXXI (1881), 605; description, LXXXII (1884), 736. — *Nijni-Novgorod*, LXXI (1881), 613.

YACHT A HÉLICE : *Livadia*, description, LXIV (1880), 398; LXVIII (1881), 329; avaries, 646.

BÂTIMENTS DE SERVITUDE: *Petersburg*, LXXI (1881), 605.

SUÈDE : Ses constructions navales en 1878, LXI (1879), 635 ; en 1879, LXV (1880), 218 ; LXVI (1880), 178.

CUIRASSÉ A TOURELLES : *Svea*, essais, XCI (1886), 586 ; plaques, XCII (1887), 176.

CORVETTE A HÉLICE : *Freja*, lancement, dimensions, LXXXVI (1885), 683.

TURQUIE. CUIRASSÉS A RÉDUIT CENTRAL : *Assar Tevket*, LXIX (1881), 389. — *Messudieh*, LXIX (1881), 390.

CUIRASSÉS A BATTERIE : *Azizieh*, LXIX (1881), 387. — *Mahmudieh*, LXIX (1881), 387. — *Orchanieh*, LXIX (1881), 387. — *Osmanieh*, LXIX (1881), 387.

CORVETTES CUIRASSÉES : *Assari-Chevket*, LXIX (1881), 396. — *Avni-Ilah*, LXIX (1881), 394. — *Fethi-Bulend*, LXIX (1881), 399. — *Idja-Lieh*, LXIX (1881), 398. — *Muini-Zaffer*, LXIX (1881), 399. — *Mukadémé-i-Haïr*, LXIX (1881), 399. — *Nedjmi-Cherket*, LXIX (1881), 396.

TORPILLEURS : Garde-côtes, LXXXV (1885), 724. — *Nordenfelt*, XCIV (1887), 390 ; XCVII (1888), 167. — *Schichau*, LXXXIX (1886), 565. — Construction, en Allemagne, d'avisos torpilleurs, XCVI (1888), 188.

Contrôle de la marine (Le), XCI (1886), 226.

Contrôleur de marche des machines marines, XCV (1887), 177. — Contrôleur de rondes, XCIX (1888), 81.

Coques jumelles. — Voy. *Constructions navales*.

Cordages (Les), en chanvre et en fils de fer, LXXII (1882), 391.

Cordelia, croiseur anglais, LXXI (1881), 582.

Corée : Notes sur l'île Quelpart, LXII (1879), 509. — La Corée en 1882, LXXVI (1883), 235. — Notice sur la Corée, LXXXII (1884), 206. — Mouvement commercial des ports coréens, XC (1886), 149.

Corinthe (Isthme et canal de), LXXXI (1884), 676.

Cormorant, croiseur anglais, LXXI (1881), 585.

Cornulier (P. de), capitaine de vaisseau : Note sur la tactique en essai, LX (1879), 410. — Le personnel et le service à bord de la marine anglaise, LXXIV (1882), 429 ; LXXV (1882), 17.

Cornulier-Lucinière (De), capitaine de vaisseau : Ouragans à Madagascar en 1885, XCVI (1888), 458.

Corrard (A.), lieutenant de vaisseau : Sur le mouvement simultané de deux bâtiments, LXVII (1880), 462.

Corrosive : Action corrosive des eaux de la Clyde, LXXI (1881), 206.

Corrections d'épreuves. — Voy. *Épreuves*.

Corsaires (Les) de la régence d'Alger, LXXVI (1883), 621.

Corvettes. — Voy. *Constructions navales*.

Cos (Ile de), LXXX (1886), 421.

Cossack, croiseur torpilleur anglais, LXXXVII (1885), 649 ; XCI (1886), 584 ; ses essais, XCII (1887), 366 ; XCIII (1887), 218.

Côte-d'Or (Notice sur la), LXXV (1882), 240 ; LXXVII (1883), 424.

Côtes : La navigation sous-marine appliquée à la défense des ports, XC (1886), 192. — Note sur l'emploi des mortiers de 30° en fonte rayés et frettés dans la défense des côtes, XCVII (1888), 87.

ALLEMAGNE : Fortification des côtes allemandes, LXIV (1880), 630. — La

défense des côtes allemandes, LXIX (1881), 659 ; LXXI (1881), 412 ; LXXXI (1884), 739 ; LXXXII (1884), 506 ; LXXXIII (1884), 560. — Coupoles *Gruson*, employées dans les fortifications des bouches du Weser, LXII (1879), 242 ; LXIII (1879), 280. — Forts Erfprins et du Harrsens dans la position du *Helder*, LXIV (1880), 631 ; LXVII (1880), 290. — Les défenses de Wilhelmshaven, LXVIII (1881), 652.

ANGLETERRE : *Fortifications des côtes en Angleterre*, LXI (1879), 437. — Artillerie et défense des côtes en Angleterre, XCVIII (1888), 534. — Le fort cuirassé de la Mersey, LXIII (1879), 520. — Défense des côtes anglaises (entrée de la *Medway*), LXIV (1880), 630. — Les canons de côtes anglais de 100 tonnes, LXVII (1880), 635. — Défense des côtes et des ports en Angleterre, LXXXVI (1885), 688. — Défense des ports de commerce anglais, XC (1886), 328. — Défenses sous-marines, LXXXIX (1887), 564. — Le corps de mineurs sous-marins volontaires pour la défense des côtes en Angleterre, XCII (1887), 546.

AUTRICHE : Les nouveaux travaux de défense de Pola, LXXI (1881), 416 ; LXXXII (1884), 741 ; LXXXVII (1885), 665.

ÉTATS-UNIS : Défense des côtes des États-Unis, LXXXI (1884), 740 ; LXXXVIII (1886), 497 ; XCVI (1888), 187.

HOLLANDE : Emploi des coupoles Gruson, LXII (1879), 767.

ITALIE : Défense des côtes en Italie, LXV (1880), 610 ; LXXXI (1884), 495 ; LXXXII (1884), 257. — Fortification de la Spezia, LXXXII (1884), 742.

PORTUGAL : Fortifications de Lisbonne, LXXXVII (1885), 665.

RUSSIE : Défense des côtes de la Russie, LXXXII (1884), 260. — L'artillerie de défense des côtes en Russie, XCVIII (1888), 534.

TURQUIE : Projet de fortification du Bosphore, LXXXVI (1885), 208.

Coton poudre, LXII (1879), 784.

Cottrau (P.) : *Maris imperium obtinendum*, LXXVII (1883), 561.

Coupoles. — Voy. *Cuirasses.*

Courants : Instrument pour mesurer la vitesse des courants (système *O. Fennel*), LXIX (1881), 455. — Détermination des courants par une série de quatre hauteurs à intervalle, LXXXIX (1886), 274. — Détermination des courants sous-marins, XCI (1886), 338. — Les courants de l'Atlantique, LXXXIX (1886), 190 ; leur influence sur la navigation à vapeur, LXV (1880), 5. — Courants de l'Océan Pacifique, LXVIII (1881), 234.

Courants d'Ampère. — Voy. *Magnétisme.*

Courants atmosphériques. — Voy. *Météorologie.*

Courbet (A.-A.-P.), vice-amiral : notice nécrologique, LXXXVI (1885), 182 ; LXXXVII (1887), 174. — Rapport sur la prise des îles Pescadores, LXXXVI (1885), 218.

Coureur, torpilleur français : Son lancement, XCVIII (1888), 357.

Cours. — Voy. *Administration.*

Courteville (P.), sous-directeur au ministère de la Marine : notice nécrologique, LXXXVI (1885), 660.

Cousin, directeur des services administratifs au ministère de la Marine : Rapports sur la statistique des pêches maritimes en France, année 1877, LXI (1879), 305 ; — année 1878, LXIII (1879), 59 ; — année 1879, LXVII (1880), 194.

Cousin, ingénieur de la Marine : Renflouage du *Richelieu*, LXXIX (1883), 245.

Cravero : ses torpilleurs, LXXXIX (1886), 373.

Crémazy (L.), président de la Cour d'appel de la Martinique : Notes sur Madagascar, LXXV (1882), 72 ; LXXVI (1883), 596 ; LXXX (1884), 310 ; LXXXI (1884), 115 ; LXXXIII (1884), 183 ; LXXXVII (1885), 561 ; XCV (1887), 369 ; XCVI (1888), 63. —

Commerce de l'Ile Maurice avec Madagascar, LXXXII (1884), 810. — Les mines de Madagascar, LXXXIII (1884), 579. — Les passeports malgaches, LXXXVI (1885), 708. — Le commerce de l'Ile de la Réunion en 1884, LXXXVI (1885), 703.

Crevaux (J.), médecin de la Marine : Voyage d'exploration en Guyane en 1877, LX (1879), 706. — Exploration de l'Oyapock et du Parou, de l'Ica et du Yapura, LXV (1880), 61.

Cristoforo-Colombo, corvette italienne, LXXI (1884), 613.

Crocodile, transport anglais, LXVII (1880), 627.

Croiseurs (Les) et la propriété privée à la mer, LXI (1879), 33. — Voy. *Constructions navales*.

Cronstadt (Canal de Saint-Pétersbourg à), LXII (1879), 246, 793 ; LXXXIII (1884), 577 ; LXXXVIII (1886), 348.

Crova (B.), capitaine de frégate : De l'usage à bord des bâtiments d'un tableau indicateur des trois courbes météorologiques, LXVIII (1881), 414.

Cryptographie et son application à l'art militaire, LXXXIV (1885), 391, 640.

Cuirassement. — Voy. *Constructions navales, Blindages*.

Cuirasses. — Voy. *Artillerie*.

Cuirassés. — Voy. *Constructions navales*.

Cullard (W.), chef de bataillon d'infanterie de marine : Notice sur une planchette pour tir incliné, LXIV (1880), 91.

Culots. — Voy. *Artillerie*.

Cuniberti (V.) : Un contre-torpilleur à mitrailleuses, LXXXII (1884), 465.

Curaçoa, croiseur anglais, LXXI (1884), 582.

Curlew, canonnière anglaise : ses nouveaux essais, LXXXIX (1886), 174 ; XCI (1886), 178.

Currie. — Voy. *Donald*.

Custoza, cuirassé autrichien, LXIX (1881), 488.

Cuverville. — Voy. *Cavelier*.

Cuvette amalgamée (horizon à Mercure à), LXXXI (1884), 464.

Cyclones. — Voy. *Météorologie*.

Cyclops, garde-côtes anglais, LXVIII (1881), 306.

D

Dabry de Thiersant, ministre plénipotentiaire : L'armée coloniale de l'Inde néerlandaise, LXXXIV (1885), 5.

Dalmatie : sa navigation en 1877, LXIII (1879), 296.

Damasshour, LXXIX (1883), 164.

Damiette, LXXIX (1883), 155.

Dandolo, cuirassé italien, LXII (1879), 758 ; LXX (1881), 494 ; LXXVI (1883), 400.

Danemark. — Voy. *Artillerie, Budgets, Constructions navales, Marine militaire, Pêches*.

Danmark, cuirassé danois, LXXI (1881), 180.

Danae, croiseur anglais, LXXI (1881), 575.

Daphne, corvette anglaise : son lancement, XCVIII (1888), 188.

Darien. — Voy. *Canaux*.

Daring, corvette anglaise, LXXI (1881), 586.

Darricau (baron R.-A.), contre-amiral : Notice nécrologique, LXII (1879), 467.

Davis : sa lampe sous-marine, LXI (1879), 438.

Day : son système de bigues, LXV (1880), 647.

Dayot (Jean-Marie) : notice biographique, XCVIII (1888), 519.

Decante, lieutenant de vaisseau : Emploi de ses tables dans les évolutions d'escadre, LX (1879), 235. — Des perfectionnements à apporter au compas, LXVI (1880) 625 ; LXXIV (1882), 496. — Lunette à niveau, LXXI (1881), 143. — Niveau marin, LXXIX (1883), 353. — Modification au niveau marin, LXXXIII (1884), 87. — Les marées de la Charente, LXXXIX, (1886), 132.

Decœur (H.), capitaine d'artillerie de la marine : La défense des côtes aux États-Unis, LXXXVIII (1886), 497. Éclatement d'un canon de 12 pouces et de 43 tonnes à bord du *Collingwood*, LXXXIX (1886), 548. — Le budget de la guerre et la question de la défense des ports en Angleterre, XCVII (1888), 5.

Defence, frégate cuirassée anglaise, LXVIII (1881), 14.

Défense des côtes. — Voy. *Côtes.*

Défense des ports. — Voy. *Ports.*

Degouy (R.), lieutenant de vaisseau : Étude sur les opérations combinées des armées de terre et de mer, LXXIII (1882), 287, 615 ; LXXIV (1882), 113 ; LXXVII (1883), 208 ; LXXVIII (1883), 198 ; XCIII (1887), 292, 449 ; XCIV (1887), 401 ; XCV (1887), 45, 282, 403. — Note sur l'emploi des mortiers de 30 centimètres en fonte rayés et frettés dans la défense des côtes, XCVII (1888), 87.

Delafon, greffier en chef de la Cour d'appel de Pondichéry : recherches archéologiques dans le sud de l'Inde, LXV (1880), 670.

Delafon (R.), enseigne de vaisseau : Étude de deux fonctions liées par une équation linéaire, LXXIX (1883), 305. — Détermination rapide de la position du navire en vue des côtes, LXXXV (1885), 280.

Delagrange, capitaine de frégate : Le générateur *Du Temple*, LXIX (1881), 453.

Delarbre (J.), conseiller d'État honoraire, trésorier général des Invalides de la Marine, membre du Conseil de l'ordre de la Légion d'honneur : La liberté du commerce aux Colonies, LX (1879), 429. — Discours prononcé à l'assemblée générale de la Société de sauvetage des naufragés en 1879, LXII (1879), 496. — La Société centrale de sauvetage des naufragés sur les côtes de France, LXII (1879), 521. — La Légion d'honneur, XCI (1886), 5, 303 XCII (1887), 41, 240, 508 ; XCIII (1887), 250, 509 ; XCIV (1887), 119. — Tourville et la marine de son temps, XCIX (1888), 577.

Delauney, chef d'escadron d'artillerie de la marine : Signaux par le canon, LXXXI (1884), 229. — Lois des distances astrales, XCVII (1888), 486.

Delavaud (C.), pharmacien inspecteur de la marine : Les produits chimiques et pharmaceutiques des colonies françaises à l'exposition d'Anvers, LXXXIX (1886), 470.

Delaware (Baie de la) : Projet de la réunir à la baie de la Chesapeake par un canal, LXII (1879), 247.

Délimitation de la mer à l'embouchure de la Seine, LXXIII (1882), 357, 534 ; LXXIV (1882), 88. — Délimitation du rivage de la mer et du mesurage des pas géométriques dans les colonies françaises, LXXXIX (1886), 209.

Deloncle (L.), enseigne de vaisseau : Le dernier compte rendu des dépenses de la marine anglaise, LXV (1880), 442.

Deltell (A.), pharmacien principal de la marine : Organisation de la station agronomique de la Réunion (*suite et fin*), LXXII (1882), 112, 305, 521.

Denderah : LXXIX (1883), 176.

Dennis, surveyor général du Canada : La nouvelle route commerciale du Canada dans l'extrême Nord, LXI (1879), 447.

Dépôts de charbon : Dépôts de charbon anglais, XCVI (1888), 186 ; leur défense, LXXXVII (1885), 218 ;

XCVIII (1888), 344. — Dépôts de charbon sur les divers points du globe, XCVIII (1888), 535.

Dépôts des chaudières. — Voy. *Incrustations.*

Deschard, commissaire de la marine : Notice sur l'organisation du corps du commissariat de la marine (*suite et fin*), LX (1879), 288, 759 ; LXI (1879), 179.

Desclozeaux, ancien magistrat : Première tentative d'établissement des Français en Algérie (1664), XCV (1887), 188.

Désincrustation des chaudières par l'électricité, LXXXIV (1885), 785. — Voy. *Incrustations.*

Desnouy (O.), capitaine de vaisseau l'*Hécla*, LX (1879), 189. — L'expédition américaine au pôle Nord, LX (1879), 241. — Les bouches du Mississipi et les jetées du capitaine *Eads*, LXVI (1880), 5.

D'Estaing, croiseur français : son lancement, LXIII (1879), 746.

Destroyer, torpilleur américain, LX (1879), 517.

Destructor, croiseur-torpilleur espagnol, description, XC (1886), 537 ; ses essais, XCII (1887), 373 ; traversée de Plymouth au cap Finistère, XCII (1887), 564.

Détermination d'une droite de hauteur par la méthode de l'amiral *Marcq de Saint-Hilaire*, LXXXVIII (1886), 102.

Deutschland, cuirassé allemand, LXVIII (1881), 606 ; LXIX (1881), 656.

Deux années au Tonkin : (1884-1886), XCV (1887), 143.

Dévastation, cuirassé anglais ; modifications apportées à ce bâtiment, LXIII (1879), 270 ; LXVIII (1881), 42 ; XCIX (1888), 157.

Développements de géométrie du navire (Rapport sur le mémoire présenté à l'Académie, intitulé :) XCIII (1887), 332.

Déviation de la verticale sur les côtes de France, XCII (1887), 450.

Diamond, croiseur anglais, LXXI (1881), 576.

Dictionnaire des *navires cuirassés* : Angleterre, LXVIII (1881), 5, 290 ; Allemagne, LXVIII (1881), 597 ; Russie, LXIX (1881), 191 ; Turquie, LXIX (1881), 383 ; Autriche, LXIX (1881), 477 ; Italie, LXX (1881), 485 ; Espagne, LXXI (1881), 149 ; Portugal, 158 ; Grèce, 160 ; Hollande, 165 ; Danemark, 178 ; Suède, 189 ; Norwège, 191 ; Etats-Unis, LXXI (1881), 305 ; Japon, 312 ; République Argentine, 316 ; Pérou, 318 ; Chili, 320 ; Brésil, 325 ; — des *croiseurs et avisos rapides* : Angleterre, LXXI (1881), 564 ; Allemagne, 593 ; Russie, 600 ; Autriche, 607 ; Italie, 612 ; Etats-Unis, 618.

Dictionnaire administratif de la marine, LXV (1880), 257.

Didelot (O.-F.-C.), vice-amiral, (1812-1886) : notice nécrologique, XCI (1886), 577.

Didier Neuville, archiviste paléographe, sous-chef de bureau au ministère de la marine : Les établissements scientifiques de l'ancienne marine (*suite*), LXIII (1879), 448, 666.

Dido, croiseur anglais, LXXI (1881), 573.

Diébédougou (Le), LXXXI (1884), 501.

Diégo-Suarez (Baie de), LXXXIII (1884), 213 ; XCI (1886), 295.

Dislère (P.), conseiller d'Etat : Le tonnage des navires, LX (1879), 801. — Les impôts dans la métropole et dans les colonies, LXXXV (1885), 315.

Distances astrales et lunaires. — Voy. *Astronomie.*

Distillation : Rapport de M. Dupuy de Lôme sur l'appareil distillatoire de M. *Perroy*, LXI (1879), 364.

Dittloff. — Voy. *Tjassens.*

Dmitri-Donskoï, croiseur cuirassé russe, LXX (1881), 474 ; LXXXI (1884), 479 ; LXXXII (1884), 736.

Dock flottant de Cardiff, XCIX (1888), 358.

Dogali, bélier torpilleur italien, XCII (1887), 367 ; ses essais, XCIV (1887), 208.

Dolphin, aviso de la marine des États-Unis, LXXXII (1884), 502 ; LXXXVIII (1886), 340.

Domanialité maritime : Délimitation du rivage de la mer et mesurage des pas géométriques dans les colonies françaises, LXXXIX (1886), 209. — Les établissements de pêche et le domaine public maritime, XCV (1887), 493 ; XCVI (1888), 5, 233, 407.

Dominique (La), colonie anglaise, LXVII (1880), 152.

Donald-Currie : De l'adaptation des navires à vapeur de long cours aux besoins de la guerre, LXVIII (1881), 319.

Donaldson (J.) : Les torpilleurs *Thornycroft*, LXXVIII (1883), 119.

Donau, corvette autrichienne, LXXI (1881), 616.

Doneaud du Plan, conservateur de la bibliothèque du port de Brest : L'Académie de marine de 1752 à 1765, LX (1879), 389 ; LXII (1879), 323 ; LXIII (1879), 76 ; — de 1771 à 1774, LXIV (1880), 54, 528 ; LXV (1880), 539 ; LXVI (1880), 105 ; — de 1755 à 1783, LXVIII (1881), 135, 277, 573 ; LXIX (1881), 320 ; LXX, (1881), 338 ; LXXI (1881), 33, 362 ; — de 1784 à 1793, LXXII (1882), 326 ; LXXIII (1882), 67, 412 ; LXXIV (1882), 197, 318 ; LXXV (1882), 154. — Mémoire du capitaine de vaisseau Flotte-Beuzidou, LXXVIII (1883), 610. — L'expédition Bompard en Irlande et les cinq combats de la *Loire* (1798), LXXXI (1884), 718. — Combat du vaisseau le d'*Hautpoul* et du vaisseau anglais le *Pompée*, LXXXIX (1886), 198. — Campagne de Rio-Janeiro (*Journal historique*), XCV (1887), 467 ; XCVI (1888), 296 ; XCVIII (1888) 76.

Donetz, canonnière russe ; lancement, XCVI (1888), 386.

Don-Juan-de-Austria, cuirassé autrichien : LXIX (1881), 490.

Dorlodot-Dessart (G.), lieutenant de vaisseau : Navigabilité du fleuve du Sénégal, LXI (1879), 502.

Doterel, canonnière anglaise : son explosion, LXX (1881), 472.

Douarnenez, port de pêche : LXXXVI (1885), 581.

Doukonine, général russe : Siège de Chipka (1877-1878), LXXXIII (1884), 585.

Doynel (L.), sous-commissaire de la marine : Les prud'homies de patrons pêcheurs de la Méditerranée, XC (1886), 25. — Archives de la marine à Marseille, XCIII (1887), 549 ; XCIV (1887), 248.

Draak, monitor cuirassé hollandais, LXXI (1881), 177.

Drague à vapeur pour le port de Batavia, LXI (1879), 655. — Drague porteuse *Simons*, LXXI (1881), 207.

Dragon, corvette anglaise, LXXI (1881), 385.

Dragages, Voy. *Talisman* ; *Travailleur*.

Dreadnought, cuirassé anglais ; essais de son artillerie, LX (1879), 214 ; LXVIII (1881), 45.

Droit hindou (Étude sur le), (*suite*), LXXI (1881), 77 ; LXXII (1882), 179.

Droits locaux de navigation en Angleterre, LXXVI (1883), 228.

Droit maritime international : Éléments de droit maritime international, XCVII (1888), 446 ; XCVIII (1888), 5, 209, 411. — Étude sur le droit de bris, LXXXI (1884), 312. — Les croiseurs et la propriété privée à la mer, LXI (1879), 33. — Convention internationale relative au commerce et à la navigation dans le Congo, LXXXIX (1886), 576.

Dromoscope d'ouragan, LXVII (1880), 494 ; XCIV (1887), 76.

Druid, croiseur anglais, LXXI (1881), 573.

Drygalski : Développement de

la flotte russe depuis la guerre de Crimée, LXXXI (1884), 148.

Dua, yacht anglais à deux hélices concentriques, LX (1879), 193.

Dubois (H.-A.), lieutenant de vaisseau : De la détermination des longitudes, LXI (1879), 5. — Distances lunaires, LXIX (1881), 249.

Dubois (Ed.), examinateur de la marine : Gyroscope marin, LXXXI (1884), 250. — Résumé analytique de la théorie des marées telle qu'elle est établie dans le mécanique céleste de Laplace, LXXXV (1885), 116, 419, 687.

Dubois, conducteur des ponts et chaussées. Voy. *Gossot.*

Dubourdieu, croiseur français, LXXXIV (1885), 227.

Dubreka (La), LXXXV (1885), 76.

Duc d'Edimburg, croiseur russe, LXIX (1883), 203.

Duchemin (Em) : Système de compensateurs magnétiques circulaires ou annulaires pour la correction des boussoles et des compas, LXIX (1881), 461.

Duchesse de Sutherland, vapeur anglais à roues, XCIX (1888), 158.

Duel (Le) ou jeu de la guerre navale, LXVIII (1881), 363.

Duguay-Trouin : ses dernières années, LXII (1879), 640 ; LXIII (1879), 205.

Duilio, cuirassé italien, LXII (1879), 758 ; LXX (1881), 494 ; LXXVI (1883), 400.

Dumas-Vence, contre-amiral : Rapport sur la campagne de pêche d'Islande en 1881, LXXI (1881), 556. — Notice sur les ports de la Manche et de la mer du Nord (*suite*), LXXXIX (1886), 22.

Duncan, stationnaire anglais, LXXVI (1883), 214.

Dundee (Ecosse) : Commerce et navigation de ce port en 1878, LXIII (1879), 778.

Du Pin de Saint-André, contre amiral en retraite : Notice nécrologique sur le vice-amiral de *Surville*, LXIX (1881), 440. — L'amiral *Duperré* et l'expédition d'Alger, LXIX (1881), 496. — La rade de Toulon et sa défense, LXX (1881), 580 ; LXXI (1881), 68, 296. — Affaires d'Orient (1839-1841), XCIX (1888), 84, 461.

Dupont, sous-ingénieur de la marine : Les essences forestières du Japon, LX (1879), 569 ; LXII (1879), 183, 411 ; LXIII (1879), 162.

Dupont, amiral américain (notice sur), LXXXIV (1885), 548.

Dupont, capitaine de vaisseau : Notice nécrologique sur l'amiral *Jauréguiberry*, XCVI (1888), 334.

Duperré (l'amiral) et l'expédition d'Alger, LXIX (1881), 496.

Dupré, vice-amiral : notice nécrologique, LXVIII (1881), 637.

Dupré, lieutenant de vaisseau : Dictionnaire des *navires cuirassés* ; Angleterre, LXVIII (1881), 5, 290 ; Allemagne, LXVIII (1881), 597 ; Russie, LXIX (1881), 191 ; Turquie, 383 ; Autriche, 477 ; Italie, LXX (1881), 485 ; Espagne, LXXI (1881), 149 ; Portugal, 158 ; Grèce, 160 ; Hollande, 165 ; Danemark, 178 ; Suède, 189 ; Norwège, 191 ; États-Unis, LXXI (1881), 305 ; Japon, 312 ; République Argentine, 316 ; Pérou, 318 ; Chili, 320 ; Brésil, 325 ; — des *croiseurs et avisos rapides* : Angleterre, LXXI (1881), 564 ; Allemagne, 593 ; Russie, 600 ; Autriche, 607 ; Italie, 612 ; États-Unis, 618.

Dupuy de Lome, sénateur, membre de l'Institut : Rapport sur l'appareil distillatoire de M. *Perroy*, LXI (1879), 364. — Autre rapport sur le compteur différentiel Valessie, LXI (1879), 368. — Note relative à l'explosion des matières fusantes, LXI (1879), 434. — L'artillerie à grande puissance, LXXXII (1884), 253.

Dupouy, médecin de la marine : Météorologie du Soudan : Un hivernage au fort de Kita en 1882, LXXIX (1883)

326. — Météorologie du Soudan, LXXXIII (1884), 536.

Du Quengo : Voy. *Du Rocher.*

Du Quilio : Voy. *Le Couriault.*

Durand-Gréville (E.) : Notice sur M. L. *Brault,* capitaine de frégate, LXXXVII (1885), 177.

Durassier (Henry), chef de bureau au ministère de la marine : Coup d'œil sur la guerre chilo-péruvienne, LXVIII (1881), 163. — Les opérations maritimes de l'expédition de Tunisie, LXXVI (1883), 169. — Les opérations maritimes de l'expédition des Anglais en Égypte, LXXXIII (1884), 292.

Du Rocher du Quengo, lieutenant de vaisseau : Effet de la courbure de la génératrice et de la directrice dans le travail des hélices, LXIX (1881), 605. — Les torpilleurs Yarrow ; LXXXII (1884), 168.

Dussaud (Em.), lieutenant de vaisseau : Les colonies françaises du Rio-Uruguay, LXXIX (1883), 418.

Du Temple, capitaine de frégate : Son générateur, LXIX (1881), 453.

Duthell de la Rochère (H.), lieutenant de vaisseau : Nouveau mode d'exercice de tir sur tir mobile, LXXV (1882), 5.

Dynamite : Voy. *Explosifs.*

Dzigit, clipper russe, LXXI (1881), 603.

E

Eaux potables du Gabon, LXXVII (1883), 746.

Ecarts (loi de probabilité des), XCI (1886), 70.

Eclairage : Appareils d'éclairage *Silber,* LX (1879), 621. — Les lampes sous-marines *Bornet et Tosier, Haine et David,* LXI (1879), 438. — Expériences sur les huiles d'éclairage, LXIII (1879), 735. — Bouées éclairées au gaz en Angleterre, LXI (1879), 655. — Bouée au gaz à Wilhemshaven, LXII (1879), 782. — Eclairage des navires à vapeur pour prévenir les abordages, LXXXII (1884), 126. — Nouveau mode d'éclairage des fanaux, LXXXIII (1884), 255. — Eclairage du canal de Suez, XCV (1887), 360. Voy. *Electricité, Fanaux, Lumière électrique.*

Eclatement: Voy. *Artillerie.*

Eclipse, croiseur anglais, LXXI (1881), 573.

Eclipses : Voy. *Astronomie.*

Ecoles : Le collège de la marine anglaise à Greenwich, LXXVII (1883), 692. — Les établissements d'instruction de la marine autrichienne, LXI (1879), 63. — Organisation de l'école navale des États-Unis, LXXVIII (1883), 501 ; XCVI (1888), 383. — Les établissements scientifiques français de l'ancienne marine (*suite*), LXIII (1879), 448, 666. — Mémoire du capitaine de vaisseau de Flotte-Beuzidou sur l'École navale française, LXVIII (1883), 610. — Programme des études de l'École navale française, LXV (1886), 359. — Historique sur le vaisseau-école français de canonnage (1627-1882), LXXXIV (1885), 139, 349. — Voy. *Constructions navales : bâtiments-écoles des diverses puissances.*

Ecosse : Voy. *Pêches.*

Ecureuil, aviso français, LXIX (1881), 449.

Edinburg, cuirassé anglais ; ses essais, LXXIV (1882), 401 ; LXXXI (1884), 473.

Edison : Son nouveau téléphone, LXIII (1879), 682.

Education maritime : La marine et la protection de l'enfance, LXXXVI (1885), 223.

Egeria, corvette anglaise, LXXI (1881), 586.

Egypte (L') en 1882, LXXV

(1882), 359 ; LXXVI (1883), 335, 695 ; LXXVII (1883), 588 ; LXXVIII (1883), 90, 423, 522 ; LXXIX (1883), 148 ; erratum, 240. — Le bombardement d'Alexandrie par la flotte anglaise en 1882, LXXV (1882), 604. — Le fort Eunostos après le bombardement, LXXV (1882), 614. — Opérations maritimes de l'expédition des Anglais, LXXXIII (1884), 292.

Elder (J.) : Projet de grand cuirassé russe, LXIII (1879), 751.

Électricité : Application de la préexistence des courants d'Ampère dans le fer doux, LXIV (1880), 636. — Expériences de M. de la Rive sur l'électricité, LXV (1880), 657. — Dimensions des unités électriques en fonction des unités fondamentales, LXXIII (1882), 590 ; LXXIV (1882), 103, 285. — Applications faites dans l'artillerie du transport de la force par l'électricité, LXXXVIII (1886), 347. — Emploi des machines dynamométriques au transport de la force, LXXXIX (1886), 179. — Application de la transmission du travail à distance par l'électricité faites à la fonderie de Ruelle en 1880, LXXXIX (1886), 374.

Extraits des rapports de la commission du ministère de la marine sur l'exposition d'électricité à Vienne en 1883 : Machines, moteurs, transport de l'énergie, LXXX (1884), 139 ; piles, 148 ; accumulateurs, 154 ; conducteurs électriques, appareils de mesures électriques, galvanomètres, ampérimètres, voltmètres, 156 ; projecteurs photo-électriques, signaux de nuit, photométrie, 437 ; lampes, éclairage des bâtiments et des arsenaux, 448 ; appareils de balistique, mises de feu électriques, amorces, étoupilles, 463 ; torpilles, ferme-circuits, tables de manipulation, 599 ; compas, transmetteurs d'ordre, instruments de navigation, 609 ; télégraphie militaire, télémètres, paratonnerres, 612 ; téléphonie, microphonie, téléphones de campagne, 622 ; appareils divers, 634 ; résumé, 640.

Application de l'électricité à l'étude de la résistance des carènes, LXXXI (1884), 273. — Désincrustation des chaudières par l'électricité, LXXXIV (1885), 785. — Nouveaux tubes lumineux, LXIV (1880), 637. — Porteur d'ordres électrique, LXVII (1880), 281. — Indicateur électrique de marée, LXVII (1880), 287. — Appareil électrique indiquant, sur la passerelle, les manœuvres de la machine, LXXVII (1883), 741. — Torpilleur électrique sous-marin, LXXXIII (1884), 568. — Essais de bateaux électriques, LXXXIII (1884), 569. — Bateau électrique (système *Reckenzaun*), LXXXVII (1885), 434. — Bateau électrique sous-marin *Waddington*, LXXXIX (1886), 370. — Nouveau bateau anglais électrique, XCIV (1887), 386. — Embarcation mue par l'électricité, LXXXI (1884), 737. — Chaloupes électriques, LXXXV (1885), 729. — Canot électrique, XCI (1886), 195. — Gouvernail électrique, LXXXVIII (1886), 542. — Gouvernail électrique système *Washburn*, LXXXIX (1886), 568. — Bouée de sauvetage électrique, XCI (1886) 196. — Voy. *Lumière électrique, Magnétisme, Météorologie, Téléphone.*

Electricity, bateau électrique, LXXXIII (1884), 569.

Élisabeth, croiseur allemand, LXXI (1881), 594.

Elkmin, LXXIX (1883), 176.

Ellida, canonnière norwégienne, LXVIII (1881), 230.

Ellis : Ses plaques de blindage, LXIX (1881), 451.

Elliot (sir G.) : Du choc dans une bataille navale, LXXXII (1884), 680.

Elphinstone (J.) : Projet de canal navigable dans l'île de Ramiseram, entre l'Inde et Ceylan, LXII (1879), 247.

El-Plata, monitor cuirassé japonais, LXXI (1881), 346.

Embarcations : Voy. *Constructions navales.*

Embarquement de troupes (Exercices d') et de débarquement de troupes en Allemagne, LXXI (1881), 416.

Emerald, croiseur anglais, LXXI (1881), 580.

Ems (Canal de l') à la Jade, LXIII (1879), 774.

Encounter, croiseur anglais, LXXI (1881), 576.

Enfance (Protection de l') et la marine, LXXXVI (1885), 223.

Enrici-Bajon, commissaire-adjoint de la marine : Cours d'administration des élèves-commissaires de Brest : Action de police intérieure de la marine ou justice maritime, LX (1879), 529 ; LXI (1879), 47. — Administration des colonies, LXII (1879), 29.

Enrochements : Enlèvement d'enrochements aux abords de New-York, LXIII (1879), 288.

Entreprise, corvette américaine, LXXI (1881), 621.

Epave : Destruction des mâts du *Vauguard*, LXII (1879), 504.

Epreuves d'imprimerie : Formulaire pour leur correction, LXXIX (1883), 722.

Equation. — Voy. *Astronomie*.

Erdinorog, monitor russe, LXIX (1885), 208.

Ericsson : Le *Destroyer*, LX (1879), 517. — Nouvelle torpille, LXVII (1880), 637. — Canon sous-marin, LXXXVIII (1886), 343 ; XC (1886), 550.

Errata : Projet de canal maritime entre l'Océan et la Méditerranée, LXVIII (1881), 235. — Progrès de l'artillerie navale, LXXI (1881), 212. — Rade de Toulon et défense, LXXI (1881), 431. — Académie de marine, LXXI, (1881), 626. — Répartition des recrues dans la marine, LXXVIII (1883), 716. — Égypte, LXXIX (1883), 240. — Canon de gros calibre, LXXXIII (1884), 580.

Erzherzoq-Albrecht, cuirassé autrichien, LXIX (1881), 485.

Escott (E.-N.) : Organisation de la marine anglaise, LXXI (1881), 403.

Esmeralda, croiseur chilien, LXXXIII (1884), 240.

Espagne : Voy. *Artillerie, Bud-get*, *Constructions navales*, *Machines*, *Marine militaire*, *Pêches*, *Torpilles*.

Espiègle, croiseur anglais, LXX, (1881), 585.

Esquimalt (Ouverture d'un bassin de radoub à), XCIII (1887), 217 ; XCV (1887), 536.

Essais. — Voy. *Artillerie, Constructions navales*.

Essex, croiseur américain, LXXI (1881), 621.

Etats-Unis : Voy. *Artillerie, Budgets, Canaux, Chemins de fer, Constructions navales, Côtes, Exposition, Histoire, Hydrographie, Machines, Marines marchande et militaire, Pêches, Ports, Sauvetage, Torpilles, Torpilleurs, Travaux hydrauliques, Voyages*.

Etna, bélier-torpilleur italien, LXXXII (1884), 493 ; ses machines, LXXXV (1885), 727.

Etruria, croiseur auxiliaire anglais, XCIII (1887), 623.

Eulalia, canonnière espagnole, LXXXIII (1884), 233.

Euménide, corvette française ; son renflouage, LXXIX (1883), 712.

Eunostos (Le fort), après le bombardement d'Alexandrie, LXXV (1882), 614.

Europa, transport russe, LXXI (1881), 602.

Eurotas, canonnière grecque, LXXXIV (1885), 763.

Euryalus, croiseur anglais, LXXI (1881), 579.

Eurydice, corvette anglaise ; son renflouement, LX (1879), 229.

Evolutions. — Voy. *Tactique*.

Excentricité dans les instruments à réflexion et moyens d'y remédier, LXXXVII (1885), 237, 482.

Expériences. — V. *Artillerie*.

Exploration : Voy. *Voyages*.

Explosifs : Voy. *Artillerie*.

Expositions : Exposition de Philadelphie en 1876 ; notes sur quelques modèles de navires exposés, LXV (1880), 219. — Le concours agricole et industriel de Papeete en 1878, LXI (1879), 321. — Rapport sur les

colonies françaises à l'expositions de 1878, LXIII (1879), 358. — Produits pharmaceutiques et chimiques des colonies françaises à l'exposition de 1878, LXXXIX (1886), 470. — Exposition maritime internationale de Liverpool en 1886, LXXXVII (1885), 448. — Exposition d'électricité de Vienne en 1883, LXXX (1884), 139. — Travaux de la commission de surveillance de l'exposition permanente des colonies, LXXIV (1882), 593 ; LXXVI (1883), 208 ; LXXXII (1884), 507.

Extincteur d'incendie : Voy. *Incendie.*

Extrême-Orient : Les établissements maritimes, LXVI (1880), 540. — *Nouvelles voies de communication,* XCV (1887), 362.

F

Fabre (E.), administrateur de l'Établissement des Invalides : Les Anglo-Français dans la Plata sous la dictature de Rosas (1835-1882), LXII (1879), 584 ; LXIII (1879), 20. — Étude comparative sur les comptabilités-matières de la guerre et de la marine, LXXI (1881), 5, 259, 473 ; LXXII (1882), 5, 439. — La guerre maritime dans l'Inde sous le Consulat et l'Empire, LXXV (1882), 398, 523 ; LXXVIII (1883), 138, 318.

Falke, torpilleur autrichien, LXXXVIII (1886), 336.

Falkland (Iles), LXVIII (1881), 220.

Fanaux (Notice sur les), LXX (1881), 299, 561 ; LXXI (1881), 502. — Nouveau mode d'éclairage des fanaux en Amérique, LXXXIII (1884), 255. — Feux de route pour prévenir les collisions, XCIX (1888), 197, 369. — Voy. *Éclairage.*

Fanning, île de l'océan Pacifique ; nouvelle station anglaise, XCVII (1888), 568.

Fantôme, croiseur anglais, LXXI (1881), 586.

Farcy, député : Discours prononcés à la Chambre des députés lors de la discussion du budget de la Marine de 1879, LX (1879), 44, 86, 152 ; — de 1880, LXII (1879), 537, 572, 582, 587, 589. — Les chaloupes-canonnières, LXXXIV (1885), 508.

Fargues, lieutenant de vaisseau :

Le canon *Armstrong*, de 100 tonnes, se chargeant par la culasse, LXXVIII (1883), 515. — Voy. *Rérolle.*

Far-Œr (Ile) : Ses pêches, LXVIII (1881), 566.

Faron (J.), général d'infanterie de marine : notice nécrologique, LXXII (1882), 229.

Farragut (Notice sur), LXXXIV (1885), 548.

Farrer, secrétaire du *Board of Trade* : Application de la lumière électrique dans la navigation et dans les phares, LXII (1879), 501.

Farret (E.-F.), lieutenant de vaisseau : Étude sur la construction et la résistance des canons, LXV (1880), 99. — Étude sur les poudres, LXV (1880), 519. — Combats livrés sur mer de 1860 à 1870, LXX (1881), 395, 504. — Opérations de guerre maritime de 1860 à 1883, LXXXI (1884), 5. — Études comparatives de tactique navale, LXXVI (1883), 59, 369 ; LXXVII (1883), 134 ; LXXVIII (1883), 33. — Notice historique sur le vaisseau le *Souverain*, LXXIX (1883), 182. — Notice historique sur le matelot-canonnier et le navire-école de canonnage (1627-1882), LXXXIV (1885), 139, 349.

Fassel, ingénieur de la marine autrichienne : Son gouvernail auxiliaire mû par la vapeur, LX (1879), 209.

Fatum, torpilleur italien, XCVI (1888), 577.

Fauque de Jonquières (De), vice-amiral, membre de l'Institut. Notice nécrologique sur *L.-F.-C. Bréguet*, membre de l'Académie des sciences (1804-1883), XC (1886), 521. — Théorie élémentaire, d'après les méthodes de *Poinsot*, du mouvement de la toupie et de son application à un horizon artificiel, permettant d'obtenir, à la mer, la hauteur des astres, XCI (1886), 433. — Rapport sur le gyroscope collimateur de M. le capitaine de vaisseau *Fleuriais*, XCII (1887), 223. — Appendice au mémoire sur le mouvement de la toupie, XCII (1887), 539. — Rapport sur le mémoire présenté à l'Académie par MM. Guyou et Simart, intitulé : *Développements de géométrie du navire*, XCIII (1887), 332. — Rapport à l'Académie des sciences sur la théorie du navire, XCVI (1888), 401.

Fearless, croiseur torpilleur anglais, LXXXIX (1886), 555 ; ses essais, XCVII (1888), 358.

Feer, consul et commissaire de France à Honolulu : Commerce et navigation des îles Sandwich en 1884, LXXXVIII (1886), 357.

Félix (G.), lieutenant de vaisseau : Considérations sur la méthode des distances lunaires, LXXXIII (1884), 118.

Fennel (Otto) : Son mesureur des vitesses de courant, LXIX (1881), 455.

Fer. — Voy. *Métallurgie*.

Ferdinand-Max, bâtiment-école autrichien, LXXX (1881), 482.

Fésigny (De), lieutenant de vaisseau : Les rapides du haut Mékong, XCIII (1887), 499.

Fethi-Bulend, corvette cuirassée turque, LXIX (1881), 399.

Feux : Voy. *Artillerie, Fanaux*.

Fidji (Iles) : Leurs ressources, LXII (1879), 257 ; notice, LXVIII (1881), 397 ; LXXI (1881), 284.

Fléron, lieutenant de vaisseau : Rapport de la commission d'enquête sur l'explosion d'un canon du *Thunderer*; LXI (1879), 371.

Fiessenger (L.), capitaine de frégate : L'Angleterre dans la Méditerranée, LXXXIII (1884), 261. — Notes sur la tactique navale officielle, LXXXIII (1884), 673.

Filage de l'huile, XCIV (1887), 88 ; XCVIII (1888), 357.

Filets (Commerce des vieux), LXXII (1882), 109. — Filets contre les torpilles, LXXXVII (1885), 443. — Voy. *Pêches*.

Filippinas, croiseur espagnol, XCIII (1887), 624.

Filhol-Camas : Notice sur cette famille, LXIV (1880), 153.

Filtres par ascension : leur utilisation à bord des bâtiments, XCI (1886), 401.

Finances : Administration de la fortune publique, LXXIX (1883), 5.

Fincati, contre-amiral italien : Le *Triremi*, LXXXVII (1885), 24.

Firminy, son obus, XCI (1886), 587.

Fishbourne (*E. Gardiner*), vice-amiral anglais : Sur le manque de stabilité des navires, LXII (1879), 269.

Fitz-Gerald, capitaine de la marine anglaise : Blindage des flancs et blindage des ponts des navires, LXXXIV (1885), 767.

Fizeau, membre de l'Institut et du bureau des longitudes : Inflexions dans la direction des sons, XCIV (1887), 203.

Flavio-Gioia, corvette italienne, LXX (1881), 476 ; LXXI (1881), 615.

Flechter : Son canon à feu invisible, XCIX (1888), 351.

Fleuriais (G.), capitaine de vaisseau : Loch à moulinet, LXIII (1879), 465. — Loch, compas avertisseur, anémomètre, LXXI (1881), 433. — Note sur un cyclone reçu par le *La Galissonnière* en octobre 1885, LXXXIX (1886), 154. — Le gyroscope collimateur : Substitution d'un repère artificiel à l'horizon de la mer, XCI (1886), 452 ;

XCII (1887), 223 ; XCIV (1887), 225.

Floride : Projet de canal coupant la péninsule floridienne, LXI (1879), 447.

Flore marine : Législation réglementant la coupe et la récolte des herbes marines, LXIII (1879), 5, 401, 598. — Algues marines comestibles, LXXVII (1883), 74. — Étude sur la possibilité d'accroître, par la culture, la production des goémons de rive, XCIV (1887), 313.

Flotte-Beuzidou (De), capitaine de vaisseau : Mémoire sur les salles d'études de l'École navale, LXXVIII (1883), 610.

Flyingsflsh, corvette anglaise, LXXI (1881), 586.

Folbacci : Son moyen de rendre le bois incombustible et imperméable, LXI (1879), 217.

Folger : Son canon, LXXXVI (1885), 684.

Fonctions (Étude de deux) liées par une équation linéaire, LXXIX (1883), 305.

Fonssagrives (J.-B.), licencié en droit : Étude historique sur le droit de bris, LXXXI (1884), 312.

Fontaine (F.-E.), lieutenant de vaisseau : L'instruction militaire des marins en France, LXX (1881), 605. — L'instruction de la mousqueterie à bord des bâtiments en France, LXXX (1884), 181. — Les constructions et les réparations dans la marine anglaise, LXXXV (1885), 307.

Fontaine (G.), mécanicien principal de 2° classe de la Marine : Note sur les causes des différences entre les nombres de tours des machines à deux hélices indépendantes et sur les moyens d'y remédier, XCIX (1888), 5.

Fontane (Marius), secrétaire général de la Compagnie du canal de Suez : Rapport sur les progrès du commerce des régions d'Europe et d'Asie mises en relations par le percement de l'isthme de Suez, LXII (1879), 139.

Fontaneau, agent administratif de la marine : Expériences sur le canon de 38 tonnes du *Thunderer*, LXV (1880), 292. — Progrès de la mécanique en Chine, LXXVIII (1883), 286. — Attaque par les torpilles et défense à opposer, LXXIX (1883), 199. — Obus et fusées mécaniques *Berdan*, LXXXV (1885), 83. — La marine militaire de la Russie, LXXXV (1885), 717 ; LXXXVI (1885), 196 ; de l'Italie, LXXXV (1885), 722. — Avarie du *Monarch*, LXXXV (1885), 716. — Le *Renown*, LXXXVI (1885), 200. — Nouvelle canonnière anglaise, LXXXVI (1885), 201. — Le canon à charges multiples de *Lyman-Haskell*, LXXXVI (1885), 207. — Les nouveaux cuirassés et croiseurs de la marine anglaise, LXXXVI (1885), 445. — Les nouveaux *Scouts*, LXXXVI (1885), 449. — Essais de la *Surprise*, 451. — Le *Polyphemus*, 455. — Essais de l'*Aquidaban*, 457. — Budget de la marine anglaise pour 1885-1886, LXXXV (1885), 219 ; LXXXVI (1885), 241, 538. — Le *Rodney*, LXXXVII (1885), 183. — L'*Alacrity*, 185. — L'*Acorn*, 187. — L'*Icarus*, 186. — Le *Swallow*, 188. — L'*Infanta-Isabel*, 196. — La marine russe, 195. — Nouveaux croiseurs américains, 198, 661. — Les torpilleurs et leurs perfectionnements, LXXXVII (1885), 201. — Nouveaux torpilleurs anglais, 207. — Torpilleurs *Welch*, 210. — Torpilleur sous-marin *Nordenfelt*, 211. — Projet de torpilleur sous-marin, 216. — Fortifications des stations de charbon anglaises, 218. — Nouvelles canonnières-torpilleurs, 656. — Le *Hero*, cuirassé, 650. — Nouveaux navires anglais, 649.

Foo-So, cuirassé japonais, LXXI (1881), 314.

Force (Transport de la) par l'électricité ; applications faites dans l'artillerie, LXXXIX (1886), 374.

Force motrice produite par les explosions de l'essence de pétrole, LXXXVIII (1886), 548.

Forêts : Les essences forestières

du Japon, LX (1879), 569 : LXII (1879), 183, 411 ; LXIII (1879), 162.

Forget, capitaine de vaisseau en retraite : Notice nécrologique sur le commandant *Kerdrain*, LXXVI (1883), 784.

Formidable, cuirassé d'escadre français, LXXXV (1885), 461.

Formose : Ses gîtes de charbons, LXXXVIII (1886), 355.

Forth, croiseur anglais, XCI (1886), 584 ; son armement, XCV (1887), 349.

Fortifications des bouches du Weser, LXII (1879), 242 ; LXIII (1879), 280 ; d'Anvers, LXXXIII (1884), 252 ; du Bosphore, LXXXVI (1885), 208 ; des îles italiennes *Caprera* et *Maddalena*, XCIX (1888), 161 ; de Lisbonne, LXXXVII (1885), 665. — Voy. *Côtes*.

Forts. — Voy. *Côtes*.

Foueh, LXXIX (1883), 164.

Fouët (A.), lieutenant de vaisseau : Le budget de la marine italienne pour 1880, LXVI (1880), 45.

Fournier (P.), commissaire de la marine : Cours d'administration des élèves-commissaires de Brest : administration et comptabilité du matériel de la marine (*Suite et fin*), LX (1879), 145, 458. — Comptabilité des matières, LXXX (1884), 552 ; LXXXI (1884), 60. — Mission et organisation générale des services de la marine, LXII (1879), 674 ; LXIII (1879), 137, 488. — Législation et administration du recrutement, LXIII (1879), 690. — De la dette personnelle des citoyens envers l'État, LXIV (1880), 107, 257. — Administration de la fortune publique, LXXIX (1883), 5. — Personnel de la marine LXXIX (1883), 363, 667. — Administration du personnel de la marine, LXXX (1884), 92, 358. — Équipages de la flotte, LXXXIII (1884), 387, 740. — Personnel ouvrier, LXXXI (1884), 292. — Approvisionnements, LXXXI (1884), 561 ; LXXXII (1884),

93. — Subsistances, LXXXII (1884), 437. — Hôpitaux, LXXXII (1884), 689. — Acquisition et garde des immeubles, LXXXIII (1884), 98.

Fournier, capitaine de vaisseau : Recherche sur la variation atmosphérique dans les cyclones, LXXX (1884), 5. — La loi des cyclones, LXXXIV (1885), 386.

Fournier, commissaire adjoint de la marine : Le port de Cette, LXVI (1880), 89.

Fournier (H.), sous-lieutenant d'infanterie de marine : Lancement de la *Burun* et de la *Tutscha*, LXV (1880), 447. — Le *Habicht*, le *Mœve* et le *Mars*, 447.

France. — Voy. *Administration, Artillerie, Budgets, Canaux, Colonies, Commerce, Constructions navales, Géographie, Histoire, Hydrographie, Marines marchande et militaire, Ostréiculture, Pêches, Ports, Revue maritime, Tactique, Torpilleurs, Voyages.*

Francesco-Morosini, cuirassé italien, LXXX (1884), 483 ; LXXXII (1884), 493 ; LXXXVI (1885), 670.

Francfort-sur-le-Mein, son port, XCI (1887), 199.

Freja, corvette suédoise, LXXXVI (1885), 683.

Fret (Assurance sur) en Angleterre, LXII (1879), 358.

Freya, croiseur allemand, LXXI (1881), 595.

Freycinet (De). — Voy. *Saulces*.

Friedrich-der-Grosse, cuirassé allemand, LXVIII (1881), 604.

Friedrich-Carl, frégate cuirassée allemande, LXVIII (1881), 601.

Froger (E.), professeur à l'École navale : Abrégé de la grammaire malgache, LXXXV (1885), 288.

Frostin (F.), sous-commissaire de la marine : Douarnenez, port de pêche, LXXXVI (1885), 581.

Frot, ingénieur de la marine : Renflouage de l'*Euménide*, LXXIX (1883), 742.

Froude : Ses expériences sur la résistance des bâtiments, LXV (1880), 638.

Frundsberg, croiseur autrichien, LXXI (1881), 610.

Fuca. — Voy. *Ports*.

Fulminante, vapeur à hélices portugais, LXVIII (1881), 233.

Fusée, canonnière cuirassée française, LXXXI (1884), 732.

Fusées. — Voy. *Artifices, Artillerie*.

Fustler (L.), lieutenant de vaisseau : Rapport du secrétaire d'État de marine des États-Unis sur la situation de la marine en 1877, LXII (1879), 228. — Engin de sauvetage pour la marine, LXII (1879), 491. — Notes sur l'île Quelpart, LXII (1879), 509.

Fusil-canon mobile, LXXVIII (1883), 302.

Fusiliers. — Voy. *Apprentis*.

Fuzier (E.), sous-commissaire de la marine : Du pouvoir réglementaire en ce qui concerne la police de la circulation dans la partie maritime des fleuves, rivières et canaux, LXXXVI (1885), 644.

G

Gabon : Expédition sur les cours supérieurs de l'Ogooué, de l'Alima et de la Licona, LXI (1879), 245. — Notice sur le Gabon, LXXVII (1883), 417. — Situation du Gabon, LXXVII (1883), 670. — Eaux potables, LXXVII (1883), 746.

Gachassin, capitaine de frégate : Expériences faites avec la torpille *Lay*, dans le Bosphore, LXXVI (1883), 765.

Gadaud, capitaine de frégate : Études sur le matériel de la marine, LXXII (1882), 391.

Gadfly, canonnière anglaise : ses essais, LXXII (1879), 753.

Gadifer de La Salle aux îles Canaries, LXIV (1880), 349, 488.

Galatea, croiseur anglais, LXXXVII (1885), 649 ; son lancement, XCIII (1887), 622 ; XCVI (1888), 185.

Galena, croiseur américain, LXXI (1881), 620.

Galles (Nouvelle) du Sud, LXVIII (1881), 509.

Gallia, croiseur auxiliaire anglais, LXI (1879), 420 ; LXVI (1880), 187.

Gambie (Notice sur la), LXXV (1882), 253.

Gannet, croiseur anglais, LXXI (1881), 585.

Gardarein-Freyteh, capitaine de frégate : Le budget de la marine anglaise pour 1881-1882, LXX (1881), 414.

Gardiner : Voy. *Fishbourne*.

Gareis : Le compas universel, LXVII (1880), 535.

Garnault (E.), professeur à l'École navale : Le télémètre *Le Cyre*, LXXV (1882), 554.

Garnault (H.), lieutenant de vaisseau : Extincteur et avertisseur automatique d'incendie, LXXVI (1883), 96.

Garnault (P.), lieutenant de vaisseau : L'*Amphion*, croiseur anglais, LXXXVII (1885), 185. — Obusier anglais de 10 pouces, LXXXVII (1885), 200. — Entretien des torpilleurs anglais, LXXXVII (1885), 209.

Garnet, croiseur anglais, LXXI (1881), 580.

Garreau (H.), commissaire de la marine en retraite : Reconstitution de la flotte des États-Unis, XCI (1886), 409. — Le budget de la marine anglaise 1888-1889, XCVII (1888), 119. — Loi concernant l'obligation pour les navires de commerce allemands de rapatrier les gens de mer délaissés, XCVII (1888),

342, 469. — Voy. *Chronique maritime et coloniale de 1886, 1887, 1888.*

Gascogne, paquebot de la Compagnie générale transatlantique, LXXXIX (1886), 51, 197.

Gasté, député : Discours prononcé à la Chambre des députés lors de la discussion du budget de la marine de 1879, LX (1879), 103, 117, 142 ; — de 1880, LXII (1879), 567, 573, 593.

Gatling : Le canon Nordenfelt-Gatling, LXII (1879), 485, 765.

Gaussin (P.-L.-J.-B.), ingénieur hydrographe en chef (1821-1886) : notice nécrologique, XC (1886), 321.

Gay-Lussac (H.), lieutenant de vaisseau : Puissance d'évolutions des bâtiments, LXXVIII (1883), 356.

Gélatine - dynamite, LXI (1879), 217 ; XCI (1886), 191.

Gellé (A.), capitaine de frégate : Notes sur quelques questions d'analyse comprises dans le programme des études de l'École navale, LXV (1880), 359.

Gemahling : Combat naval du cap Ortégal (1805), LXXII (1882), 217.

General-Admiral, cuirassé russe, LXIX (1881), 203.

Générateur *Du Temple*, LXIX (1881), 453.

Genglaire, soldat d'infanterie de marine : Emploi de la sirène et des résonnateurs, XCIV (1887), 346. — Contrôleurs de rondes, XCIX (1888), 81.

Géodésie : Détermination de la différence de longitude entre Paris et Berlin, LXII (1879), 250.

Géographie : Héligoland, LXXV (1882), 597. — Groix, LXVI (1880), 281. — Le quartier de Rogliano (cap Corse), XCI (1886), 85, 348. — La Grèce, LXXXI (1884), 185, 400, 668 ; LXXXII (1884), 609 ; LXXXIII (1884), 445, 805 ; LXXXVI (1885), 69. — Chio, LXXX (1884), 643. — Samos, LXXX (1884), 423. — Cos, LXXX (1886), 421. — Chypre, LXXX (1884), 409.

Egypte, LXXV (1882), 359 ; LXXVI (1883), 335, 695 ; LXXVII (1883), 588 ; LXXVIII (1883), 90, 423, 522 ; LXXIX (1883), 148, 240. — Algérie ; ses relations avec l'Afrique centrale, LXII (1879), 70. — Le fleuve Cazamance, LXXV (1882), 330. — Le fleuve Sénégal, LXI (1879), 70. — Le Rio Pongo, LXXXV (1885), 29. — La Guinée, LXXVI (1883), 511. — Les routes du Congo, LXXXVII (1885) ; 461. — La baie d'Angra Pequena, LXXXIX (1886), 407. — Le cap de Bonne-Espérance, LXXV (1882), 131 ; XCIV (1887), 399. — Mozambique, LXXVI (1883), 125. — Baie de Diego-Suarez, LXXXIII (1884), 213 ; XCI (1886), 295. — Zanzibar, LXXVI (1883), 115. — Un récif inconnu dans la mer Rouge, XCVII (1888), 568.

Les côtes de Syrie et de l'Asie mineure, LXXX (1884), 43, 389, 643. — La Palestine, LXXVI (1883), 30 ; LXXX (1884), 54. — Le Liban, LXXX (1884), 389. — Battambang, XCII (1887), 5, 302. — Rapides du Haut-Mékong, XCIII (1887), 499. — Haïnan, LXXX (1884), 234. — La Chine, LXVI (1880), 348, 445 ; LXVII (1880), 207 ; LXXI (1881), 419. — Quelpart, LXII (1879), 509. — La Corée, LXXVI (1883), 235 ; LXXXII (1884), 206. — Japon, LXVI (1880), 348, 445 ; LXVII (1880), 207. — L'archipel de Soulou, LXXVI (1883), 237. — L'île Jeudi, XCV (1887), 535.

Australie, LXIX (1881), 343, 585. — Nouvelle Galles du Sud, LXVII (1880), 27. — Iles Sandwich, LXXI (1881), 194. — L'île Tematangy, LXXI (1881), 138. — Découverte d'une île inconnue, XCVI (1888), 380. — Les îles du Pacifique, LXXXVII (1885), 285 ; XCVII (1888), 568. — Sable-Island, XCVIII (1888), 538. — Guatemala, LXXVI (1883), 239. — Le Rio Pilcomayo, LXVII (1880), 513. — Route entre le Madre de Dios et un affluent de Purus, LXXXI (1884), 757. — Iles Malouines, LXVIII (1881), 220 ; LXXX (1884), 491. — Voy. *Colonies, Voyages.*

Géologie : Observations faites à Terre-Neuve à bord de la *Clorinde* pendant la campagne de 1886, XCIII (1887), 398. — Lois des distances astrales ; leurs conséquences pour la géologie, XCV (1888), 486.

Géométrie : Étude de deux fonctions liées par une équation linéaire, LXXIX (1883), 305. — Résolution à l'aide des quadratures de quelques problèmes de géométrie plane conduisant à des équations différentielles du premier ordre, LXXXIX (1886), 319. — Étude géométrique sur l'ellipse ; application au traité des joints dans les voûtes elliptiques, XCI (1886), 167. — Développements de géométrie du navire, XCIII (1887), 332. — Le calcul géométrique, LXXVI (1883), 735 ; LXXVII (1883), 44 ; LXXVIII (1883), 416 ; LXXXI (1884), 653 ; LXXXII (1884), 149, 483 ; LXXXIII (1884), 376, 880. — Nouveau système de projection de la sphère, XCIV (1887), 228. — Méthode nouvelle pour le tracé des voûtes en anse de panier, XCIV (1887), 474 ; XCV (1887), 105, 223.

Georgios, canonnière grecque à réduit, LXXI (1881), 161.

Germain, ingénieur hydrographe : Détermination de la déviation de la verticale sur les côtes de France, XCII (1887), 450.

Gervaise, lieutenant de vaisseau : Analyse et traduction d'un ouvrage sur l'historique du Tonkin, XCVI (1888), 35, 209.

Gerville-Réache, député, président du comité consultatif des pêches maritimes : Rapport au ministre sur la pêche de la sardine, XCVII (1888), 520 ; XCVIII (1888), 33.

Gill (W.), capitaine du génie royal anglais : L'armée chinoise, LXX (1881), 223.

Giovanni-Bausan, bélier-torpilleur italien, LXXVI (1889), 759 ; LXXXVI (1885), 201.

Girard (B.), commissaire-adjoint de la marine : Souvenirs de l'expédition de Tunisie, LXXIII (1882), 404 ; LXXV (1882), 179. — Souvenirs d'une campagne dans le Levant : l'Égypte en 1882, LXXV (1882), 359 ; LXXVI (1883), 335, 695 ; LXXVII (1883), 588 ; LXXVIII (1883), 90, 423, 522 ; LXXIX (1883), 148 ; erratum, 240. — Les côtes de Syrie et de l'Asie Mineure, LXXX (1884), 43, 389, 643. — La Grèce en 1883, LXXXI (1884), 185, 400, 668 ; LXXXII (1884), 609 ; LXXXIII (1884), 445, 805. — Penmarch', XC (1886), 411.

Giraud, capitaine de frégate : Le torpilleur *Yarrow*, LXV (1880), 648.

Giraud, commissaire général de la marine : Rapport sur les pêches maritimes en 1882, LXXIX (1883), 637 ; — en 1883, LXXXV (1885), 201. — Discours prononcé sur la tombe de M. Courteville, LXXXVI (1885), 660.

Girbeaud (F.), sous-commissaire de la marine : Le quartier de Rogliano, XCI (1886), 85, 348.

Girgèh, LXXIX (1883), 175.

Gironde, transport français, LXVIII (1883), 229.

Gisquet, capitaine de vaisseau : Discours prononcé sur sa tombe par le vice-amiral de Jonquières, LXXXII (1884), 744.

Glaces : Ports et rades fermés par les glaces en 1880-81, XCII (1887), 179.

Glascow, chantier de construction, LXIII (1879), 516.

Glatton, cuirassé anglais, LXVIII (1881), 309 ; expériences de torpilles Whitehead, LX (1879), 226.

Glückauf, steamer pétrolier, XC (1886), 539.

Gneisenau, frégate allemande de croisière, LXVIII (1881), 646 ; LXXI (1881), 597.

Goémons : Voy. *Flore marine*.

Gordon, capitaine de vaisseau anglais : La lumière électrique et la peinture des embarcations, LXIII (1879), 522.

Gordon-Bennett : Son projet d'expédition au pôle Nord, LX (1879), 241.

Gorgon, garde-côtes anglais, LXXVIII (1883), 307.

Gorm, garde-côtes cuirassé danois, LXXI (1881), 187.

Gossot (F.), capitaine d'artillerie de la marine : Expériences d'artillerie en Angleterre en 1878, LX (1879), 510. — Résolution à l'aide des quadratures de quelques problèmes de géométrie plane conduisant à des équations différentielles du premier ordre, LXXXIX (1886), 319. — Méthode nouvelle pour le tracé des voûtes en anse de panier, XCIV (1887), 474 ; XCV (1887), 105, 223.

Goubet : Son torpilleur sous-marin, LXXXVIII (1886), 346.

Gouin, lieutenant de vaisseau, résident de France à Nam-Dinh : Les rivières du Tonkin, XC (1886), 5.

Gourdin (P.), inspecteur en chef de la marine : notice nécrologique, LXXXIV (1885), 222.

Gourdon, capitaine de vaisseau : Rapport sur l'affaire de Sheipoo, LXXXVI (1885), 56.

Gouvernails : Voy. *Constructions navales*.

Gozzo : Voy. *Pêches*.

Grappler, canonnière anglaise, LXVII (1880), 627.

Grasshopper, aviso torpilleur anglais, XCV (1887), 359.

Grasset (E.), inspecteur en chef de la marine : Deux marins de la guerre de la sécession : Farragut et Dupont, LXXXIV (1885), 548. — L'expédition du Red-River, LXXXVI (1885), 108. — Le contrôle de la marine, XCI (1886), 226.

Grasset (G.), commis principal au ministère de la marine : Budget de la marine anglaise pour 1884-85, LXXXIV (1885), 100.

Grèce (La) en 1883, LXXXI (1884), 185, 400, 668 ; LXXXII (1884), 309 ; LXXXIII (1884), 445, 805. — Élargissement du détroit de Chalcis, LXXXVI (1885), 69.

Voy. *Budgets, Constructions navales,*

Géographie, Histoire, Marines marchande et militaire, Météorologie, Pêches.

Gréement des navires, LXXII (1882), 391.

Greenwich : Le collège de la marine, LXXVII (1883), 692.

Green, lieutenant-commander de la marine des États-Unis : De la détermination des longitudes par le télégraphe, LXI (1879), 5.

Greif, aviso rapide allemand, XCI (1886), 179.

Grêle : Voy. *Météorologie*.

Grenade (La), colonie anglaise, LXVII (1880), 544.

Griffiths : Ses expériences sur la position des hélices, LXI (1879), 654 ; LXIII (1879), 276.

Grimsby (Écosse) : Emplois de navires à vapeur pour ses pêcheries, LXII (1879), 245.

Grivel (R.), contre-amiral : notice biographique, LXXIX (1883), 43.

Groix (Ile de) : notice, LXVI (1880), 281.

· **Grosser-Kurfürst**, frégate cuirassée allemande : son relèvement, LXV (1880), 325.

Grue de 1000 tonnes pour manœuvrer les gros canons, LX (1879), 809.

· **Gruson** : ses coupoles, LXII (1879), 242, 767 ; LXIII (1879), 280.

Guadeloupe (Notice sur la), LXXVII (1883), 337. — Les hautes montagnes de la Guadeloupe, LXIV (1880), 39, 311 ; LXV (1880), 334, 574. — Rapport sur l'épidémie cholérique de 1865-1866, LXXXIV (1885), 433, 700, 797 ; LXXXV (1885), 155, 321, 648 ; LXXXVI (1885), 121, 383.

Guatemala : Ses voies de communication, LXXVI (1883), 239.

Guenet (H.-P.), mécanicien principal de la marine : Presse-étoupe arrière de navire, LXVII (1880), 271. — Voyant à rainure, LXVII (1880), 273.

Guérin, contre-amiral : notice nécrologique, LXI (1879), 624.

Guerre : La guerre maritime et

les ports militaires de la France, LXXIII (1882), 5. — Voy. *Histoire*.

Guéry (P.) : Notice sur J.-L. d'Arras, enseigne de vaisseau (1786-1851), LXXXVII (1885), 417.

Guët (J.), chef de bureau au ministère de la marine : Les origines de l'île Bourbon, LXXXVI (1885), 491 ; LXXXVII (1885), 109, 356, 607 ; LXXXVIII (1886), 112, 290 ; LXXXIX (1886), 438 ; XC (1886), 439.

Gueydon (A. de), lieutenant de vaisseau : Détermination des courants sous-marins, XCI (1886), 338.

Guichon de Grandpont, commissaire-adjoint de la marine : Mémoire sur l'instruction publique dans quelques États de l'Amérique du Sud, XCVIII (1888), 150, 232.

Guillaume (E.), sous-ingénieur de la marine : Les travaux à la mer en Angleterre, LXIX (1881), 465.

Guillet des Grois, procureur général : Étude sur le droit hindou (*suite*), LXXI (1881), 77 ; LXXII (1882), 179.

Guinea, monitor cuirassé hollandais, LXXI (1881), 174.

Guinée (La) au XVIII° siècle, LXXVI (1883), 511.

Guppy : ses torpilleurs, LXXXIX (1886), 373.

Guth (A.), enseigne de vaisseau : Le dromoscope d'ouragan, LXVII (1880), 491.

Guyane anglaise, LXVII (1880), 448.

Guyane française : Notice sur la Guyane française, LXXVII (1883), 428. — Sa population indigène et ses productions, LXXX (1884), 202. — Voyage d'exploration exécuté en 1877 par le Dr *Crevaux*, LX (1879), 706 ; LXV (1880), 61.

Guyou (E.), capitaine de frégate : Théorie nouvelle de la stabilité de l'équilibre des corps flottants, LX (1879), 682. — Les variations de stabilité des navires, LXXIX (1883), 532. — De la pesanteur apparente sur les navires à la mer, LXXXIV (1885), 206. — Développements de géométrie du navire avec application aux calculs de stabilité, XCIII (1887), 332. — Nouveau système de projection de la sphère, XCIV (1887), 228. — Théorie du navire, XCVI (1888), 401.

Gyroscope - collimateur (Le) : Substitution d'un repère artificiel à l'horizon de la mer, XCI (1886), 452. — Rapport à l'Académie des sciences sur le gyroscope collimateur de M. le capitaine de vaisseau Fleuriais, par M. le vice-amiral de Fauque de Jonquières, membre de l'Institut, XCII (1887), 223. — Note complémentaire, XCIV (1887), 225.

Gyroscope marin *Dubois*, LXXXI (1884), 250.

H

Haai, monitor cuirassé hollandais, LXXI (1881), 175.

Habicht, croiseur allemand : son lancement, LXIII (1879), 752 ; LXV (1880), 447.

Habsburg, frégate cuirassée autrichienne, LXIX (1881), 482.

Hafiz-Rahman, garde-côtes cuirassé turc, LXIX (1881), 401.

Haïnan (L'île d'), LXXX (1884), 234.

Haine : Sa lampe sous-marine, LXI (1879), 438.

Hallez (Ch.), lieutenant de vaisseau : Indicateur électrique de marée, LXVII (1880), 287.

Hambourg : Ses constructions maritimes de 1871 à 1878, LXIII (1879), 292.

Hamilton : Abandon de son port, XCIII (1887), 217.

Handy, navire d'essai pour l'artillerie anglaise, LXXXII (1884), 493.

Hansa, cuirassé allemand, LXVIII (1881), 603.

Harbourg : Son port, XCI (1886), 420.

Hareng : Pêche en Écosse, LXVII (1880), 531 ; sa préparation et sa vente, LXIX (1881), 663 ; son industrie, LXXIII (1882), 199.

Harrison : Appareil à vapeur pour le gouvernail, LX (1879), 209.

Hata, bateau de rivière, XCVIII (1888), 538.

Hatt (P.), ingénieur hydrographe de la marine : Projet de lunette astronomique, LXXVIII (1883), 700.

Hauteurs circumzénithales : Voy. *Astronomie*.

Haut Mékong : Ses rapides, XCIII (1887), 499.

Hautpoul (D') : Combat de ce vaisseau français contre le vaisseau anglais le *Pompée*, LXXXIX (1886), 198.

Hautreux, lieutenant de vaisseau : Températures de la mer déduites des observations des paquebots des messageries, LX (1879), 278, 602 ; LXI (1879), 12. — Températures de la mer dans l'estuaire girondin et à Arcachon en 1879-1880, LXIX (1881), 5. — La route de l'Australie par le thermomètre, LXXIII (1882), 576.

Havre (Le), LXXIII (1882), 504 ; éclairage électrique de ses formes sèches, LXXXIII (1884), 572.

Hecate, garde-côtes anglais, LXVIII (1881), 307.

Hecla, steamer anglais transformé en navire de guerre, LX (1879), 189.

Hector, cuirassé anglais, LXVIII (1881), 16 ; son armement, XCIX (1888), 155.

Hedde (Ph.), lieutenant de vaisseau : Pouvoir giratoire des navires, LXV (1880), 610.

Heiligerlee, monitor cuirassé hollandais, LXXI (1881), 173.

Helder : Navigation de ce port, LXII (1879), 246. — Les forts Erf-

prins et du Harrsens dans la position du Helder, LXIV (1880), 631. — Les travaux défensifs, LXVII (1880), 290.

Helgoland, garde-côtes cuirassé danois, LXXI (1881), 185.

Hélices. — Voy. *Machines marines : propulseurs*.

Hélie, professeur à l'École d'artillerie de la marine : notice nécrologique, LXXXVII (1885), 637.

Héligoland (Ile) : Son importance stratégique, LXXV (1882), 597 ; ses pêches, LIX (1881), 27.

Hennet (L.), commis principal au ministère de la guerre : Les milices garde-côtes, LXXXVIII (1886), 509 ; LXXXIX (1886), 294.

Hennique, capitaine de frégate : Le combat de Punta-Angamos, LXIV (1880), 375. — Caboteurs et pêcheurs de la côte de Tunisie en 1882, LXXXII (1884), 5. — Création d'une marine de commerce chino-annamite sous la protection de la France, LXXXIX (1886), 281.

Henriot, capitaine de frégate : Le *Giovanni-Bausan*, LXXVI (1883), 759. — La marine marchande italienne en temps de guerre, LXXVII (1883), 760. — La solde des officiers mécaniciens anglais, LXXVII (1883), 761. — Expériences de blindages de la *Spezia*, LXXVII (1883), 760.

Henwood (Edw.) : Discussion sur le cuirassement des navires, LXIII (1879), 342.

Herbes marines : Voy. *Flore marine*.

Hercules, cuirassé anglais, LXVIII (1881), 31.

Hero, cuirassé anglais, LXXXVII (1885), 650.

Heroine, croiseur anglais, LXVII (1880), 627.

Herreshoff : Son torpilleur, LX (1879), 811 ; LXI (1879), 422, 651 ; LXIII (1879), 763. — Essais de la chaudière *Herreschoff* à bord d'une canonnière espagnole, LXV (1880), 451.

Hiart (G.), lieutenant de vais-

seau : Canon *Armstrong* de 15°, modèle 1883, LXXXIX (1886), 430.

Hilleret (G.), professeur à l'École navale : De l'excentricité dans les instruments à réflexion et des moyens d'y remédier, LXXXVII (1885), 237, 482.

Himalaya, steamer anglais : son éclairage électrique, LXXVIII (1883), 603.

Histoire : Marine de guerre de l'antiquité et du moyen âge, LXXXV (1885), 5, 314, 598 ; LXXXVII (1885), 22. — Études historiques sur la marine militaire de la France, LXXXVIII (1886), 189 ; LXXXIX (1886), 234 ; XC (1886), 245, 373 ; XCII (1887), 131, 276 ; XCIV (1887), 543 ; XCV (1887), 20, 313 ; XCVII (1888), 29, 326 ; XCIX (1888), 130-, 536. — La marine militaire de la France sous Philippe le Bel (1294-1304), LXII (1879), 87. — Archéologie navale : Influence des croisades sur l'industrie maritime, LXV (1880), 659. — J. de Bethencourt et Gadifer de Lasalle aux îles Canaries, LXIV (1880), 349, 488. — Essai historique sur la stratégie et la tactique des flottes modernes, LXI (1879), 271, 514. — Tableau général de l'histoire maritime contemporaine (1815-1853), LXVI (1880), 650 ; (1854, 1862, 1870) ; LXVIII (1881), 178, 479 ; LXIX (1881), 72.

XVI° siècle : Expédition d'Alger par Charles-Quint, LXV (1880), 664. — Bataille de Lépante (1571), LXV (1880), 665.

XVII° siècle : Batailles navales au milieu du xvii° siècle, LXXXV (1885), 497 ; LXXXVI (1885), 74. — Tourville et la marine de son temps, XCIX (1888), 577. — Première tentative d'établissement des Français en Algérie (1664) ; XCV (1887), 188. — Les ingénieurs de la marine sous Colbert et Seignelay (1664-1690), LXIII (1879), 448, 666 ; LXVI (1886), 599. — Combat naval entre les Hollandais et les Anglais, les 11, 12, 13 et 14 juin 1666, relation inédite, LXXXII (1884), 137.

XVIII° siècle : Une famille dans la marine au XVIII° siècle (1692-1789) : les Beaussier, LXII (1879), 395, 640 ; LXIII (1879), 205 ; LXVII (1880), 314 ; LXVIII (1881), 92. — Les dernières années de Duguay-Trouin, LXII (1879), 640 ; LXIII (1879), 205. — Campagne de Rio-Janeiro en 1711, XCV (1887), 467 ; XCVI (1888), 296 ; XCVIII (1888), 76. — Expédition de La Bourdonnais dans la Mer des Indes en 1746, LXVII (1880), 56, 412. — Tombeau de Huon de Kermadec, LXXXI (1884), 499. — Découverte et sauvetage de débris provenant de l'expédition de Lapérouse, LXXX (1884), 175. — Inauguration du monument élevé à la mémoire du capitaine de vaisseau de Langle et de plusieurs marins, compagnons de Lapérouse, assassinés dans la baie d'Oassu, en 1787, LXXXVI (1885), 468. — Centenaire de Lapérouse, XCVII (1888), 355. — Expédition Bompard en Irlande et les cinq combats de la *Loire* (1798), relation inédite LXXX (1884), 718.

Notice historique sur le vaisseau le *Souverain* (1677-1883), LXXIX (1883), 182. — Notice historique sur la frégate La *Minerve* (1778-1884), LXXXIII (1884), 93.

XIX° siècle : Guerre maritime dans l'Inde sous le consulat et l'empire, LXXV (1882), 398, 523 ; LXXVIII (1883), 138, 318. — Combat naval du cap Ortégal (épilogue de la bataille de Trafalgar, 1805), LXXII (1882), 217. Combat du vaisseau le d'*Hautpoul* et du vaisseau anglais le *Pompée* (1809), LXXXIX (1886), 198. — Guerre navale de 1812 entre l'Angleterre et les États-Unis de l'Amérique du Nord, LXXIX (1883), 438, 498. — La marine pendant la guerre de l'indépendance grecque, LXX (1881), 109. — Marine de la régence d'Alger avant la conquête, LXXVI (1883), 619. — Les Anglo-Français dans la Plata sous la dictature de Rosas (1835-1852), LXII (1879), 584 ; LXIII (1879), 26. — Affaires d'Orient (1839-1841), XCIX (1888), 84, 461. — Deux marins de la guerre de Sécession : Far-

ragut et Dupont, LXXXIV (1885), 548.
— Expédition du Red-River (1864),
LXXXVI (1885), 108. — Episode de la
guerre d'Orient (1877-78) ; siège de
Chipka, LXXXIII (1884), 585.

Guerre entre le Chili et le Pérou, LXIV
(1880), 422, 631 ; LXV (1880), 77,
97 ; LXVI (1880), 246 ; LXVII (1880),
251 ; LXVIII (1881), 78 ; LXXI (1881),
336. — Combat de Punta-Angamos,
LXIV (1880), 375, 634 ; LXV (1880),
92 ; LXVI (1880), 420. — Coup d'œil
sur la guerre chilo-péruvienne, LXVIII
(1881), 163. — Souvenir d'une mission à l'armée chilienne pendant la
guerre chilo-péruvienne, LXXIV (1882),
604. — Mémoire du ministre de la
guerre du Chili, sur la guerre chilo-
péruvienne, LXXV (1882), 300.

Souvenirs de l'expédition de Tunisie
(1881), LXXIII (1882), 404 ; LXXV
(1882), 179. — Les opérations maritimes de l'expédition de Tunisie, LXXVI
(1883), 169.

Le bombardement d'Alexandrie par
la flotte anglaise en 1882, LXXV
(1882), 604. — Le fort Eunostos
après le bombardement, LXXV (1882),
614. — Souvenirs d'une campagne
dans le Levant : l'Égypte en 1882,
LXXV (1882), 359 ; LXXVI (1882),
335, 695 ; LXXVII (1883), 588 ;
LXXVIII (1883), 90, 423, 522 ;
LXXIX (1883), 148 ; erratum, 240. —
Opérations maritimes de l'expédition
des Anglais en Égypte, LXXXIII (1884),
292. — Bataille de Port-Saïd, LXXXIV
(1885), 74.

Combats de la rivière Min en 1884,
LXXXIV (1885), 517. — Rapport sur
l'affaire de Sheipoo, LXXXVI (1885),
86. — Prise des îles Pescadores, LXXXVI
(1885), 218.

L'académie de marine, LX (1879),
389 ; LXII (1879), 323 ; LXIII (1879),
76 ; LXIV (1880), 54, 528 ; LXV
(1880), 539 ; LXVI (1880), 105 ;
LXVIII (1881), 135, 277, 573 ; LXIX
(1881), 320 ; LXX (1881), 338 ; LXXI
(1884), 33, 362 ; LXXII (1882), 326 ;

LXXIII (1882), 67, 412 ; LXXIV
(1882), 197, 318 ; LXXV (1882), 154.
— Établissements scientifiques de l'ancienne marine, LXIII (1879), 448, 666 ;
LXVI (1880), 599. — Mémoire du capitaine de vaisseau de Flotte de Beuzi-
dou, relatif aux salles d'étude des
élèves de l'école de Brest, LXXVIII
(1883), 610. — Les milices garde-
côtes, LXXXVIII (1886), 509 ; LXXXIX
(1886), 294. — Notice historique sur
le matelot-canonnier et le navire-école
de canonnage (1627-1882), LXXXIV
(1885), 139, 349. — Administration
centrale de la marine, LXI (1879),
148. — Administration centrale de la
marine et des colonies, LXXXVIII
(1886), 412. — Organisation du corps
du commissariat de la marine (suite et
fin), LX (1879), 288, 759 ; LXI (1879),
179. — La légion d'honneur, XCI
(1886), 5, 303 ; XCII (1887), 41,
240, 508 ; XCIII (1887), 250, 509 ;
XCIV (1887), 119. — Étude historique
sur le droit de bris, LXXXI (1884),
312.

Lorient, de 1690 à 1697 : LX (1879),
349 ; de 1698 à 1703 : LXVI (1880),
135, 259 ; de 1704 à 1720 : LXXIII
(1882), 121, 312 ; LXXIV (1882), 559 ;
LXXV (1882), 268 ; LXXVIII (1883),
660. — Penmarck, XC (1886), 411.

Biographie : Le chevalier d'Arsac de
Ternay (1723-1780), LXXIII (1882),
182. — Bouvet (Pierre), LXXV (1882),
398, 523 ; LXXVIII (1883), 138,
318. — Dayot (J.-M.), XCVIII (1888),
519. — Les Filhol Camas (1758-1854),
LXIV (1880), 153. — L'amiral Duperré et l'expédition d'Alger (1775-
1830), LXIX (1881), 496. — J.-S.
d'Arras, enseigne de vaisseau (1786-
1851), LXXXVII (1885), 417. —
Hélie, professeur à l'École d'artillerie
de la marine (1795-1885), LXXXVII
(1885), 637. — Le vice-amiral Jacquinot (1796-1879), LXIV (1880), 393.
— Le contre-amiral Guérin (1796-
1877), LXI (1879), 624. — Le contre-amiral Baudin (1800-1877), LXII

(1879), 464. — Kerdrain, capitaine de vaisseau (1803-1883), LXXVI (1883), 754. — De Tessan, ingénieur hydrographe (1804-1879), LXIV (1880), 148. — Bréguet, membre de l'Académie des sciences (1804-1883), XC (1886), 521. — Ch. Belanger, directeur du jardin des plantes de Saint-Pierre (Martinique) (1805-1881), LXXII (1882), 664. — Le Dr Rufz de Lavison (1806-1884), LXXXIV (1885), 224. — Le contre-amiral Darricau (1807-1877), LXII (1879), 467. — Le vice-amiral Touchard (1810-1879), LXI (1879), 201. — F.-G. Roux, peintre de la marine (1811-1882), LXXV (1882), 700. — Le vice-amiral O.-L.-C. Didelot (1812-1886), XCI (1886), 577. — Le vice-amiral Dupré (1813-1881), LXVIII (1881), 637. — P. Gourdin, inspecteur en chef de la marine (1814-1883), LXXXIV (1885), 222. — Le contre-amiral Le Couriault du Quilio (1815-1877), LXI (1879), 628. — Le vice-amiral de Surville (1818-1879), LXIX (1881), 440. — Le général d'infanterie de marine Faron (1819-1881), LXXII (1882), 229. — Le contre-amiral Vicary (1819-1886), XCIV (1887), 369. — Le commandant Gisquet, (1820-1884), LXXXII (1884), 744. — P.-L.-J.-B. Gaussin, ingénieur hydrographe en chef (1821-1886), XC (1886), 321. — Le général d'infanterie de marine de Trentinian (1822-1885), LXXXVI (1885), 663. — Le capitaine de frégate en retraite Caudière (1822-1887), XCII (1887), 542. — Le contre-amiral Sellier (1823-1880), LXVIII (1881), 424. — Le contre-amiral de Saulces de Freycinet (1823-1881), LXXII (1882), 659. — Le contre-amiral R. Grivel (1827-1883), LXXIX (1883), 43. — Le vice-amiral Courbet (1827-1885), LXXXVI (1885), 182 ; LXXXVII (1885), 174. — P. Courteville, sous-directeur au ministère de la marine (1828-1885), LXXXVI (1885), 660.— Le commandant A. Trève (1829-1885), LXXXVIII (1886), 156. — Le capitaine de frégate Brault (1839-1885), LXXXVII

(1885), 177. — Joubert, inspecteur en chef des services administratifs de la marine, LXXXVII (1885), 176. — L'amiral Jauréguiberry, XCVI (1888), 334.

Histoire naturelle : Instructions pour faire des collections d'histoire naturelle, LXXII (1882), 356, 559.

Hi-Yei, croiseur cuirassé japonais, LXXXI (1884), 315.

Hoche, cuirassé français, LXVII (1880), 626.

Hoffmeyer : Sur son mémoire relatif aux cartes synoptiques, LXIV (1880), 208.

Hollande : Voy. *Artillerie, Budgets, Colonies, Constructions navales, Côtes, Histoire, Marines militaire et marchande, Pêches, Ports.*

Holman-Bentley, missionnaire anglais : Son voyage à Stanley-Pool, LXXIX (1883), 205, 264.

Holme : Sa trompette pour signaux de brouillard, LXV (1880), 655.

Holtermann (O.), lieutenant de vaisseau : Canons de la marine anglaise se chargeant par la culasse, LXXVI (1883), 223. — Éclatement d'un canon *Krupp* de 28 c/m, LXXVI (1883), 224. — Les torpilleurs *Thornycroft*, LXXVIII (1883), 119.

Honduras, colonie anglaise, LXVI (1880), 217.

Hong-Kong (Notice sur), LXXIV (1882), 282.

Hontoria : son canon, LXXXIX (1886), 146.

Hope : son canon, XCI (1886), 587.

Horizon à mercure à cuvette amalgamée, LXXXI (1884), 464. — Dépressions de l'horizon de la mer, LXXXIX (1886), 337.

Horn (Cap) : Ses vents, LXXX (1884), 727. — L'électricité atmosphérique, LXXXI (1884), 245. — Une tempête au cap Horn, LXXXVIII (1886), 402. — Mission scientifique du cap Horn : Relation du voyage (1882-1883), XCVIII (1888), 248, 448 ; XCIX (1888), 23, 273.

Hotchkiss : Essai en Hollande de son canon-revolver, LXI (1879), 296. — Nouveau canon à tir rapide adopté par la marine anglaise, LXXXIV (1885), 117. — Ses canons à tir rapide, XCIX (1888), 603.

Hotspur, cuirassé anglais, LXVIII (1881), 310.

Houette (A.), lieutenant de vaisseau : Notes sur quelques modèles de navires exposés à Philadelphie en 1876, LXV (1880), 219. — Notes politiques, commerciales, maritimes et militaires sur la Chine et le Japon, LXVI (1880), 348, 445 ; LXVII (1880), 207. — La perte de l'*Austral*, LXXX (1884), 82.

Hoven (Von) : Développement de la marine militaire de l'Allemagne, LXXX (1884), 249.

Hovgaard : Sa relation sur le voyage de la *Véga* et le passage du Nord-Est, LXIV (1880), 297.

Howe, cuirassé anglais, LXXXV (1885), 715 ; ses essais, LXXXVIII (1886), 526 ; modifications apportées aux plans primitifs, XCVIII (1888), 536 ; son artillerie, XCIX (1888), 601.

Howell : Système de torpille, LXXXVII (1885), 218 ; XCIX (1888), 166.

Huascar, cuirassé péruvien : Description, LXXI (1881), 323. — Le combat de Punta-Angamos, LXIV (1880), 375, 384 ; LXV (1880), 92. — Avaries subies par ce navire dans le combat de Punta-Angamos, LXIV (1880), 634 ; LXVI (1880), 420. — Le combat d'Arica, LXVI (1880), 250.

Hue : Application de sa pinnule aux instruments à réflexion, LXIX (1881), 456.

Hugues (Victor) (Les hautes montagnes centrales de la Guadeloupe et le chemin de), LXIV (1880), 39, 311 ; LXV (1880), 334, 574.

Huguet, lieutenant de vaisseau : La pêche en Écosse en 1885, XCII (1887), 319.

Huile : Expériences sur les huiles de graissage et d'éclairage et les huiles neutres raffinées, LXIII (1879), 755. — Mémoire sur les huiles minérales employées pour les machines, LXXII (1882), 479 ; LXXIII (1882), 85. — Huiles de poissons, LXXVII (1883), 84. — Emploi de l'huile pour calmer la mer, XC (1886), 543 ; XCIV (1887), 88. — Nouveau procédé pour répandre l'huile à la mer XCVIII (1888), 357.

Huîtres : Voy. *Ostréiculture*.

Hunt : Son projectile porte-amarre, LXII (1879), 783.

Huon de Kermadec, capitaine de vaisseau : Son tombeau dans l'île de Poudioué (Nouvelle-Calédonie), LXXXI (1884), 499.

Hyacinthe, croiseur anglais, LXVII (1880), 627.

Hydra, garde-côtes anglais, LXVIII (1881), 307.

Hydra, canonnière grecque, LXXXI (1884), 736.

Hydrographie : Températures de la mer déduites des observations des paquebots des messageries, LX (1879), 278, 602 ; LXI (1879), 12. — Lames de haute mer, LX (1879), 627 ; LXI (1879), 104. — Grandes profondeurs des différentes mers, LXXXIII (1884), 579. — Détermination de la déviation de la verticale sur les côtes de France, XCII (1887), 450. — Détermination des courants sous-marins, XCI (1886), 338 ; par une série de hauteurs à quatre intervalles, LXXXIX (1886), 274. — Influence des courants généraux de l'Atlantique sur la navigation à vapeur, LXV (1880), 5. — Les courants de l'Atlantique, LXXXIX (1886), 190. — Courants de l'océan Atlantique nord, XCIX (1888), 356 ; de l'Océan Pacifique, LXVIII (1881), 234. — Historique et état actuel du service des chronomètres au service hydrographique de la marine, XCIX (1888), 324, 480. — Étude sur la barre du Sénégal, LXXXIX (1886), 545. — Sondages effectués par le *Travailleur* et le *Talisman* (1882-83), LXXVI (1883), 454 ; LXXX (1884),

407. — L'hydrographie en Angleterre, LXIII (1879), 520. — Hydrographie des côtes de Sardaigne, LXVII (1880), 634. — *Les grands sondages américains effectués par le Blake*, LXIII (1879), 772. — Les bouches du Mississipi, XCVIII (1888), 355.

Hyena, monitor cuirassé hollandais, LXXI (1881), 175.

Hygiène : Traité de la fièvre bilieuse aux Antilles, LXI (1879), 370. — Utilisation des filtres par ascension à bord des bâtiments, XCI (1886), 401. — État sanitaire de la flotte en 1886, XCVII (1888), 160. — Danger d'asphyxie *dans les soutes des bâtiments en fer*, XCIX (1888), 605. — Valeur économique de la vie humaine, LXXXIII (1884), 496.

I

Iça : Voy. *Colonies*.

Icarus, corvette anglaise, LXXXVII (1888), 186.

Idjla-Lieh, corvette cuirassée turque, LXIX (1881), 398.

Imhaus : *Note en réponse à une pétition de la chambre de commerce de l'île de la Réunion*, LXXV (1882), 623.

Immigration : Ordonnance du gouverneur de Maurice pour amender et réunir les lois sur l'immigration et sur le travail, LXI (1879), 579 ; LXII (1879), 96, 283, 711. — Immigration indienne à Maurice, LXXXII (1884), 511. — Ressources de Madagascar au point de vue de l'immigration, LXXXIX (1886), 381.

Immortalité, croiseur anglais : sa mise à flot, XCIV (1887), 386.

Imperieuse, croiseur anglais, LXXI (1881), 205 ; ses essais, LXXXVII (1888), 433 ; XCI (1886), 177, 583 ; XCIV (1887), 591 ; XCVII (1888), 358.

Impôts (Les) dans la Métropole et dans les colonies, LXXXV (1885), 315. — Système des impôts au Tonkin, LXXXI (1884), 261. — L'octroi de mer aux colonies, LXXXV (1885), 375.

Incendie : Extincteur et avertisseur automatique d'incendie, LXXVI (1883), 96. — Les dangers d'incendie par l'éclairage électrique, LXXVI (1883), 491. — Précautions à prendre contre les dangers présentés par l'emploi de la lumière électrique, LXXVI (1883), 494. — Extinction des incendies à bord, LXXXIV (1885), 245. — Précautions à prendre contre l'ignition *spontanée dans les soutes à charbon*, XCIX (1888), 161.

Inconstant, croiseur anglais, LXXI (1881), 566.

Inconstant, *aviso français*, XC (1886), 324.

Incrustations : Enduit pour l'intérieur des chaudières, LXI (1879), 853.

Inde : Étude sur le droit hindou (*suite*), LXXI (1881), 77 ; LXXII (1882), 179. — Rapides du Haut-Mékong, XCIII (1887), 499. — Voy. *Archéologie*.

Inde anglaise : Notice sur l'Inde anglaise, LXXIV (1882), 5. — Sa marine, LXXX (1884), 483. — Son organisation militaire, LXXXVII (1888), 152. — La famine de l'année 1876-1877, LX (1879), 610. — Projet de canal navigable dans l'île de Ramiseran, entre l'Inde et Ceylan, LXII (1879), 247. — Travaux du port de Kurrachee, LXII (1879), 790. — Nouveau bassin à flot de Bombay, LXIII (1879), 292.

Inde française : Les établissements français dans l'Inde, LXXVII (1883), 511.

Inde néerlandaise : Orga-

nisation et constitution de son armée, LXXXIV (1885), 5.

Inde orientale : Ses pêches maritimes, LXXV (1887), 117.

Indicateurs : Indicateur du nombre de tours, LXIV (1880), 168, 402 ; LXXXI (1884), 379. — Indicateur électrique de marée, LXVII (1880), 287. — Indicateur de mouvement ou contrôleur de marche des machines marines, XCV (1887), 177.

Indo-Chine : Sa colonisation, LXXXV (1885), 87. — Le commandant de La Grée au Cambodge et son voyage en Indo-Chine d'après sa correspondance, LXXXV (1885), 260.— Note sur son organisation, LXXXVI (1885), 368.

Infanta-Isabel, croiseur espagnol, LXXXVII (1885), 196.

Infanterie de la marine (L'instruction élémentaire dans l'), LXXXII (1884), 391.

Infanterie de marine espagnole : Sa réorganisation en 1886, XCI (1886), 180.

Inflexible, cuirassé anglais : ses essais, LX (1879), 193, 504 ; son artillerie, LX (1879), 215 ; LXII (1879), 488 ; LXVIII (1881), 50, 389 ; LXXIV (1882), 401 ; sa mâture et ses tourelles, LX (1879), 506 ; LXIII (1879), 514.

Ingénieurs de la marine sous Colbert et Seignelay (1664-1690), LXIII (1879), 448, 666 ; LXVI (1880), 599.

Inscription maritime (De l'), LXIV (1880), 107, 287.

Institutions de prévoyance à l'usage des officiers des armées de terre et de mer, LXXIX (1883), 415.

Instruction militaire des marins en France, LXX (1881)605.— L'instruction élémentaire dans l'infanterie de la marine, LXXXII (1884), 391. —Instruction du tir du fusil dans les marines anglaise et italienne, XCVI (1888), 261 ; — de la mousqueterie à bord des bâtiments français, LXXX (1884), 181.

Instruction publique (L') à l'île de la Réunion, LXXXIII (1884),

49 ; — dans quelques états de l'Amérique du Sud, XCVIII (1888), 150, 232.

Instruments : Le navisphère, LXI (1879), 598. — Comparaison des montres par la méthode des coïncidences, LXVIII (1881), 249 ; LXVIII (1881), 257. — Étude sur les chronomètres, LXXI (1881), 526 ; LXXXVIII (1886), 5 ; XCIX (1888), 324, 480.—Influence du magnétisme sur les chronomètres, LXXXVIII (1886), 5. — Rose à relèvements, LXXXVIII (1886), 71. — Le mesureur de vitesses de courant (système *Otto Fennel*), LXIX (1881), 455. — Applications de la pinnule de M. *Hue* aux instruments à réflexion, LXIX (1881), 456. — Excentricité des instruments à réflexion, et des moyens d'y remédier, LXXXVII (1885), 237, 482. — Segment-rapporteur, LXXVI (1883), 239. — Télémètre *Le Cyre*, LXXV (1882), 554. — Projet de lunette astronomique, LXXVIII (1883), 700. — Lunette à niveau, LXXI (18881), 143. — Niveau marin, LXXIX (1883), 353 ; modifications, LXXXIII (1884), 87. — Le Sextant, LXVII (1880), 526. — Sextant binoculaire *Aved de Magnac* et les observations de nuit, LXXXIII (1884), 171. — Description d'un appareil destiné à éclairer le vernier et le limbe du sextant pour faciliter les lectures pendant les observations de nuit, LXXXVII (1885), 602. — Le gyroscope marin *Dubois*, LXXXI (1884), 250. — Gyroscope collimateur, XCI (1886), 452 ; XCII (1887), 223 ; XCIV (1887), 225. — Le dromoscope, LXVII (1880), 404 ; XCIV (1887), 75. — Loch *Fleuriais*, LXIII (1879), 465 ; LXXI (1881), 433. — Loch *Reynold*, LXV (1880), 653. — Description du loch takimétrique à air (système *Buisson*), LXXXVIII (1886), 48.—Le clinomètre, LXXXIX (1886), 84. — Théorie élémentaire, d'après les méthodes de *Poinsot*, du mouvement de la toupie, et de son application à un horizon artificiel, permettant d'obtenir, à la mer, la hauteur des astres, XCI (1886), 433. —Appendice au mémoire sur le mou-

vement de la toupie, XCII (1887), 539. — Instrument destiné à se rendre compte du roulis, XCIII (1887), 225. — Intégromètre cinématique, LXXXI (1884), 535. — Cinémomètre rotatif, XCIV (1887), 351. — Emploi de la sirène et des résonnateurs, XCIV (1887), 346.

Intégromètre cinématique, LXXXI (1884), 535.

Invalides de la marine (Caisse des) : sa suppression, LXXII (1882), 237.

Invincible, cuirassé anglais, LXVIII (1881), 294.

Iphigénie, croiseur français, LXXI (1881), 203.

Irene, croiseur allemand, XCVII (1888), 356.

Iris, croiseur anglais : ses essais à la vapeur, LXI (1879), 633 ; LXII (1879), 381, 814; ses hélices, LX (1879), 509 ; ses dimensions principales et son système de construction, LXIV (1880), 508 ; LXXI (1881), 587 ; ses essais, XCVIII (1888), 188.

Irlande : Voy. *Histoire, Pêches.*

Ironduke, cuirassé anglais, LXVIII (1887), 296.

Irrawaddy : Sa flottille, LXI (1879), 633.

Isabella II, croiseur espagnol, XCI (1886), 180.

Islande : Observations sur le magnétisme terrestre, LXXXI (1884), 387. — Voy. *Pêches.*

Isles (Ch. des), vice-consul de France à Saint-Jean-de-Terre-Neuve : Commerce de l'île de Terre-Neuve en 1884, XC (1886), 334.

Ismaïla, LXXIX (1883), 151.

Isthmes : Voy. *Canaux.*

Italia, cuirassé italien, LXII (1879), 158 ; LXX (1880), 498 ; LXXVI (1883), 400 ; LXXXII (1884), 493 ; LXXXIX (1886), 558.

Italie : Voy. *Artillerie, Budgets, Constructions navales, Côtes, Marines marchande et militaire, Météorologie, Pêches, Ports, Torpilleurs.*

Iver-Hvitfeld, garde-côtes cuirassé danois, XC (1886), 144.

J

Jacquemier (R.), capitaine de frégate : Intégromètre cinématique, LXXXI (1884), 535. — Le cinémomètre, XCIV (1887), 351.

Jacquinot (C.-H.), vice-amiral (1796-1879) : notice nécrologique, LXIV (1880), 393.

Jade (Canal de la) à l'Ems, LXIII (1879), 774.

Jaffa, LXXX (1884), 57.

Jamaïque (La), colonie anglaise, LXVI (1880), 490.

Janet (A.), ingénieur de la marine : Lancement du *Wladimir-Monomakh*, LXXVI (1883), 758. — *Dmitri-Donskoi*, croiseur cuirassé russe, LXXXI (1884), 479.

Jan-Mayen (Expédition autrichienne à l'île), XCII (1887), 385 ; XCIII (1887), 338 ; XCIV (1887), 5.

Japon : Notes politiques, commerciales, maritimes et militaires, LXVI (1880), 348, 445 ; LXVII (1880), 207. — Les essences forestières du Japon, LX (1879), 569 ; LXII (1879), 188, 411 ; LXIII (1879), 162. — Le thé du Japon, LXII (1879), 417. — Les vers à soie au Japon, LXII (1879), 431. — Le camphre du Japon, LXII (1879), 443. — Les établissements maritimes de l'Extrême-Orient, LXVI (1880), 540. — Aperçu sur l'histoire de la médecine au Japon, LXXXI (1884), 666. — Typhons des mers du Japon, LXVIII (1881), 234 ; LXXXII (1884), 330. — Voy. *Constructions navales, Marine militaire, Phares.*

Jaroslaw, paquebot russe, LXXI (1881), 604.

Jason, monitor cuirassé américain, LXXI (1881), 310.

Jaurégulberry, vice-amiral, ministre de la marine : Discours prononcés à la Chambre des députés lors de la discussion du budget de la marine de 1880, LXII (1879), 568, 576. — Notice nécrologique, XCVI (1888), 334.

Javary, garde-côtes cuirassé brésilien, LXXI (1881), 333.

Jeannette, yacht américain destiné à faire une expédition au pôle Nord, LX (1879), 241. — Son voyage au pôle Nord, LXXVII (1883), 5. — Expédition envoyée à sa recherche, LXX (1881), 478.

Jeauffreau-Blazac, sous-commissaire de la marine : Les enquêtes après naufrage en France et en Angleterre, LXXXIV (1885), 257.

Jégou (F.) : Lorient, arsenal royal (*fin*), LX (1879), 349 ; LXVI (1880), 135, 259 ; LXXIII (1882), 121, 312 ; LXXIV (1882), 559 ; LXXV (1882), 258 ; LXXVIII (1883), 660.

Jemseh, LXXIX (1883), 181.

Jeu de la guerre navale, LXVIII (1881), 363.

Jeudi (L'île), XCV (1887), 535.

John-Ericsson, monitor cuirassé danois, LXXI (1881), 190.

Jomier, lieutenant de vaisseau : Exposé théorique de la loi de *Buys-Ballot*, LXIX (1881), 525.

Jonquières, vice-amiral : Discours prononcé sur la tombe du commandant *Gisquet*, LXXXII (1884), 744.

Jore, aide-commissaire de la marine : Notice sur l'île de Nossi-Bé, LXVI (1880), 170.

Josse, capitaine d'artillerie de terre : Programme de la flotte suédoise, LXXXI (1884), 476. — Organisation de la marine suédoise ; LXXXV (1885), 598. — Organisation de la marine norvégienne, LXXXII (1884), 597. — Budget de la marine hollandaise pour 1884-85, LXXXIV (1885), 108. — Budget de la marine italienne pour 1884-85, LXXXIV (1885), 112. — Le *Giovanni-Bausan*, LXXXVI (1885), 201. — Loi sur la réserve navale en Italie (personnel), LXXXVI (1885), 671. — Loi sur le service auxiliaire de la marine italienne, LXXXVI (1885), 674. — Décret sur la réserve navale de la marine italienne (matériel), LXXXVII (1885), 189. — Les grandes manœuvres de la flotte italienne en 1885, LXXXVIII (1886), 138. — Les grandes manœuvres de l'escadre brésilienne en 1885, LXXXVIII (1886), 282. — Canon espagnol de 15^{cm}, LXXXVII (1885), 199. — La cryptographie et son application à l'art militaire, LXXXIV, (1885), 391, 640.

Joubert (Ch.), inspecteur en chef de la marine : notice nécrologique, LXXXVII (1885), 176.

Jourden (L.), enseigne de vaisseau : Note sur le compteur *Valessie*, LXXIV (1882), 55.

Jousselin, lieutenant de vaisseau : Les manœuvres navales de l'Italie de 1888 ; état de sa marine XCIX (1888), 552.

Julien (F.) : Extraits de son ouvrage *Papes et Sultans*, LXV (1880), 659, 664, 665. — Notice biographique sur l'amiral R. *Grivel*, LXXIX (1883), 43. — Le commandant de La Grée au Cambodge, et son voyage en Indo-Chine, LXXXV (1885), 260.

Juin, contre-amiral : Notice sur le contre-amiral de *Saulces de Freycinet* (1823-1881), LXXII (1882), 659.

Jurien de la Gravière, vice-amiral, membre de l'Académie française : Rapport sur un travail de M. *Baills* sur les éclipses et les occultations, LXI (1879), 361. — Rapport sur le classement des archives de Saint-Servan, XC (1886), 281.

Justice, ingénieur anglais : Son appareil d'échappement silencieux de la vapeur, LXIII (1879), 274.

Justice maritime : Action de police intérieure de la marine ou justice maritime, LX (1879), 529 ; LXI (1879), 47. — La justice maritime aux États-Unis, XCVIII (1888), 346.

K

Kaiser, cuirassé allemand, LXVIII (1881), 606 ; LXIX (1881), 656.

Kaiser, cuirassé autrichien, LXIX (1881), 487.

Kaiser-Max, cuirassé autrichien, LXIX (1881), 490.

Kaiser : Rapport sur le télémètre Le Cyre, LXXV (1882), 554.

Kearsarge, croiseur américain : ses essais, XCIX (1888), 354.

Kenèh, LXXIX (1883), 177.

Kennedy : Son poinçon à spirale, LX (1879), 206.

Kerdrain (P.-L.-M.-E.), capitaine de vaisseau : notice nécrologique, LXXVI (1883), 754.

Kergrohen (de), lieutenant de vaisseau : Rapport de mer du torpilleur 69, XC (1886), 360.

Kerillis-Calloch (de), lieutenant de vaisseau : Comète aperçue à Papeete en janvier 1887, XCVIII (1888), 495.

Kermadec : Voy. *Huon*.

Kertanguy (de), lieutenant de vaisseau : L'île de Tematangy, LXXI (1881), 138.

Kiel : Travaux d'amélioration de ce port, LX (1879), 301 ; LXII (1879), 246.

Kingfisher, croiseur anglais, LXXI (1881), 588.

Kita (Un hivernage au fort de) en 1882, LXXIX (1883), 326. — La saison sèche, LXXXIII (1884), 536.

Klotz, lieutenant de vaisseau : Le compas universel de A. Garels, LXVII (1880), 538.

Kniaz-Pojarski, cuirassé russe, LXIX (1881), 197.

Kœnig-Wilhelm, cuirassé allemand, LXVIII (1881), 602.

Koldun, monitor russe, LXIX (1881), 208.

Kon-Go, croiseur cuirassé japonais, LXXI (1881), 315.

Koning - der - Nederlan- den, cuirassé hollandais, LXXI (1881), 170.

Kosseir, LXXIX (1883), 180.

Kreiser, clipper russe, LXXI (1881), 603.

Kreml, garde-côtes russe, LXIX (1881), 205.

Krokodil, monitor cuirassé hollandais, LXXI (1881), 173.

Kromhout, lieutenant-colonel du génie hollandais : Emploi des coupoles *Gruson* en Hollande, LXII (1879), 767.

Kronprinz, frégate cuirassé allemande, LXVIII (1881), 601.

Kronprinz Rudolph, cuirassé autrichien, XCIV (1887), 387.

Krupp : Canon de 150 tonnes, XCVII (1888), 566 ; de 118 tonnes, XCIII (1887), 624 ; XCVI (1888), 389 ; comparaison avec le canon Armstrong de 111 tonnes, XCVI (1888), 390. — Canon de 40 centimètres (71 tonnes), LX (1879), 224 ; LXI (1879), 428 ; LXIII (1879), 242 ; LXVIII (1881), 233. — Canon de 35°,5 (54 tonnes), LX (1879), 223 ; LXIII (1879), 248 ; LXXXII (1884), 503. — Canons de 35° et de 28°, LXXVIII (1883), 704. — Canon long de 24°, LXI (1879), 646 ; LXIII (1879), 251 ; éclatement d'un canon de 24°, LXIII (1879), 278, 761. — Canon cuirassé de 7°,5, LXIII (1879), 255. — Canon long de 15° de marine et de côte, LXI (1879), 644 ; LXIII (1879), 254. — Canons de 15°, LXXXVII (1885), 664. — Canon siège et de place de 10°,5, LXIII (1879), 257. — Canon de 9°,6, LXIII (1879), 259. — Canon long de 8°,7 pour embarcations, LXIII (1879), 359.

Expériences à l'usine Krupp en 1878 et en 1879, LXII (1879), 482.

Krylow (A.), enseigne de vaisseau de la marine impériale russe : Le dromoscope, XCIV (1884), 75.

Kurrachee : Travaux de ce port, LXII (1879), 790.

L

Lá Bassetière (de), député : Discours prononcé à la Chambre des députés, lors de la discussion du budget de la marine de 1879, LX (1879), 105, 109.

La Bourdonnais : Son expédition dans la mer des Indes en 1746, LXVII (1880), 56, 412.

Labrousse (Ch.), ancien lieutenant de vaisseau : La marine et la protection de l'enfance, LXXXVI (1885), 223.

Labuan (Notice sur), LXXIV (1882), 279.

Lacaze (Dr) : Souvenirs de Madagascar (1868-69), LXVIII (1881), 619 ; LXIX (1881), 48, 404 ; LXX (1881), 77.

La Chauvinière (de), capitaine de vaisseau : Notice nécrologique sur le vice-amiral *Touchard*, LXI (1879), 201.

La Ciotat, XC (1886), 305.

Lacour (A.), sous-agent du commissariat de la marine : La marine de la régence d'Alger avant la conquête, LXXVI (1883), 619.

Lacs du Cambodge, LXI (1879), 535 ; XCVIII (1888), 369.

Lady-Granville, navire à coques jumelles, LXIII (1879), 17.

La Galissonnière : Note sur un cyclone reçu par le *La Galissonnière* en octobre 1885, LXXXIX (1886), 154.

Lagarde, capitaine adjudant-major d'infanterie de la marine : Développement de la flotte russe depuis la guerre de Crimée, LXXXI (1884), 148.

Lagos (Notice sur), LXXV (1882), 245.

La Goulette, LXXIII (1882), 404.

La Grée (Le commandant de) au Cambodge et son voyage en Indo-Chine, LXXXV (1885), 260.

La Grenade, colonie anglaise, LXVII (1880), 549.

Lainé (L.), sous-commissaire de la marine : La famine dans l'empire indo-britannique en 1876-1877, LX (1879), 610. — La Nouvelle-Galles du Sud, LXVII (1880), 27.

Laisné, capitaine de frégate : L'école des torpilles de la marine des États-Unis, LXI (1879), 651.

Lallemand, lieutenant de vaisseau : La marine marchande italienne, XC (1886), 92. — Avantage de l'éclairage électrique intérieur sur les navires, XCI (1886), 389.

Lambinet, mécanicien principal de la marine en retraite : Indicateur du nombre de tours par minute, LXXXI (1884), 379. — Indicateur de mouvement ou contrôleur de marche des machines marines, XCV (1887), 177.

La Motte du Portail (A. de), lieutenant de vaisseau : La guerre maritime entre le Pérou et le Chili, LXV (1880), 77, 97 ; LXVI (1880), 246 ; LXVII (1880), 251 ; LXVIII (1881), 78 ; LXXI (1881), 336.

Lampe électrique, LXXIII (1882), 421.

Lampes sous-marines *Bornet* et *Toster*, *Haine* et *Davis*, LXI (1879), 438.

Lamy, enseigne de vaisseau : Instruction du tir du fusil dans les marines anglaise et italienne, XCVI (1888), 261.

Landrail, canonnière anglaise, LXXXVIII (1886), 528 ; XCI (1886), 178.

Lang-Son : Renseignements sur la province de Lang-Son et la frontière du Tonkin et de la Chine, LXXI (1881), 419.

Lapérouse : Découverte et sauvetage de débris provenant de son expédition, LXXX (1884), 175. — Inauguration du monument élevé à la mémoire du capitaine de vaisseau de Langle et de plusieurs marins compagnons de Lapé-

rouse, assassinés dans la baie d'Oasu en 1787, LXXXVI (1885), 468. — Cérémonie du centenaire, XCVII (1888), 355. — *Expédition à sa recherche*, XCIX (1888), 109.

Lapied, lieutenant de vaisseau : La marine de guerre de la Russie, LXXVI (1883), 245.

Laponie : Mission scientifique, LXXII (1882), 56. — Voy. *Pêches*.

Laques du Japon, LXII (1879), 452.

La Rive (de) : Ses expériences sur l'électricité, LXV (1880), 657.

Larminat (J. de), enseigne de vaisseau : Étude sur la tactique d'abordage, LXIX (1881), 106.

Larny, député : Discours prononcés à la Chambre des députés comme rapporteur lors de la discussion du budget de la marine de 1879, LX (1879), 41, 108.

La Rochère (de) : Voy. *Dutheil.*

La Roncière Le Noury, vice-amiral : Discours prononcés à l'assemblée générale de la Société de sauvetage des naufragés, LXII (1879), 494.

Latnik, monitor russe, LXIX (1881), 208.

Latour (Ad.), enseigne de vaisseau : Le nouveau téléphone *Edison*, LXIII (1879), 682.

Laudon, croiseur autrichien, LXXI (1881), 608.

Launay (Jules), commissaire adjoint de la marine en retraite : Les assurances maritimes, LXXXVII (1885), 145.

Laurent (Pierre) : Note sur la fécondation artificielle des huîtres, LXXX (1884), 692.

Laurium : Exploitation de ses mines, LXXVIII (1883), 619.

La Vieille, député : *Discours prononcé à la Chambre des députés lors de la discussion du budget de la marine de 1879*, LX (1879), 114.

Lawa, monitor russe, LXIX (1881), 208.

Lay (Essais de sa torpille), LXIV (1880), 418 ; en Turquie, LXXVI (1883), 225 ; dans le Bosphore, LXXVI (1883), 765 ; son torpilleur automobile, LXXXIV (1885), 770.

Layrle, contre-amiral : Rapport sur la campagne de pêche de la station d'Islande en 1880, LXVIII (1881), 54.

Lazareff (Le port), XC (1886), 329.

Lazaret (Le) de Buénos-Ayres, XCI (1886), 594.

Leander, croiseur anglais, LXVII (1880), 263 ; LXXVI (1883), 215 ; ses essais, LXXXVI (1885), 665.

Le Beau, commissaire de la marine : Inventaire des Archives de la marine à St-Servan, XC (1886), 281, 492. — *La pêche de la morue et du homard à Terre-Neuve*, XCVIII (1888), 319.

Le Belin de Dionne, ingénieur de la marine : Discours prononcé à la Chambre lors de la discussion du budget de la marine de 1879, LX (1879), 71.

Le Cardinal, capitaine de vaisseau : Rapport sur la campagne de pêche de 1882 de la station d'Islande, LXXV (1882), 427.

Le Clerc, capitaine de frégate : Différence de longitude entre Paris et Berlin, LXII (1879), 250.

Le Courlault du Quillo (A.-L.-M.), contre-amiral : notice nécrologique, LXI (1879), 628.

Lecourtois, lieutenant de vaisseau : Rapport de mer du torpilleur 60, XC (1886), 353.

Le Cyre : Rapport sur son télémètre, LXXV (1882), 554.

Ledieu, examinateur d'hydrographie : Les ondes atmosphériques, LXIII (1879), 435. — Résistance des carènes, LXXXV (1885), 477. — Comparaison des navires au point de vue propulsif, LXXXVI (1885), 459. — Constructions navales et marine militaire, LXXXVI (1885), 564.

Lefebvre, enseigne de vaisseau :

Le *Duncan* et le *Camperdown*, cuirassés anglais, LXXVI (1883), 214.

Legal (F.), lieutenant de vaisseau : Étude sur la marche et la conduite des chronomètres, LXXI (1881), 526.

Légion d'honneur (La), XCI (1886), 5, 303 ; XCII (1887), 41, 240, 508 ; XCIII (1887), 250, 509 ; XCIV (1887), 119.

Législation : Ordonnance du gouverneur de Maurice pour amender et réunir les lois sur l'immigration et le travail, LXI (1879), 579 ; LXII (1879), 96, 283. — Législation réglementant la coupe et la récolte des herbes marines, LXIII (1879), 5, 401, 598. — De la revision et de la codification des lois : aperçu sur la refonte de la législation de la marine, LXV (1880), 257. — Étude sur le droit hindou (*suite*), LXXI (1881), 77 ; LXXII (1882), 179. — Étude historique sur le droit de bris, LXXXI (1884), 312. — Du pouvoir réglementaire en ce qui concerne la police de la circulation dans la partie maritime des fleuves, rivières et canaux, LXXXVI (1885), 644. — Ordonnance autrichienne relative aux règles à observer par les navires de commerce vis-à-vis des navires de guerre (10 nov. 1885), LXXXIX (1886), 357. — Convention internationale relative au commerce et à la navigation dans le Congo, LXXXIX (1886), 576. — Nouvelles règles anglaises pour prévenir les abordages à la mer, LXXXIX (1886), 185. — Projet de loi relatif à la réorganisation de la marine militaire espagnole, XC (1886), 177. — Loi fixant le programme de la flotte espagnole, XCII (1887), 559. — Loi concernant l'obligation pour les navires de commerce allemands de rapatrier les gens de mer délaissés, XCVII (1888), 342, 469. — Éléments de droit maritime international, XCVII (1888), 446 ; XCVIII (1888), 5, 209, 411. — Infractions à la police de la navigation et des pêches maritimes et de leur répression, XCVIII (1888), 106. — La justice maritime aux États-Unis, XCVIII (1888), 346.

Le Goarant de Tromelin (G.), lieutenant de vaisseau : Phénomènes de l'induction électro-magnétique, LXXVIII (1883), 163. — La grêle, les trombes et l'électricité atmosphérique, LXXIX (1883), 546 ; LXXXV (1885), 630. — Rapports sur l'Exposition d'électricité à Vienne en 1883, LXXX (1884), 157, 622. — Inégale distribution de la chaleur dans les deux hémisphères, LXXXIV (1885), 787. — De l'influence du magnétisme sur les chronomètres, LXXXVIII (1886), 5.

Legras (A.), lieutenant de vaisseau : Ordonnance autrichienne relative aux règles à observer par les navires de commerce vis-à-vis des navires de guerre (10 nov. 1885), LXXXIX (1886), 357.

Lehigh, monitor cuirassé américain, LXXI (1881), 310.

Leipzig, frégate allemande, LXXI (1881), 598.

Le Léon (E.), lieutenant de vaisseau : Souvenirs d'une mission à l'armée chilienne, LXXIV (1882), 604.

Lemire (Ch.) : Notice sur la baie du Prôny (Nouvelle-Calédonie), LX (1879), 244.

Lemoine (Gabriel), rédacteur au ministère de la marine : Bibliographie maritime et coloniale, XCII (1887), 206, 382, 569 ; XCIII (1887), 222, 447, 633 ; XCIV (1887), 223, 399, 601 ; XCV (1887), 174, 366, 547 ; XCVI (1888), 204, 396, 583 ; XCVII (1888), 174, 380, 582 ; XCVIII (1888), 202, 313, 550 ; XCIX (1888), 172, 365, 609.

Lenglet (A.), consul général de France à Londres : La marine marchande en Angleterre, LXV (1880), 23, 493 ; LXVI (1880), 16 ; LXVII (1880), 76, 367.

Leone di Caprera : Son voyage, LXIX (1881), 452.

Leopard, croiseur-torpilleur autrichien, LXXXVII (1885) 657.

Lépante (La bataille navale de) : Extrait de *Papes et Sultans*, LXV (1880), 665.

Lepanto, cuirassé italien, LXII (1879), 758 ; LXX (1881), 498 ; LXXVI (1883), 400 ; LXXX (1884), 720 ; essais, XCIX (1888), 160.

Lephay (A.), lieutenant de vaisseau : Dépressions barométriques en Europe de 1872 à 1880, LXVII (1880), 238, 602. — De la circulation atmosphérique à la surface des océans, LXXII (1882), 75. — Vents du cap Horn, LXXX (1884), 727. — L'électricité atmosphérique au cap Horn, LXXXI (1884), 245.

Le Pontois (A.), lieutenant de vaisseau : Rôle de l'artillerie dans un combat d'escadre, LXVII (1880), 181.

Le Prédour (L.), inspecteur en chef de la marine : Arsenaux maritimes, LXXIII (1882), 146. — Notice nécrologique sur M. *P. Gourdin*, LXXXIV (1885), 222. — Comptabilité de la marine, XCI (1886), 186.

Le Provost de Launay, député : Discours prononcé à la Chambre des députés lors de la discussion du budget de la marine de 1879, LX (1879), 136.

Le Roy, lieutenant de vaisseau : Rapport de mer du torpilleur 61, LXXXIX (1886), 5.

Lespinasse de Saune (G.), lieutenant de vaisseau : Segment-rapporteur, LXXVI (1883), 239.

Lesseps (F. de) : Situation de la rade de Port-Saïd en 1878, LXI (1879), 666.

Ley (Cl.) : L'étude et la prévision du temps, LXVIII (1881), 660.

Liardet : Son système d'hélice, LXXI (1881), 410.

Liban (Le), LXXX (1884), 389.

Licona : Voy. *Gabon*.

Lieussou : Étude sur la marche et la conduite des chronomètres, LXXI (1880), 526.

Lieutenant-Iljen, croiseur-torpilleur russe, LXXXIX (1886), 362.

Lima-Barros, garde-côtes cuirassé brésilien, LXXI (1881), 332.

Lindeman (Moritz) : Les pêches maritimes de 1869 à 1878, LXVIII (1881), 259, 536 ; LXIX (1881), 18 ; LXX (1881), 59 ; LXXI (1881), 110 ; LXXIII (1882), 366 ; LXXIV (1882), 387 ; LXXV (1882), 98.

Lindormen, garde-côtes cuirassé danois, LXXI (1881), 187.

Linguistique : Abrégé de la grammaire malgache, LXXXV (1885), 288.

Lisbonne : Ses fortifications, LXXXVII (1885), 665.

Lissa, cuirassé autrichien, LXIX (1881), 483.

Livadia, yacht impérial russe, LXIV (1880), 398 ; LXVIII (1881), 329, 646.

Liverpool : Le fort cuirassé de la Mersey, LXIII (1879), 520.

Lizard, canonnière anglaise : ses essais, XCIII (1887), 621.

Loch à moulinet expérimenté à bord de la *Magicienne*, LXIII (1879), 465. — Loch *Reynold*, LXV (1880), 653. — Compas avertisseur, anémomètre, LXXI (1881), 433. — Note sur la longueur du nœud de la ligne de loch, LXXII (1882), 340. — Loch takimétrique à air *Buisson*, LXXXVIII (1886), 48.

Lœwy, membre de l'Institut : Détermination de la différence de longitude entre Paris et Berlin, LXII (1879), 250.

Loffoden (Iles) : Leur pêche en 1877, LXII (1879), 505 ; XC (1886), 152.

Loir, lieutenant de vaisseau : Notice nécrologique sur le contre-amiral *C.-A. Vicary*, XCIV (1887), 369.

Loire. — Voy. *Histoire*.

Lois : Voy. *Législation*.

Loke, monitor cuirassé danois, LXXI (1881), 190.

Longitude : De la détermination des longitudes par le télégraphe, LXI (1879), 5. — Détermination télégraphiques de différences de longitudes dans l'Amérique du sud, LXXXII (1884), 427. — Détermination de la différence de longitude entre Paris et Berlin, LXII (1879), 250. — Calculs

de la longitude à la mer, LXVII (1880), 116.

Longridge : Expérience de ses canons, LXXXVI (1885), 303 ; LXXXIX (1886), 564 ; XCVI (1888), 191 ; XCVII (1888), 161 ; XCVIII (1888), 185.

Lonquéty (P.), ancien armateur : La pêche du hareng d'Écosse en 1880, LXVII (1880), 531.

Lord-Warden, frégate cuirassée anglaise, LXVIII (1881), 26.

Lorient de 1690 à 1697 (fin), LX (1879), 349 ; LXVI (1880), 135, 259 ; LXXIII (1882), 121, 312 ; LXXIV (1882), 559, ; LXXV (1882), 258 ; LXXVIII (1880), 660. — Le bataillon d'apprentis-fusiliers de Lorient, XCV (1887), 5.

Lormier, lieutenant de vaisseau : Rapport de mer sur la traversée de Nouméa à Brest, XCIV (1887), 326.

Los-Andes, monitor cuirassé japonais, LXXI (1881) 316.

Lota, aide-médecin de la marine ; Voyage à pied du Remboï au lac Azhingo et à l'Ogooué (1882), LXXVIII (1883), 263.

Lovet-Cameron, commandant de la marine anglaise. Ses voyages en Mésopotamie, LXIX (1881), 570.

Luipaard, monitor cuirassé hollandais, LXXI (1881), 175.

Luise, bâtiment école allemand, LXXI (1881), 594.

Lumière électrique. — Bouée : Feu flottant électrique sur bouée de *Lussex*, LXI (1879), 221.
Ports : Son emploi, LXXX (1884), 448. — Expériences de lumière électrique à Southampton, LXI (1879), 221.

— Éclairage électrique des formes sèches du Havre, LXXXIII (1884), 572.

Navires : Appareils de lumière électrique pour la marine (système *Wilde*), LXI (1879), 655 ; LXII (1879), 777. — La lumière électrique dans la navigation, LXII (1879), 369, 501. — La lumière électrique et la peinture des embarcations, LXIII (1879), 522. — Emploi de la lumière électrique pour protéger les escadres contre les torpilleurs, LXXVI (1883), 227. — Les dangers d'incendie par l'éclairage électrique, LXXVI (1883), 491. — Précautions à prendre contre les dangers présentés par l'emploi de la lumière électrique, LXXVI (1883), 494. — Avantages de l'éclairage électrique intérieur sur les navires, XCI (1886), 389. — Éclairage électrique du steamer *Himalaya*, LXXVIII (1883), 603. — Éclairage électrique à bord du *Crocodile*, du *Reindeer*, du *Linnet*, du *Ruggiero di Lauria*, de l'*Affonso de Albuquerque*, du *Fyen*, de l'*Atalanta* et du *Boston*, LXXXIII (1884), 571. — Éclairage électrique des navires anglais, LXXXVI (1885), 217 ; LXXXVII (1885), 221. — Éclairage électrique du *Colossus*, LXXXIV (1885), 786. — Voy. *Phares*.

Lunette à niveau, LXXI (1881), 143. — Lunette astronomique destinée à donner immédiatement la direction de l'horizontale, LXXVIII (1883), 700.

Lussex (de) : Son feu électrique flottant, LXI (1879), 221.

Lutschaunig (V.), ingénieur de la marine autrichienne : Théorie du navire, LXXVI (1883), 5, 300, 565 ; LXXVII (1883), 97, 705.

Lyman-Haskell : son canon, LXXXVI (1885), 207.

M

Machines : Progrès dans les machines marines, LXVI (1880), 403. — Applications aux types des machines les plus répandues des phénomènes de

l'induction électro-magnétique, LXXVIII (1883), 163. — Guide pour l'emploi des machines à vapeur marines et contrôle de l'utilisation du combustible,

LXVIII (1881), 437 ; LXIX (1881), 218.—Relations entre les dimensions, la rapidité de mouvement et la puissance des machines à vapeur marines, LXXVIII (1883), 635. — Presse-étoupe arrière de navire, LXVII (1880), 271. — Voyant à rainure horizontale de côté, LXVII (1880), 273. — Arbre creux des machines marines, LXXXIII (1884), 574.

Les machines et les établissements industriels de San-Francisco, LXXIV (1882), 527. — Machine marine américaine, LXXXI (1884), 748.

Règlement anglais pour la réparation des machines marines, LXXXIV (1885), 785. — Machines des nouveaux navires de guerre anglais, LXXXIX (1886), 174.

Machines marines à triple expansion, LXXXV (1885), 225, 483 ; LXXXVII (1885), 219. — Transformation des anciens appareils moteurs en machines à triple expansion, XCVIII (1888), 355. — Machines marines à quadruple expansion, LXXXIX (1886), 569 ; XCV (1887), 535. — Machine marine à pétrole, LXVII (1880), 634.

Note sur le compteur *Valessie*, LX (1879), 257 ; LXI (1879), 368 ; LXXIV (1882), 5. — Compteur électrique de nombre de tours de machine *Ponty*, LXIV (1880), 402. — Moyen simple de compter le nombre de tours d'une machine, LXXXV (1885), 225. — Indicateur du nombre de tours, LXIV (1880), 168. — Indicateur du nombre de tours par minute, LXXXI (1884), 379. — Indicateur de mouvement ou contrôleur de marche des machines marines, XCV (1887), 177. — Cause des différences entre les nombres de tours des machines à deux hélices indépendantes et moyens d'y remédier, XCIX (1888), 5.

Le générateur *Du Temple*, LXIX (1881), 453. — Régulateur gyrométrique pour machines à vapeur ; LXV (1880), 452. — Appareil électrique indiquant, sur la passerelle, les manœuvres de la machine, LXXVII (1883), 741.

— Intégromètre cinématique, LXXXI (1884), 535.

CHAUDIÈRES : Chaudières marines, LXXXI (1884), 753. — Progrès dans les chaudières marines, LXVI (1880), 403. — Chaudières soudées, LXV (1880), 230. — Enveloppe de chaudière construite sans couture ni soudure, LXVI (1880), 189. — Enduit pour l'intérieur des chaudières, LXI (1879), 653. — Désincrustation des chaudières par l'électricité, LXXXIV (1885), 785. — Expériences sur la corrosion du fer et de l'acier au point de vue de leur emploi dans la construction des chaudières marines, LXXXIX (1886), 573. — Expériences faites en Angleterre sur les tôles d'acier pour la construction des chaudières (*suite et fin*), LX (1879), 380, 727. — Recommandation de l'amirauté anglaise pour prévenir les explosions des chaudières, LXXXIV (1885), 246. — Essais de la chaudière *Herreschoff* à bord d'une canonnière espagnole, LXV (1880), 451. — Chaudière *Rikker*, LXIII (1879), 753.

CHAUFFE : Chauffe avec du bois de diverses essences, LXXXI (1884), 241. — Chauffe des chaudières avec de la soude caustique, LXXXI (1884), 499.

HUILES : Huiles minérales employées pour les machines, LXXII (1882), 479 ; LXXIII (1882), 85. — Expériences sur les huiles de graissage, LXIII (1879), 755.

PROPULSEURS : Pouvoir giratoire des navires, LXV (1880), 561. — Expériences de giration des paquebots à hélice, LXII (1879), 480. — Calculs des propulseurs hélicoïdaux, LXV (1880), 580 ; LXVII (1880), 352. — Propulsion des navires à coques jumelles, LXIII (1879), 16. — Comparaison des navires au point de vue propulsif, LXXXVI (1885), 459. — Forme et dimensions des hélices propulsives, LX (1879), 201. — Effet de la courbure de la génératrice et de la directrice dans le travail des hélices, LXIX (1881), 605. — Centre de gravité et moment d'inertie de la surface hélicoïdale, LXXII

(1882), 71. — Hélices simples et hélices jumelles, LXI (1879), 155. — Hélices jumelles : nouvelle disposition proposée, LXXXVI (1885), 698. — Expériences de M. *Griffiths* sur la position des hélices, LXI (1879), 654 ; LXIII (1879), 276. — Hélice propulsive système *Armit*, LX (1879), 203. — L'hélice *Liardet*, LXXI (1881), 410. — Note sur le propulseur de *Bay*, LXI (1879), 425 ; LXIII (1879), 517 ; LXVII (1880), 632. — Le propulseur *Mallory*, LX (1879), 204 ; LXII (1879), 777 ; expériences en Angleterre, LXVIII (1881), 230. — Hélices concentriques du *Dua*, yacht anglais, LX (1879), 193. — Hélices de l'*Iris*, LX (1879), 509.

VAPEUR : Appareil d'échappement silencieux de la vapeur (système *Justice*), LXIII (1879), 274. — Production instantanée de la vapeur, XCV (1887), 362.

Mackie : Son opinion sur le cuirassement des navires, LXIII (1879), 345, 349.

Mackrow (G.-C.) : Propulsion des navires à coques jumelles, LXIII (1879), 16.

Madagascar (Souvenirs de), (1868-69), LXVIII (1881), 619 ; LXIX (1881), 48, 404 ; LXX (1881), 77. — Notes sur Madagascar, LXXV (1882), 72 ; LXXVI (1883), 596 ; LXXX (1884), 310 ; LXXXI (1884), 115 ; LXXXIII (1884), 183 ; LXXXVII (1885), 561 ; XCV (1887), 369 ; XCVI (1888), 63. — Son commerce avec Maurice, LXXXII (1884), 510. — Notice sur Sainte-Marie de Madagascar, LXXVII (1883), 394. — Mines de Madagascar, LXXXI (1884), 579. — Mahanoro (côte de Madagascar), LXXXIV (1885), 512. — Abrégé de la grammaire malgache, LXXXV (1885), 288. — Le cyclone du 25 février 1885 à Tamatave, LXXXV (1885), 488. — La fête du Bain à Madagascar, LXXXV (1885), 730. — Les passeports malgaches, LXXXVI (1885), 708. — Ressources de Madagascar au point de vue de l'immigration, LXXXIX

(1886), 381. — Ouragans, XCVI (1888), 458.

Maddalena, île italienne : ses fortifications, XCIX (1888), 161.

Magdala, garde-côtes anglais, LXVIII (1881), 303.

Magellan, transport français, LXXXII (1884), 490.

Magenta, cuirassé français, LXVII (1880), 626.

Magicienne, croiseur anglais : son lancement, XCVIII (1888), 188.

Magnac (H. de), lieutenant de vaisseau : Le navisphère, instrument nautique, LXI (1879), 598. — Étude sur la marche et la conduite des chronomètres, LXXI (1881), 526.

Magnétisme : Les courants d'Ampère, LXII (1879), 640 ; préexistence de ces courants dans le fer doux, LXIV (1880), 636. — Régularisation des compas au moyen du fer doux, LXIX (1881), 554 ; LXX (1881), 159. — Compensateurs magnétiques circulaires ou annulaires pour la correction des boussoles et des compas, LXIX (1881), 461. — Notes sur le magnétisme et sur la compensation des compas, LXXV (1881), 432, 505 ; LXXVI (1883), 78. — Note sur les phénomènes de mécanique moléculaire, LXXVI (1883), 495. — Phénomènes de l'induction électro-magnétique, LXXVIII (1883), 163. — Influence du magnétisme sur les chronomètres, LXXXVIII (1886), 5. — Essai sur le magnétisme terrestre, LXXVII (1883), 662. — Magnétisme terrestre en Islande, LXXXI (1884), 387. — Voy. *Électricité*, *Météorologie*.

Magpie, canonnière anglaise ; son lancement, XCVII (1888), 361.

Mahanoro (Côte Est de Madagascar), LXXXIV (1885), 512.

Mahmudieh, cuirassé turc, LXIX (1881), 387.

Mahopac, monitor cuirassé américain, LXXI (1881), 309.

Maine, croiseur protégé américain, XCVII (1888), 565.

Maitland (colonel), directeur de

l'arsenal de Woolwich : Les canons de gros calibre en 1884, LXXXIII (1884), 28. — Son canon à portée de 12 milles, XCVII (1888), 566.

Majestic, cuirassé anglais, LXVIII (1881), 52.

Makri, LXXX (1884), 420.

Malabar, transport anglais, XCIV (1887), 207.

Malacca (Notice sur les établissements anglais du détroit de), LXXIV (1882), 273.

Malapert, lieutenant de vaisseau : Régulateur gyrométrique pour machines à vapeur, LXV (1880), 452. — L'instrument de M. *Neumayer* pour l'étude de la déviation des compas, LXV (1880), 455. — Les sondeurs à l'exposition scientifique de Londres, LXV (1880), 457. — Expériences de M. *Froude* sur la résistance des bâtiments, LXV (1880), 638. — Les instruments de météorologie à l'exposition scientifique de Londres, LXV (1880), 656. — Systèmes de bigues de MM. *Day* et *Summer*, LXV (1880), 647. — Le loch *Reynold*, LXV (1880), 653. — Trompette *Holme* pour signaux, LXV (1880), 655. — Dimensions des unités électriques en fonction des unités fondamentales, LXXIII (1882), 590 ; LXXIV (1882), 103, 285. — Notes sur le magnétisme et sur la compensation des compas, LXXV (1882), 432, 505 ; LXXVI (1883), 78. — Application de l'électricité à l'étude de la résistance des carènes, LXXXI (1884), 273. — Rose à relèvements destinée à faciliter la correction mécanique des compas, LXXXVIII (1886), 71. — La torpille *Brennan*, XCVI (1888), 96.

Malcor (E.), capitaine de vaisseau : Les établissements d'instruction de la marine autrichienne, LXI (1879), 63. — Le calcul géométrique, LXXVI (1883), 735 ; LXXVII (1883), 44 ; LXXVIII (1883), 416 ; LXXXI (1884), 653 ; LXXXII (1884), 149, 483 ; LXXXIII (1884), 376, 880.

Malgache (Grammaire), LXXXV (1885), 288.

Mallarmé, capitaine de vaisseau :

Les pêches maritimes de 1869 à 1878, LXVIII (1881), 259, 536 ; LXIX (1881), 18 ; LXX (1881), 59 ; LXXI (1881), 110 ; LXXIII (1882), 366 ; LXXIV (1882), 387 ; LXXV (1882), 98.

Maillé (A.), capitaine d'artillerie de la marine : Transmission du travail à distance par l'électricité, LXXXIX (1886), 374.

Mallory, colonel américain : Son propulseur, LX (1879), 204 ; LXII (1879), 777 ; expériences en Angleterre, LXVIII (1881), 230.

Malouines (Iles), LXVIII (1881), 220 ; LXXX (1884), 491.

Malte (Destruction des torpilles fixes à), XCI (1886), 192 ; XCVII (1888), 166. — Voy. *Pêches*.

Manceron (L.), lieutenant de vaisseau : Hélices simples et hélices jumelles, LXI (1879), 155.

Manche : ses ports, LXXXIX (1886), 33.

Manchester (Le canal de), XVC (1887), 361.

Mandjoor, canonnière russe, XCIV (1887), 387.

Mandovi, canonnière portugaise : sa mise à l'eau, LXIII (1879), 513.

Mandshur, croiseur russe : son lancement, XCII (1887), 176.

Manhattan, monitor cuirassé américain, LXXI (1881), 309.

Mann (J.) : son canon, LXXXI (1884), 743.

Manœuvres *de la flotte allemande :* en 1879, LXIV (1880), 160 ; en 1884, LXXXI (1884), 475 ; résultats, LXXXIII (1884), 285 ; en 1886, XCI (1886), 179. — Exercices de débarquement, LXXXII (1884), 500. — Exercices des mécaniciens, LXXXVII (1885), 658.

De l'escadre anglaise : en 1885, LXXXVI (1885), 665 ; en 1886, XCI (1886), 61 ; en 1887, XCV (1887), 165 ; revue navale de Spithead, XCIV (1887), 381, 588 ; en 1888, XCVII (1888), 159 ; préparatifs, XCVII (1888), 361 ; XCVIII (1888), 180, 521 ; ordre du jour du vice-amiral Baird, XCIX

(1888), 148 ; conclusions tirées de ces manœuvres, XCIX (1888), 151.

De l'escadre autrichienne : en 1884, LXXXII (1884), 498 ; en 1885, LXXXVI (1885), 682.

De l'escadre brésilienne : en 1885, LXXXVIII (1886), 282.

De la flotte italienne : en 1885, LXXXVIII (1886), 138 ; en 1887, XCV (1887), 173 ; en 1888, XCVIII (1888), 349 ; XCIX (1888), 552. — Exercices à la Spezia, LXXVI (1883), 220 ; LXXVII (1883), 823.

De la flotte russe, LXXXIII (1884), 237 ; en 1888, XCIX (1888), 347 ; revue de la mer Noire, XCVIII (1888), 531.

Voy. *Artillerie*.

Mansourah, LXXIX (1883), 168.

Marathon, croiseur anglais : son lancement, XCIX (1888), 158.

Marceau, cuirassé français, LXVII (1880), 626 ; LXXX (1884), 713.

Marcel (G.), bibliothécaire à la bibliothèque nationale : Expédition à la recherche de Lapérouse, XCIX (1888), 109.

Marchal (M.), sous-ingénieur de la marine : Les récits du combat d'Angamos et les avaries du *Huascar*, LXVI (1880), 420. — Sur l'action de déformation du choc comparée à celle d'un effort continu, LXXIV (1882), 229. — Rapport du comité de la marine des États-Unis chargé d'étudier la réorganisation de la flotte, LXXX (1884), 379.

Marcq de Saint-Hilaire, vice-amiral (Détermination d'une droite de hauteur par la méthode), LXXXVIII (1886), 102.

Marées : Indicateur électrique de marée, LXVII (1880), 287. — Théorie des marées telle qu'elle est établie dans la mécanique céleste de *Laplace*, LXXXV (1885), 116, 419, 687. — Les marées de la Charente, LXXXIX (1886), 132.

Margry (P.) : Une famille dans la marine au XVIIIᵉ siècle (1692-1789) : les Beaussier, LXII (1879), 395, 640 ;

LXIII (1879), 205 ; LXVII (1880), 314; LXVIII (1881), 92. — Recherches sur les origines françaises des pays d'outre-mer : *Béthencourt* et *G. de La Salle* aux Canaries, LXIV (1880), 349, 488.

Marguerye (O. de), lieutenant de vaisseau : Voy. *les tables des tomes* LX et LXI.

Maria-Pia, cuirassé italien, LXX (1881), 489.

Marie, corvette allemande, LXXI (1881), 410.

Marielle (J.), inspecteur général du génie maritime : Rapport sur les avaries de machine de l'*Océan*, LXXII (1882), 419.

Marine marchande. GÉNÉRALITÉS : Statistique des navires à voile et à vapeur des marines marchandes du monde en 1878-79, LXI (1879), 222 ; en 1879-80, LXVII (1880), 640 ; en 1883-84, LXXX (1884), 733 ; en 1884-85, LXXXIV (1885), 249 ; en 1885-86, LXXXVII (1885), 455. — Les marines marchandes étrangères, de 1840 à 1883, LXXXII (1884), 743. — Pouvoir réglementaire en ce qui concerne la police de la circulation dans la partie maritime des fleuves, rivières et canaux, LXXXVI (1885), 644. — Rapport sur les progrès du commerce des régions d'Europe et d'Asie mises en relations par le percement du canal de Suez, LXII (1879), 139.

ALLEMAGNE : Effectif de la marine marchande, LXV (1880), 449. — Loi concernant l'obligation pour les navires de commerce allemands de rapatrier les gens de mer délaissés, XCVII (1888), 342, 469.

ANGLETERRE : La marine marchande, LXV (1880), 23, 493 ; LXVI (1880), 16 ; LXVII (1880), 76, 367 ; LXXXII (1884), 743. — Commerce et navigation du port de Sunderland en 1878, LXII (1879), 794. — Commerce et navigation du port de Dundee en 1878, LXIII (1879), 778. — Les taxes locales, LXXVI (1883), 228. — L'assurance sur fret, LXII (1879), 358. — La question des transports, LXII (1879),

225. — *Les marins étrangers en Angleterre*, XC (1886), 325. — *Les veuves et les orphelins des marins du commerce*, XCIX (1888), 346. — *Tonnage de ses navires à vapeur en 1878*, LXII (1879), 508. — *La flottille de l'Irrawaddy*, LXI (1879), 633.

AUTRICHE : Ordonnance relative aux règles à observer par les navires de commerce vis-à-vis des navires de guerre, LXXXIX (1886), 357. — Navigation de la Dalmatie en 1877, LXIII (1879), 296.

CHINE : Création d'une marine de commerce chino-annamite sous la protection de la France, LXXXIX (1886), 281.

ÉTATS-UNIS : Statistique de la marine marchande du Canada en 1878, LXII (1879), 508. — Bon marché des transports aux États-Unis, LXIII (1879), 775.

FRANCE : Tableau des mouvements du cabotage en 1877, LXI (1879), 438 ; en 1878, LXV (1880), 236 ; en 1879, LXVIII (1881), 652. — Navigation de l'Algérie en 1877, LXI (1879), 444 ; en 1878, LXV (1880), 241 ; en 1879, LXVIII (1881), 657. — La navigation commerciale en 1877, LX (1879), 239 ; en 1878, LXIII (1879), 775. — Les progrès de la marine à vapeur et l'amélioration de nos ports : Le Havre, LXIII (1882), 501. — Navigation des colonies avec la métropole, en 1882, LXXX (1884), 490. — Les nouveaux paquebots-poste de la Compagnie générale transatlantique, LXXXIX (1886), 64. — Inauguration des services postaux à grande vitesse entre Paris, le Havre et New-York, XC (1886), 156.

GRÈCE : Mouvement commercial et maritime du port de Sainte-Maure de 1873 à 1877, LXIV (1880), 175. — Commerce et industrie de l'île de Rhodes et des Sporades en 1878, LXIV (1880), 178.

HOLLANDE : Navigation des ports d'Amsterdam et du Helder, LXII (1879), 246.

ITALIE : Sa marine marchande, XC (1886), 92 ; LXXVI (1883), 760.

OCÉANIE : *Mouvement commercial et maritime des îles Sandwich en 1884*, LXXXVIII (1886), 357.

RUSSIE : Navigation de la mer Caspienne en 1878, LXII (1879), 794.

TUNISIE : Caboteurs et pêcheurs de la côte de Tunisie, LXXXII (1884), 5.

Voy. *Constructions navales : navires de commerce, Navigation, Ports.*

Marines militaires : Leur état au 1er janvier 1879, LXV (1880), 632. — De la proportion des officiers embarqués dans les marines française et anglaise, LXXIX (1883), 719.

ALLEMAGNE : Développement de sa marine militaire de 1873 à 1883, LXXX (1884), 249.

ADMINISTRATION : Réorganisation de l'Amirauté, XCIX (1888), 345.

MATÉRIEL : Dictionnaire de ses cuirassés, LXVIII (1881), 597 ; de ses croiseurs et avisos, LXXI (1881), 593. — Valeur et importance des cuirassés, LXIX (1881), 450. — Coup d'œil sur sa marine en 1882, LXXV (1882), 469 ; en 1884, LXXXI (1884), 234 ; en 1886, XCII (1887), 368. — Nouvelle classification des navires, LXXXIV (1885), 509.

PERSONNEL : Le personnel et le développement de sa marine, LXI (1879), 461, 633 ; LXIV (1880), 5. — Dispositions de l'Amirauté au sujet des aspirants, LXII (1879), 228. — Recrutement des officiers de la marine, LXXXVI (1885), 202. — Création d'un corps d'ingénieurs-torpilleurs en Allemagne, LXII (1879), 757 ; LXIII (1879), 281. — Augmentation de l'effectif de la flotte à la suite de la mobilisation de 1884, LXXXIII (1884), 235. — Réorganisation des divisions de Chantiers et des Abtheilungen de matelots-canonniers, LXXXII (1884), 499. — Les mécaniciens de la flotte, LXXXVII (1885), 658. — Uniformes, LXXXVIII (1886), 337. — Costume de nageur adopté dans la flotte, XCIX (1888), 346.

ANGLETERRE : *Opinion de l'amiral Symonds sur la flotte*, LXXVI (1883),

38. — Opinion de lord Brassey, LXXVI (1883), 475 ; LXXXVI (1885), 484 ; LXXXVII (1885), 644. — Succès d'une invasion en Angleterre, XCVIII (1888), 339. — Transport d'une armée à travers la Manche, XCVIII (1888), 176.

ADMINISTRATION. — ORGANISATION : L'Amirauté, LXXXIII (1884), 223 ; XCII (1887), 175 ; XCIII (1887), 444 ; ses réformes, XCV (1887), 172 ; XCVI (1888), 370 ; ses responsabilités, XCVIII (1888), 340 ; ses déclarations, XCIX (1888), 599. — Conseils de guerre de la marine, LXI (1879), 413. — Organisation de la marine, LXXI (1881), 403. — Le collège de Greenwich, LXXVII (1883), 692. — Service médical, LXXX (1884), 221 ; XCVIII (1888), 341.

MATÉRIEL : Dictionnaire de ses cuirassés, LXVIII (1881), 5, 290 ; de ses croiseurs et avisos, LXXI (1881), 564. — Nouvelle flotte de croiseurs, XCIII (1887), 215. — Réserves navales, LXXVII (1883), 813 ; XCVIII (1888), 180. — Défense navale, XCVIII (1888), 178. — Nouvelle organisation des divisions navales, XCIX (1888), 601. — Réception des approvisionnements dans les arsenaux, XCVIII (1888), 182. — État de protection des arsenaux, XCVIII (1888), 529. — État de sa marine en 1883, LXXX (1884), 481, 719 ; en 1884, LXXXI (1884), 472 ; LXXXIV (1885), 192 ; en 1885, LXXXVII (1885), 182. — Marine de l'Inde, LXXX (1884), 483. — Escadre du canal, LXXXVII (1885), 229. — Division volante d'instruction, LXXXVII (1885), 425. — Ses transports pour l'expédition d'Égypte, LXXV (1882), 615 ; LXXXV (1882), 619. — Service des transports maritimes, LXXVII (1883), 818. — Économie intérieure d'une flotte moderne, XCIV (1887), 384. — Pavillons, LXX (1881), 316.

PERSONNEL : Conditions d'engagement dans la marine, LXXXIV (1885), 509. — Proportion des officiers embarqués en France et en Angleterre, LXXIX (1883), 719. — Concordance des divers grades dans la marine et l'armée anglaises, LXXX (1884), 224. — Le personnel de sa marine en 1879, LXIII (1879), 749. — Le personnel et le service à bord, LXXIV (1882), 429 ; LXXV (1882), 17. — Solde des officiers mécaniciens, LXXVI (1883), 761. — Les mécaniciens de la marine en 1883, LXXX (1884), 213. — Instruction militaire des chauffeurs, LXXXIX (1886), 572. — Mineurs sous-marins pour la défense des côtes, XCII (1887), 546. — Organisation du comité de la grosse artillerie, LXI (1879), 427. — Les volontaires de l'artillerie de la marine, LXXII (1879), 489 ; LXXXVIII (1886), 167. — Personnel administratif des arsenaux, LXII (1879), 226. — Officiers de réserve, XCV (1887), 353. — Aspirants faisant le quart dans les machines et volontaires marins dans la milice, XCVII (1888), 362. — Officiers spéciaux pour la flotte coloniale, XCVII (1888), 363. — Certificats de spécialité aux lieutenants, XCIX (1888), 153 ; les sous-lieutenants, 154. — Le *Naval Volunteer home defence association*, XCIX (1888), 160. — Uniformes, LXXVI (1883), 217.

ARGENTINE (République) : Ses forces navales en 1879, LXII (1879), 758. — Dictionnaire de ses cuirassés, LXXI (1881), 316.

AUTRICHE : ADMINISTRATION ET ORGANISATION : Ses établissements d'instruction, LXI (1879), 63. — Création d'un comité technique de la marine, LXXXVII (1885), 426. — Ordonnance relative aux règles à observer par les navires de commerce vis-à-vis des navires de guerre (10 nov. 1885), LXXXIX (1886), 357.

MATÉRIEL : Dictionnaire de ses cuirassés, LXIX (1881), 477 ; de ses croiseurs et avisos, LXXI (1881), 607.

BRÉSIL : Dictionnaire de ses cuirassés, LXXI (1881), 325.

BULGARIE : Sa flottille, LXXXII (1884), 739.

CHILI : État de sa flotte en 1878, LXI (1879), 638 ; en 1879, LXIII

(1879), 514. — Dictionnaire de ses cuirassés, LXXI (1881), 320.

CHINE : Sa flotte en 1879, LXIV (1880), 165. — Une division navale, XCV (1887), 357. — Pavillons, LXXXII (1884), 742.

DANEMARK : Sa flotte en 1878, LXI (1879), 418, 636 ; réorganisation, LXVII (1880), 628. — Dictionnaire de ses cuirassés, LXXI (1881), 178.

ESPAGNE ; Matériel : Dictionnaire de ses cuirassés, LXXI (1881), 149. — Réorganisation de la flotte, LXXXII (1884), 248 ; XC (1886), 177. — Promulgation de la loi fixant le programme de la flotte, XCII (1887), 559. — Reconstitution de la flotte, XCVI (1888), 564. — Bâtiment d'instruction des gardes marines, LXXXVIII (1886), 838.

Personnel : Conditions d'avancement des officiers, LXXXIII (1884), 562. — Réorganisation de l'infanterie de marine en 1886, XCI (1886), 180.

ÉTATS-UNIS : Administration et Organisation : Rapport du secrétaire d'État de la marine sur les opérations de son ministère en 1877, LXII (1879), 228. — Rapport fait au congrès par le secrétaire d'État pour la marine, XCVI (1888), 381. — Organisation de l'École navale, LXXVIII (1883), 501. — Le collège naval de guerre, XCVI (1888), 383. — Nouveau règlement pour l'Académie navale, XCVII (1888), 564. — La justice maritime, XCVIII (1888), 346.

Matériel : État de sa marine en 1879, LX (1879), 508 ; en 1885, LXXXVIII (1886), 342. — Dictionnaire de ses cuirassés, LXXI (1881), 305 ; de ses croiseurs et avisos, LXXI (1881), 618. — Rapport du comité de la marine chargé d'étudier la réorganisation de la flotte, LXXX (1884), 379. — Reconstitution de la flotte, XCI (1886), 409. — Nouveaux bâtiments de guerre, XCIV (1887), 592. — Accroissement de la flotte, XCVIII (1888), 345. — Projet de réserve navale, XCVI (1888), 386.

Personnel : Admission d'officiers par examen direct, XCVII (1888), 363.

FRANCE : Guerre maritime et ports militaires de la France, LXXIII (1882), 5. — La marine et la protection de l'enfance, LXXXVI (1885), 223.

Administration et Organisation : L'administration centrale de la marine avant 1793, LXI (1879), 148. — L'administration centrale actuelle, LXXXVIII (1886), 412. — Mission et organisation générale du service de la marine, LXII (1879), 674 ; LXIII (1879), 137, 488. —L'inscription maritime, LXIV (1880), 107, 257. —Législation et administration du recrutement, LXIII (1879), 690. — Répartition des recrues, LXXIII (1882), 440 ; LXXIV (1882), 335, 477. — Dette personnelle des citoyens envers l'état, LXIV (1880), 107, 257. — Conseils de guerre et Justice maritime, LX (1879), 529 ; LXI (1879), 47. — Suppression de la caisse des invalides de la marine, LXXII (1882), 237. —Approvisionnements, LXXXI (1884), 564 ; LXXXII (1884), 93. — Subsistances, LXXXII (1884), 437. — Hôpitaux, LXXXII (1884), 689. — Acquisitions des immeubles, LXXXIII (1884), 98. — Le contrôle de la marine, XCI (1886), 226. — Comptabilité de la guerre et de la marine, LXXII (1882), 5, 439. — Comptabilité du matériel de la marine, LX (1879), 145, 458. — Comptabilité des matières, LXXX (1884), 552 ; LXXXI (1884), 60. — Quelques mots sur la comptabilité de la marine, XCI (1886), 136.

Administration des colonies, LXII (1879), 29 ; LXX XVIII (1886), 412.

Matériel : Étude sur le matériel de la marine, LXXII (1882), 391. — Nos arsenaux maritimes, LXXIII (1882), 146. — Classification des navires de la flotte, LXXXIII (1884), 221. — La rine au Niger, XCIX (1888), 504.

Personnel : LX (1879), 288, 759 ; LXI (1879), 179 ; LXIV (1880), 557 ; LXV (1880), 148, 398 ; LXXIX (1883), 363, 667 ; LXXX (1884), 92, 358. — Personnel ouvrier : LXXXI (1884), 292. — Équipages de la flotte : LXXXIII (1884), 387, 740. — Historique sur le

matelot-canonnier et le navire-école de canonnage (1627-1882); LXXXIV (1885), 139, 349. — Importance administrative du régiment d'artillerie de la marine en 1885, LXXXVIII (1886), 325. — Apprentis fusiliers du régiment de Lorient, XCV (1887), 5. — De la proportion des officiers embarqués en France et en Angleterre, LXXIX (1883), 719. — Institutions de prévoyance à l'usage des officiers des armées de terre et de mer, LXXIX (1883), 415. — La marine et les troupes coloniales en Cochinchine, LXXXIII (1884), 352.

GRÈCE : Dictionnaire de ses cuirassés, LXXI (1881), 160. — Sa marine pendant la guerre de l'indépendance, LXX (1881), 109.

HOLLANDE : Dictionnaire de ses cuirassés, LXXI (1881), 165. — Réorganisation de sa marine, LXXXI (1884), 238.

ITALIE : *Maris imperium obtinendum*, LXXVII (1883), 561.

Administration : Conseil supérieur de la marine, LXVII (1880), 628. — L'Académie navale, LXXIV (1882), 409.

Matériel, LXXXV (1885), 722. — Ses grands cuirassés, LXII (1879), 757; LXVIII (1881), 643. — Dictionnaire de ses cuirassés, LXX (1881), 485; de ses croiseurs et de ses avisos, LXXI (1881), 612. — Considérations sur ses grands navires, LXXVI (1883), 400. — Navires de guerre, LXXXV (1885), 5. Réserve navale, LXXXVII (1885), 189. — État de sa flotte en 1888, XCVI (1888), 560; XCIX (1888), 552; son développement, XCVIII (1888), 348. — Acquisition de croiseurs auxiliaires, XCVIII (1888), 531. — Sa marine et la défense de ses côtes, LXV (1880), 610.

Personnel : Son personnel en 1880, LXVI (1880), 181. — Proportion des officiers de marine, LXXVIII (1883), 73. — L'avancement dans sa marine, LXXVIII (1883), 273. — Création d'un chef d'état-major permanent, LXXXI (1884), 734; LXXXII (1884), 25; son embarquement, LXXXVII (1885), 427. — Projet d'institution d'un service auxiliaire pour les officiers de la marine, LXXXII (1884), 497. — Loi sur le service auxiliaire, LXXXVI (1885), 674. — Projet d'organisation d'une réserve navale, LXXXII (1884), 494. — Loi sur la réserve navale, LXXXVI (1885), 671. — Ses mécaniciens, LXXXIX (1886), 364.

JAPON : État de sa flotte en 1878, LXI (1879), 419; en 1880, LXVI (1880), 186. — Dictionnaire de ses cuirassés, LXXI (1881), 312.

NORVÈGE : Organisation de sa marine, LXXXII (1884), 597. — Dictionnaire de ses cuirassés, LXXI (1881), 191.

PÉROU : État de sa marine en 1878, LXI (1879), 638; en 1879, LXIII (1879), 513. — Dictionnaire de ses cuirassés, LXXI (1881), 318.

PORTUGAL : Dictionnaire de ses cuirassés, LXXI (1881), 158.

RUSSIE : Organisation : Réorganisation de sa marine, LXII (1879), 227; LXXVI (1883), 757; LXXXIV (1885), 230.

Matériel, LXXXV (1885), 717. — Dictionnaire de ses cuirassés, LXVIII (1881), 597; LXIX (1881), 191; de ses croiseurs et de ses avisos, LXXI (1881), 600. — Développement de sa flotte depuis la guerre de Crimée, LXXXI (1884), 148. — État de sa marine en 1878, LX (1879), 196; LXI (1879), 215; en 1882, LXXVI (1883), 218, 245; en 1884, LXXXI (1884), 239; en 1885, LXXXVII (1885), 195, 659. — Sa flotte de la Baltique en 1879, LXII (1879), 226. — Sa flotte de la mer Noire, LXI (1879), 413; LXII (1879), 755; LXXXII (1884), 559; LXXXIV (1885), 762. — Projet de réorganisation de la flotte, LXII (1879), 227. — Nouveaux navires, LXXVI (1883), 219. — Nouveau transport, LXXVI (1883), 220. — Armement de ses croiseurs de station, LXXXV (1885), 221. — Flotille de canonnières pour l'Amour, LXXXVIII (1886), 168.

Personnel : Sa flotte volontaire, LX (1879), 197. — Discours du capitaine Zélényi sur la formation d'une marine

volontaire, LXI (1879), 88. — Flotte patriotique, LXXXVII (1885), 659.

SUÈDE : Organisation de sa marine, LXXXV (1885), 598. — Nouveaux navires de guerre, LXVI (1880), 178. — Programme de sa flotte, LXXXI (1884), 476. — Dictionnaire de ses cuirassés, LXXI (1881), 189. — Pavillon, LXX (1881), 474.

TURQUIE : Dictionnaire de ses cuirassés, LXIX (1881), 383.

Voy. *Artillerie*, *Budget* et *Constructions navales des diverses puissances*.

Marion, croiseur américain, LXXI (1881), 620.

Markham : Sa croisière arctique, LXIII (1879), 522.

Maroc : Voy. *Pêches*.

Marojo, canonnière cuirassée brésilienne, LXXXIX (1886), 563.

Maroni : Voy. *Colonies françaises*.

Marraud, lieutenant de vaisseau : Voy. *la table au tome* LX.

Mars, vaisseau-école d'artillerie allemand, LXV (1880), 447.

Marseille (Inventaire des archives de la marine à), XCIII (1887), 549 ; XCIV (1887), 248, 510.

Marsouin, croiseur-torpilleur anglais, XC (1886), 536.

Martell, membre du conseil du Lloyd anglais : Rapport sur l'acier employé à la construction des navires, LX (1879), 727. — Son opinion sur l'emploi de l'acier dans les constructions navales, LXII (1879), 233.

Martial (A.), capitaine de frégate : *Mission scientifique en Laponie*, LXXII (1882), 56. — Les îles Malouines, LXXX (1884), 491. — *Mission du cap Horn (1882-83)*, XCVIII (1888), 248, 448 ; XCIX (1888), 23, 273.

Martin (Ch.), enseigne de vaisseau : Influence des courants généraux de l'Atlantique sur la navigation à vapeur, LXV (1880), 5.

Martin de Brettes : Les lois de la perforation des plaques de blindage en fer forgé, LXXXIX (1885),

238. — La télégraphie optique, LXXXVII (1885), 88, 403, 671.

Martinique : Notice, LXIX (1881), 260, 536 ; LXX (1881), 176 ; LXXVII (1883), 303. — Gouvernement de M. de Vaugiraud (1814-1818), LXVI (1880), 311.

Massabi, canonnière portugaise, XCI (1886), 188.

Massawa, LXXIX (1883), 179.

Masseau (A.), commis du commissariat : Les ronzinelli, commerce des vieux filets, LXXII (1882), 109.

Matador, monitor cuirassé hollandais, LXXI (1881), 177.

Matelas de sauvetage (système *Petersen*), LXII (1879), 784.

Matelots-Canonniers : Voy. *Artillerie*, *Marine militaire de la France : personnel*.

Matériel de la marine française (Études sur le), LXXII (1882), 391.

Matériel naval. — Voy. *Constructions navales et Marines militaires des diverses puissances*.

Mathématiques : Questions d'analyse comprises au programme de l'École navale, LXV (1880), 359. — Valeurs particulières de K, LXIX (1881), 41, erratum, 667. — Le calcul géométrique, LXXVI (1883), 735 ; LXXVII (1883), 44 ; LXXVIII (1883), 416 ; LXXXI (1884), 653 ; LXXXII (1884), 149, 483 ; LXXXIII (1884), 376, 380.

Mâture : Mâture de l'*Inflexible*, LXIII (1879), 544.

Maupeou (L. de), ingénieur de la marine : Abordages et cloisons étanches, LXXVIII (1883), 485.

Maurel (E.), médecin de la marine : De la répartition des recrues dans la marine, LXXIII (1882), 440 ; LXXIV (1882), 335, 477.

Maurice (Ile) : *Lois sur l'immigration et sur le travail à Maurice*, LXI (1879), 579 ; LXII (1879), 96, 283, 711. — Notice, LXXIV (1882), 504. — Ses pêches maritimes, LXXV (1882), 101. — Son commerce avec Madagascar, LXXXII (1884), 510. — L'immigration indienne à Maurice, 511.

Maxim (H.-S.) : Mitrailleuses et fusils automatiques, LXXXIII (1884), 564. — Nouvelle mitrailleuse, XCVIII (1888), 349. — Fusion des compagnies Nordenfelt et Maxim, 533.

Mayen : Voy. *Jan-Mayen.*

Mayotte (Notice sur), LXXVII (1883), 461.

Méan (de) : Voy. *Vauvert.*

Mécaniciens (les) de la marine anglaise en 1883, LXXX (1884), 213. — Exercices des mécaniciens de la flotte allemande, LXXXVII (1885), 658. — Les mécaniciens de la marine italienne, LXXXIX (1886), 364.

Mécanique : Note sur les phénomènes de mécanique moléculaire, LXXVI (1883), 495. — Progrès de la mécanique en Chine, LXXVIII (1883), 286. — La force du vent emmagasinée, XCVIII (1888), 356.

Medea, croiseur anglais : son lancement, XCVIII (1888), 351.

Médecine : Le service médical dans la marine anglaise, LXXX (1884), 221 ; XCVIII (1888), 341. — Aperçu sur l'histoire de la médecine au Japon, LXXXI (1884), 606. — Rapport sur l'épidémie cholérique de la Guadeloupe en 1865-1866, LXXXIV (1885), 433, 700, 797 ; LXXXV (1885), 155, 321, 648 ; LXXXVI (1885), 121, 383.

Médinet-el-Fayoum, LXXIX (1883), 170.

Méditerranée (L'Angleterre dans la), LXXXIII (1884), 261. — Chemin de fer de la Méditerranée aux Indes, LXIX (1881), 570.

Medusa, croiseur anglais : lancement, XCIX (1888), 158.

Mehallet-el-Kébir, LXXIX (1883), 163.

Mékong : Rapport sur le passage de ses rapides, LXXXVIII (1886), 462 ; XCIII (1887), 499.

Melaouy, LXXIX (1883), 173.

Mélinite (Essais de tir avec obus à la), XCVIII (1888), 533.

Melpomène, croiseur anglais : son lancement, XCIX (1888), 353.

Ménard (G.) : La Guyane française, LXXX (1884), 202.

Mendoza, paquebot anglais à hélice : ses essais, LXIV (1880), 400.

Memphis, LXXIX (1883), 170.

Menzalèh, LXXIX (1883), 166.

Meppen : Voy. *Artillerie : expériences.*

Mercure (Horizon à) : Voy. *Astronomie.*

Mercury, croiseur anglais, LXI (1879), 413 ; ses essais, LXIII (1879), 266 ; LXXI (1881), 593.

Méridien : Adoption projetée d'un premier méridien, LXXXIII (1884), 5.

Mers (Grandes profondeurs des différentes), LXXXIII (1884), 579. Voy. *Hydrographie.*

Mersey (Fort cuirassé de la), LXIII (1879), 520.

Mersey, croiseur protégé anglais, LXXXV (1885), 463 ; ses essais, XCVI (1888), 379.

Mésopotamie (Voyage en) du commandant *Lovett-Cameron* au point de vue spécial d'un projet de chemin de fer de la Méditerranée aux Indes, LXIX (1881), 570.

Messager naval Vanderberg, LXXI (1881), 208.

Messudieh, cuirassé turc, LXIX (1881), 390.

Mesures : Délimination du rivage de la mer et mesurage des pas géométriques dans les colonies françaises, LXXXIX (1886), 209.

Métaline (La), LXVII (1880), 285.

Métallurgie : Emploi de l'acier dans les constructions navales, LX (1879), 727 ; LXI (1879), 639 ; LXII (1879), 230 ; LXIII (1879), 385. — Les cuirasses d'acier XCII (1887), 178. — Nouveau système de préservation pour les carènes en fer ou en acier, XCVI (1888), 189 ; XCVIII (1888), 354. — Expériences faites en Angleterre sur les tôles d'acier pour la construction des chaudières et des navires (*suite et fin*), LX (1879), 380, 727. — Expériences sur la corrosion du fer et de l'acier,

au point de vue de leur emploi dans la construction des chaudières marines, LXXXIX (1886), 573. — Le fer et l'acier pour l'artillerie, LXII (1879), 571. — Métaux employés dans la construction des canons, LXV (1880), 103. — Les cuirasses et les projectiles d'acier en Angleterre, XCII (1887), 374. — Fabrication de canons d'acier en Angleterre, LXXXIV (1885), 767. — Procédé nouveau pour la fabrication des canons d'acier, XCVII (1888), 364. — Canons à fils d'aciers, LXXXVI (1885), 303 ; LXXXIX (1886), 564 ; XCVI (1888), 191 ; XCVII (1888), 161 ; XCVIII (1888), 185.

Mételin (Ile), LXXX (1884), 684.

Météorologie : Essais de météorologie, LXIII (1879), 391 ; LXXIX (1883), 114. — Réflexions sur des points de météorologie, LXXIX (1883), 485 ; LXXXI (1884), 283. — Lois des distances astrales ; leurs conséquences pour la météorologie, XCV (1888), 486. — Exposé théorique de la loi de *Buys-Ballot*, LXIX (1881), 525. — Étude et prévision du temps LXVIII (1881), 660. — Dépressions barométriques en Europe de 1877 à 1880, LXVII (1880), 238, 602. — Météorologie du Soudan, LXXIX (1883), 326 ; LXXXIII (1884), 536.

Les ondes atmosphériques, LXIII (1879), 435. — Des deux grandes phases de la circulation annuelle de l'atmosphère, LXIII (1879), 283. — Note sur la circulation générale de l'atmosphère à la surface du globe, LXIV (1880), 172. — Circulation atmosphérique à la surface des océans, LXXII (1882), 75. — Études expérimentales sur les mouvements de l'atmosphère et sur les ondulations de la mer, LXV (1880), 304. — Influence des courants généraux de l'atmosphère sur la navigation à vapeur, LXV (1880), 5.

Grêle, trombes et électricité atmosphérique, LXXIX (1883), 546, LXXXV, (1886), 630. — Note sur les ouragans, LX (1879), 637 ; sur les trombes, LXVII (1880), 430 ; sur la vitesse relative du vent, LXXXVII (1885), 5 ; LXXXVIII (1886), 78. — Guide des manœuvres en cas de cyclone, LXVII (1880), 489. — Recherche sur la variation atmosphérique dans les cyclones, LXXX (1884), 5. — *Loi des cyclones* du commandant *Fournier*, LXXXIV (1885), 386.

Cyclone reçu par le *La Galisonnière* en octobre 1885, près de Yokohama ; LXXXIX (1886), 154. — Typhon du 4 octobre 1880 au Japon, LXVIII (1881), 234. — Les typhons des mers de Chine et du Japon, LXXXII (1884), 330. — Perte de la canonnière anglaise *Wasp* dans un ouragan des mers de Chine, XCVI (1888), 183. — Les cyclones dans le golfe du Bengale, XCII (1887), 266. — Ouragan de juin 1885, dans le golfe d'Aden, LXXXIX (1886), 69 ; XCIII (1887), 177. — Ouragans à Madagascar en 1885, XCVI (1888), 458. — Les cyclones du 25 février 1885 à Tamatave, LXXXV (1885), 488. — Les vents du cap Horn, LXXX (1884), 727. — L'électricité atmosphérique au cap Horn, LXXXI (1884), 245. Une tempête tournante au cap Horn, LXXXVIII (1886), 402.

Observations simultanées et cartes synoptiques au congrès météorologique de Rome, LXIV (1880), 193. — De l'usage à bord des bâtiments d'un tableau indicateur des trois courbes météorologiques, LXVIII (1881), 414. — *Nouvelles cartes de navigation donnant la direction et la force du vent dans l'océan indien*, LXIX (1881), 462. — Instruments de météorologie à l'exposition scientifique de Londres, LXV (1880), 656. — Baromètre à glycérine pour les observations météorologiques, LXV (1880), 656. — Le dromoscope d'ouragan, LXVII (1880), 494. — Le dromoscope, XCIV (1887), 75.

Mexique (canal entre le golfe Saint-Laurent et le golfe du), LXVII (1880), 639.

Miantonomah, monitor américain, LXVII (1880), 267 ; LXXI (1881), 307.

Michelin, commissaire de la marine : De l'importance administrative du régiment d'artillerie de marine en 1885, LXXXVIII (1886), 325.

Miet, capitaine de vaisseau : Rapport sur la campagne de pêche de la station d'Islande en 1884, LXXXIV (1885), 122 ; en 1885, LXXXVII (1885), 547.

Milan, croiseur français, LXXXII (1884), 244.

Milford-Haven : Son grand bassin de carénage, LXIII (1879), 521.

Milices garde-côtes (Les), LXXXVIII (1886), 509 ; LXXXIX (1886), 294.

Min (Combats de la rivière), LXXXIV (1885), 517.

Minerve, frégate française : Notice historique (1778-1884), LXXIII (1884), 93.

Mines de Madagascar, LXXXIII (1884), 579 ; du Laurium, leur exploitation, LXXVIII (1883), 617.

Mineurs : Le corps des mineurs sous-marins volontaires pour la défense des côtes anglaises, XCII (1887), 546.

Miniêh, LXXIX (1883), 171.

Minin, croiseur russe, LXIII (1879), 271 ; LXIX (1881), 199.

Minotaur, frégate cuirassée anglaise, LXVIII (1881), 23.

Miquelon (Ile). — Voy. *Saint-Pierre*.

Miranda, croiseur anglais, LXXI (1881), 585.

Missions scientifiques : Voy. *Voyages*.

Mississipi : Projet de canal coupant la péninsule floridienne, LXI (1879), 447. — Travaux de l'entrée de ce fleuve, LXII (1879), 793. — Bouches et jetées du capitaine *Eads*, LXVI (1880), 5. — Ses bouches, XCVIII (1888), 355.

Mitrailleuse. — Voy. *Artillerie*.

Mizon (L.), lieutenant de vaisseau : Les routes du Congo, LXXXVII (1885), 461.

Mjolner, monitor cuirassé norvégien, LXXI (1881), 192.

Mobilisation. — Voy. *Manœuvres*.

Modeste, croiseur anglais, LXXI (1881), 576.

Mohawk, croiseur - torpilleur anglais, LXXXVII (1885), 649 ; LXXXVIII (1886), 527.

Mohican, croiseur américain, LXXI (1881), 620.

Moisson, capitaine d'artillerie de la marine : Étude spéculative de balistique intérieure, LXXIX (1883), 561 ; Rapport sur l'exposition d'électricité à Vienne, LXXX (1884), 463, 612.

Moltke, croiseur allemand, LXXI (1881), 597.

Monadnock, monitor cuirassé américain, LXXI (1881), 307.

Monarch, cuirassé anglais, LXVIII (1881), 27 ; ses avaries, LXXXV (1885), 716.

Monfalout, LXXIX (1883), 175.

Monnaies : Note en réponse à une pétition de la Chambre de commerce de l'île de la Réunion, LXXV (1882), 623.

Montagnes. — Voy. *Orographie*.

Montauk, monitor cuirassé américain, LXXI (1881), 310.

Montres (Comparaison des) par la méthode des coïncidences, LXVIII (1881), 257.

Montserrat (Ile de), LXVI (1880), 520.

Morbihan : Notice sur ses huîtrières, XCVII (1888), 51.

More : Le *Sharpee*, embarcation américaine, LXX (1881), 5.

Morel, sous-commissaire de la marine : Note sur la situation des bancs huîtriers de la baie de Bourgneuf, XCIII (1887), 431.

Morillot, lieutenant de vaisseau : Rapport de mer du torpilleur 71, XC (1886), 370.

Moritz (P.), lieutenant de vaisseau : La colonie pénitentiaire agricole de Saint-Laurent du Maroni en 1878, LXVI (1880), 72.

Mortensen : Son torpilleur, LXI (1879), 649.

Mortiers. — Voy. *Artillerie.*

Morue. — Voy. *Pêches.*

Moskowa, transport russe, LXXI (1881), 605 ; LXXXII (1884), 736.

Mottez (A.), contre-amiral, directeur du personnel : Statistique des pêches maritimes pour 1880, LXXI (1881), 213 ; pour 1881, LXXVI (1883), 47. — Réflexions sur des points de météorologie, LXXIX (1883), 485 ; LXXXI (1884), 283.

Moura, lieutenant de vaisseau : La pêche du Tonli-Sap (lac du Cambodge), LX (1879), 535.

Mouraux (E.), enseigne de vaisseau : Notice sur le cercle à calcul de M. *Boucher*, LXIV (1880), 468.

Mousqueterie (L'instruction de la) à bord des bâtiments français, LXXX (1884), 181. — Instruction du tir du fusil dans les marines anglaise et italienne, XCVI (1888), 261. — Extension des exercices de mousqueterie sur la flotte anglaise, XCIX (1888), 357.

Mowe, croiseur allemand, LXV (1880), 447.

Mozambique, LXXVI (1883), 125.

Muini-Zaffer, corvette cuirassée turque, LXIX (1881), 394.

Mukademie-Haïr, corvette cuirassée turque, LXIX (1881), 399.

Mutine, croiseur anglais, LXXI (1881), 585.

Mytho : Réparation de son palier d'étambot, LXXXIX (1886), 401.

N

Nahant, moniteur cuirassé américain, LXXI (1881), 310.

Najezdnik, clipper russe, LXXI (1881), 604.

Naniwa, croiseur japonais, LXXXV (1885), 464 ; LXXXIX (1886), 561.

Nan-Shuin, croiseur chinois, LXXX (1884), 725.

Nansouty (Max de) : La télégraphie optique, LXXXVII (1885), 80.

Nan-Thing, croiseur chinois, LXXX (1884), 725.

Nantucket, monitor cuirassé américain, LXXI (1881), 310.

Narcissus, croiseur anglais ; dimensions, LXXXVII (1885), 649 ; son lancement, XCII (1887), 366 ; ses essais, XCVI (1888), 379 ; XCVII (1888), 358.

Natal (Notice sur), LXXV (1882), 225.

Natter, canonnière cuirassée allemande, LXVII (1880), 631.

Naufrages : Statistique des sinistres maritimes du globe en 1879, LXII (1879), 246 ; des naufrages et événements de mer survenus sur les côtes de France en 1876 et 1877, LXIV (1880), 221. — Les enquêtes après naufrage en France et en Angleterre, LXXXIV (1885), 257. — Sauvetage rapide dans les abordages en mer, LXXXIV (1885), 375. — Perte du *Phœnix*, sloop anglais, LXXVI (1883), 482. — Perte du *Schorpioen*, monitor cuirassé hollandais, XCI (1886), 187. — Perte de la canonnière anglaise *Wasp*, XCVI (1888), 183. — Perte de deux bateaux de sauvetage à Southport, XCII (1887), 366.

Naval architects (Congrès des), LXXXI (1884), 93.

Navigation : Infractions à la police de la navigation et des pêches maritimes et de leur répression, XCVIII (1888), 106. — Navigation fictive, XCIV (1887), 337. — Pouvoir réglementaire en ce qui concerne la police de la circulation dans la partie maritime des fleuves, rivières et canaux, LXXXVI (1885), 644. — Convention internationale relative à la navigation dans le

Congo, LXXXIX (1886), 576. — Navigation en temps de brume, XCIV (1887), 183 ; XCVII (1888), 177, 385. — Influence des courants sur la navigation à vapeur, LXV (1880), 5. — Détermination du navire en vue des côtes, LXXXV (1885), 280. — Navigation de nuit dans le canal maritime de Suez, LXXXVII (1885), 669 ; XC (1886), 330. — Rapports de mer des torpilleurs : n° 60, XC (1886), 356 ; n° 64, LXXXIX (1886), 5 ; n° 67, XC (1886), 356 ; n° 69, XC (1886), 360 ; n° 70, XC (1886), 363 ; n° 71, XC (1886), 370. — Traversée de l'Atlantique en quatre jours, XCIII (1887), 441. — Traversée de Nouméa à Brest, XCIV (1887), 326. — Les routes du Congo, LXXX (1888), 461. — Route du cap de Bonne-Espérance, XCIV (1887), 393. — Nouvelles voies de communication avec l'Extrême-Orient, XCV (1887), 362. — Route de l'Australie par le thermomètre, LXXIII (1882), 576. — Le Pilcomayo, route maritime de la Bolivie à l'océan Atlantique, LXVII (1880), 513. — Nouvelle route commerciale dans l'extrême nord, du colonel *Dennis*, LXI (1879), 447.

Voy. aussi *Astronomie, Canaux, Compas, Constructions navales, Hydrographie, Instruments, Météorologie, Phares, Ports, Signaux, Tactique navale.*

Navire. — Voy. *Constructions navales.*

Navisphère (Le), instrument nautique, LXI (1879), 598.

Nayel, lieutenant de vaisseau : Le *Benbow*, LXXXVI (1885), 194.

Nécrologie. — Voy. *Histoire : notices biographiques.*

Nedjmi-Chevket, corvette cuirassée turque, LXIX (1881), 396.

Négrier : ses tables, LXIX (1881), 249.

Négrin : Dépenses pour l'artillerie de marine anglaise, XCI (1886), 417.

Nelson, cuirassé anglais : ses machines, LXVII (1880), 268 ; LXVIII (1880), 301 ; son engrenage à vapeur pour gouverner, LXV (1880), 641.

— Les navires du type *Nelson*, LXVII (1880), 263.

Neptune, cuirassé anglais, LXVII (1880), 626 ; LXVIII (1881), 29.

Neptune, cuirassé français, LXVII (1880), 626.

Netronomenia, garde-côtes russe, LXIX (1881), 205.

Neumayer : Son instrument pour l'étude de la déviation des compas, LXV (1880), 455.

Neuville. — Voy. *Didier.*

Neveu, commissaire adjoint de la marine : Cours d'administration des élèves-commissaires de Brest : organisation du personnel, LXIV (1880), 557 ; LXV (1880), 148, 398. — Administration de la fortune publique, LXXIX (1883), 5. — Personnel de la marine, LXXIX (1883), 363, 667. — Administration du personnel de la marine, LXXX (1884), 92, 358. — Comptabilité des matières, LXXX (1884), 552 ; LXXXI (1884), 60. — Personnel ouvrier, LXXXI (1884), 292. — Approvisionnement, LXXXI (1884), 561 ; LXXXII (1884), 93. — Subsistances, LXXXII (1884), 437. — Hôpitaux, LXXXII (1884), 689. — Acquisition des immeubles, LXXXIII (1884), 98. — Équipages de la flotte, LXXXIII (1884), 387, 740.

Névis, colonie anglaise, LXVII (1880), 147.

Newark, croiseur américain, XCV (1887), 354.

New-York : Enlèvement d'enrochements aux bords de New-York, LXIII (1879), 288.

Niagara : Projet de canal, XCVII (1888), 162.

Nicaragua : son canal, XCV (1887), 534.

Nicolas (V.), lieutenant d'infanterie de la marine : Les îles Saint-Pierre et Miquelon, LXXXVIII (1886), 15 et 238.

Niger, aviso anglais, LXIII (1879), 750.

Niger : Pénétration au Soudan, LXX (1881), 458 ; LXXI (1881), 456 ;

LXXII (1882), 143, 637. — La marine au Niger, XCIX (1888), 504.

Nijni-Novgorod, paquebot russe, LXXI (1881), 613.

Nil : Bateaux à roues arrière pour le haut Nil, LXXXVIII (1886), 541.

Nile, cuirassé anglais : supplément d'armure, XCVII (1888), 357 ; XCIX (1888), 156.

Nitro-gélatine : Expériences d'artillerie, XCV (1888), 365.

Nitro-glycérine (Obus chargé de), LXXXV (1885), 475.

Niveau marin, LXXIX (1883), 353 ; LXXXIII (1884), 87.

Nipsic, corvette américaine, LXXI (1881), 621.

Nive, transport français, LXVIII (1881), 229.

Nixe, vaisseau-école allemand, LXXXVI (1885), 681.

Nobel : La gélatine-dynamite, LXI (1879), 217.

Noël (G.), capitaine de frégate : *Maris imperium obtinendum*, LXXVII 1883), 561. — De la proportion des officiers de la marine italienne, LXXVIII (1883), 73. — L'avancement dans la marine italienne, LXXVIII (1883), 273. — Les navires de guerre italiens, LXXXV (1885), 5.

Noël (L.), lieutenant de vaisseau : De l'attaque des navires cuirassés par l'artillerie ; LXXVII (1883), 228.

Nœud (Note sur la longueur du) de la ligne de loch, LXXII (1882), 340.

Noos-Retieh, cuirassé turc, LXIX (1881), 392.

Nordenfelt : Son canon, LXII (1879), 485, 765. — Essai comparatif des canons Hotchkiss et des canons Nordenfelt, LXXXVII (1885), 434. — Canon à tir rapide, XCVIII (1888), 350. — Ses mitrailleuses, LXVIII (1881), 651 ; LXXVIII (1883), 559 — Torpilleur sous-marin, LXXXVII (1885), 211, 436 ; LXXXVIII (1886), 534 ; LXXXIX (1886), 567 ; XCII (1887), 177 ; XCIII (1887), 621 ; XCIV (1887), 213,

390 ; XCVI (1888), 196 ; XCVII (1888), 167. — Torpille électrique et contrôlée, XCVIII (1888), 358. — Fusion des compagnies Nordenfelt et Maxim, XCVIII (1888), 534.

Nordenskiold (A.-E.) : Son expédition arctique de 1878, LX (1879), 491 ; LXII (1879), 811. — La *Véga* et le passage du Nord-Est, relation du lieutenant *Hovgaard*, LXIV (1880), 297.

Normandie, paquebot de la compagnie transatlantique, LXXV (1882), 588 ; sa traversée du Havre à New-York, LXXXIII (1885), 450 : LXXXIX (1886), 61.

Northampton, cuirassé anglais : ses torpilleurs, LXIII (1879), 763 ; ses machines, LXVII (1880), 268; LXVIII (1881), 301.

Northumberland, cuirassé anglais, LXVIII (1881), 24.

Norvège. — Voy. *Constructions navales, Marine militaire, Pêches.*

Nossi-Bé : Notice, LXVI (1880), 170 ; LXXVII (1883), 468.

Nouméa : Traversée de Nouméa à Brest, par M. *Lormier*, lieutenant de vaisseau, XCIV (1887), 326.

Nouvelle-Calédonie : La baie de Prôny, LX (1879), 244 ; notice, LXXVII (1883), 483. — Ses charbons, XC (1886), 547.

Nouvelle-Galles du Sud, LXVII (1880), 27 ; LXVIII (1881), 500.

Nouvelle-Zélande (Notice sur la), LXX (1881), 638. — Travaux exécutés au port d'Oamaru, LXXVI (1883), 497.

Novorossick, port russe, XCVIII (1888), 839.

Now-Then, yacht américain, XCIV (1887), 593.

Nuages. — Voy. *Météorologie.*

Numancia, frégate cuirassée espagnole, LXXI (1881), 151.

Nymphe, corvette anglais : sa construction, XCIV (1887), 592 ; mise à flot, XCVII (1888), 561.

O

Oamaru (Nouvelle-Zélande) : Travaux exécutés dans son port, LXXVI (1883) 497.

Obi (Projet de construction d'un port à l'embouchure de l'), LXII (1879), 789.

Obligado (Combat d'), LXII (1879), 607.

Observations de nuit. — Voy. *Astronomie.*

Obus. — Voy. *Artillerie.*

Obusier. — Voy. *Artillerie.*

Ocagne (Maurice d'), ingénieur des ponts et chaussées, attaché aux travaux hydrauliques de la marine à Cherbourg : Étude géométrique sur l'ellipse ; application au traité des joints dans les voûtes elliptiques, XCI (1886), 167.

Occultations. — Voy. *Astronomie.*

Océan, cuirassé français : rapport sur les avaries de la machine, LXXII (1882), 419.

Oceana, croiseur auxiliaire anglais, XCVII (1888), 359.

Océanie. — Voy. *Colonies, Marine marchande, Pacifique, Polynésie, Taïti.*

Octroi (L') de mer aux colonies, LXXXV (1885), 375.

Oder (Canal entre l') et la Sprée, LXIX (1881), 471.

Odero, ses torpilleurs, LXXXIX (1886), 373.

Odessa (Le port d'), LXIX (1881), 663.

Odin, garde-côtes cuirassé danois, LXXI (1881), 183.

Officiers de marine — Voy. *Marines militaires des diverses puissances : personnel.*

Ogooué : Expédition du Dr *Balay* et de *Brazza*, LXI (1879), 245. — Voyages d'exploration de *S. de Brazza*, LXXVI (1883), 509 ; LXXVII (1883), 175, 670 ; LXXVIII (1883), 379, 591 ; LXXIX (1883), 205, 264.

— Voyage de *Tenaille d'États* et *Lota*, LXXVIII (1883), 241.

O'Hara : Obus incendiaire, LXII (1879), 767.

Oldenburg, corvette cuirassée allemande, LXXXIV (1885), 510.

Olivier, mécanicien principal de la marine : Les machines et les établissements industriels de San-Francisco, LXXIV (1882), 527. — Projet d'installation d'un appareil électrique destiné à indiquer les manœuvres de la machine, LXXVII (1883), 741.

Ombre (Emploi de l'), pour l'étude expérimentale d'une oscillation quelconque sur une mer agitée ; de la giration et de la régulation des compas, LXXII (1882), 461.

Ondes atmosphériques. — Voy. *Météorologie.*

Ondes sonores. — Voy. *Acoustique.*

Ondulations de la mer. — Voy. *Vagues.*

Opal, croiseur anglais, LXXI (1881), 580.

Opérations militaires. — Voy. *Tactique.*

Orchanieh, cuirassé turc, LXIX (1881), 387.

Ordinaire (Ol.), vice-consul de France : Route entre le Madre de Dios et un affluent du Purus, LXXXI (1884), 757.

Ordonez. Son canon de 15c, LXXXVII (1885), 199, 664.

Orégon, paquebot anglais : enquête sur sa perte, LXXXIX (1886), 576.

Orégon : Les pêcheries, LXXVI (1883), 408.

Orient, paquebot anglais, LXII (1879), 478 ; ses essais, LXIII (1879), 545.

Orient : Nouvelles voies de communication avec l'Extrême-Orient, XCV (1887), 362.

Orion, cuirassé anglais, LXVIII (1881), 49.

Orion, torpilleur espagnol, LXXXIX (1886), 559.

Orizaba, paquebot de la Compagnie de navigation à vapeur du Pacifique, XCI (1886), 198.

Orlando, croiseur anglais à ceinture cuirassée, LXXXVII (1885), 649 ; XC (1886), 532 ; XCII (1887), 364 ; XCIII (1887), 623 ; expériences d'artillerie, XCVII (1888), 565 ; essais d'un appareil fumivore, XCVIII (1888), 356.

Orographie : Les hautes montagnes centrales de la Guadeloupe et le chemin de *V. Hugues*, LXIV (1880), 39, 311 ; LXV (1880), 334, 574.

Ortégal (Cap) : Combat naval de 1805, LXXII (1882), 217.

Ortolan, mécanicien en chef de la marine en retraite : Expériences sur les huiles de graissage et d'éclairage, LXIII (1879), 755. — Mémoire sur les huiles minérales employées pour les machines, LXXII (1882), 479 ; LXXIII (1882), 85.

Osmanich, frégate cuirassée turque, LXIX (1881), 387.

Osprey, croiseur anglais, LXXI (1881), 585.

Ostréiculture : Notice sur la cause du verdissement des huîtres, LXIV (1880), 248. — Rapport sur la génération et la fécondation artificielle des huîtres, LXXVI (1883), 276 ; LXXX (1884), 692. — L'ostréiculture en 1886, XCII (1887), 209. — Situation des bancs huîtriers dans la baie de Bourgneuf, XCIII (1887), 431. — Note sur les huîtrières du Morbihan, XCVII (1888), 52.

Oswald (J.), capitaine d'infanterie de marine : Le fort Eunostos après le bombardement (campagne d'Égypte de 1882), LXXV (1882), 614. — La Corée en 1882, LXXVI (1883), 235. — Notes sur l'archipel de Soulou, LXXVI (1883), 237. — Les voies de communication au Guatemala, LXXVI (1883), 239. — Zanzibar et Mozambique, LXXVI (1883), 115. — L'angle de dérive des navires, LXXVIII (1883), 679. — Développement de la marine militaire de l'Allemagne de 1873 à 1883 ; LXXX (1884), 249.

Otter, canonnière allemande, LXII (1875), 756.

Ouragans. — Voy. *Météorologie*.

Oury (R.), commis au ministère de la marine : Budget de la marine allemande pour 1884-85, LXXXIV (1885), 96. — Budget de la marine russe pour 1884, LXXXIV (1885), 116.

Oyapock, aviso français, LXIX (1881), 655.

Oyapock. — Voy. *Voyage*.

P

Pachklévitch, capitaine d'artillerie russe : Expériences pour la résistance de l'air, LXI (1879), 20.

Pacifique (Les îles du), LXXXVII (1885), 285. — Nouvelles stations anglaises dans l'océan Pacifique, XCVII (1888), 568. — Chemin de fer canadien du Pacifique, LXXXIV (1885), 796. — Voy. *Pêches*.

Pailhès (A.), lieutenant de vaisseau : Les torpilles aux États-Unis, LXI (1879), 237.

Palans (Force des), LXXII (1882), 391.

Palasne de Champeaux (Dr), médecin de la marine : Inauguration du monument élevé à la mémoire du capitaine de vaisseau de Langle et de plusieurs marins compagnons de Lapérouse, assassinés dans la baie d'Oassu en 1787, LXXXVI (1885), 468.

Palestine (La) en 1882, LXXVI (1883), 30 ; LXXX (1884), 54.

Palestro, cuirassé italien, LXX (1881), 492.

Pallas, corvette cuirassée anglaise, LXVIII (1881), 293.

Pamiaty-Azova, croiseur cuirassé russe : son lancement, XCVIII (1888), 353.

Panama. — Voy. *Canaux.*

Panter, monitor cuirassé hollandais, LXXI (1881), 175.

Panther, croiseur torpilleur autrichien, LXXXVI (1885), 682 ; XCIX (1888), 162.

Papeete : Concours agricole et industriel de 1878, LXI(1879), 321. — Comète aperçue en janvier 1887 à Papeete, XCVIII (1888), 495. — Voy. *Taïti.*

Paquebots. — Voy. *Constructions navales.*

Parfait (Th.), capitaine de frégate : Emploi des tables de *Decante* dans les évolutions d'escadre, LX (1879), 235. — Le *Minin*, LXIII (1879), 271. — Rapport sur la campagne scientifique du *Talisman*, faite en 1883, LXXX (1884), 497.

Paris, vice-amiral : Notice nécrologique sur M. de *Tessan*, LXIV (1880), 148. — Notice nécrologique sur le vice-amiral *Jacquinot* (1796-1879), LXIV (1880), 393. — Notice nécrologique sur M. F.-G. *Roux*, peintre de la marine (1811-1882), LXXV (1882), 700. — Essai d'un instrument destiné à se rendre compte du roulis, XCIII (1887), 225.

Pâris (A.), lieutenant de vaisseau : Observations sur les vitesses relatives du vent et du navire à bord du *Jean-Bart*, LXXXVII (1885), 5 ; LXXXVIII (1886), 78.

Pâris, sous-commissaire de la marine : Étude sur la possibilité d'accroître par la culture la production des goémons de rive, XCIV (1887), 313.

Paris port de mer, LXXIX (1883), 605.

Parizot, capitaine de frégate : Les îles Sandwich, LXXI (1881), 194.

Parker (W.), ingénieur principal du Lloyd anglais : Rapport sur l'usage de l'acier dans les chaudières marines, LX (1879), 380. — Son opinion sur l'acier dans les constructions navales, LXII (1879), 230.

Parou. — Voy. *Guyane.*

Parrayon, capitaine de frégate : Les îles sous le Vent, Samoa, Wallis, Fidji, LXVIII (1881), 397.

Partridge, canonnière anglaise : son lancement, XCVIII (1888), 188 ; essais, XCIX (1888), 602.

Pas géométrique. — Voy. *Mesures.*

Passages. — Voy. *Astronomie.*

Passaic, monitor cuirassé américain, LXXI (1881), 310.

Pastoureau-Labesse (J.-B.), ingénieur de la marine en retraite : Droits locaux de navigation dans les ports anglais, LXXVI (1883), 228.

Pattison : ses torpilleurs, LXXXIX (1886), 373.

Paulson : Sa torpille automatique, LXXXVI (1885), 702 ; LXXXIX (1886), 372.

Paulus (A.), professeur à l'école Turgot : Le royaume du Cambodge, LXXXII (1884), 517. — La marine et les troupes coloniales en Cochinchine, LXXXIII (1884) 352. — Le protectorat du Tonkin, LXXXIV (1885), 280, 571. — Le royaume d'Annam, LXXXV (1885), 527.

Pavillons anglais, LXX (1881), 471 ; chinois, LXXXII (1884), 742 ; suédois, LXX (1881), 474.

Pays-Bas : Voy. *Hollande.*

Peacock, canonnière anglaise de 1re classe : son lancement, XCVIII (1888), 351 ; ses essais, XCIX (1888), 383, 602.

Pêches : Note historique sur la pisciculture, LXII (1879), 151. — Coup d'œil sur la pisciculture et ses procédés, LXIV (1880), 473. — Engins et produits de la pêche dans les mers d'Europe, LXXVI (1883), 652 ; LXXVII (1884), 65. — Pêches par bateaux à vapeur, LXII (1879), 245 ; XC (1888), 154.

Les établissements de pêche et le domaine public maritime, XCV (1887), 493 ; XCVI (1888), 5, 233, 407. —

Infractions à la police des pêches maritimes ; leur répression, XCVIII (1888), 106.

Statistique des pêches maritimes : en 1877, LXI (1879), 305 ; en 1878, LXIII (1879), 59 ; en 1879, LXVII (1880), 194 ; en 1880, LXXI (1881), 213 ; en 1881, LXXVI (1883), 47 ; en 1882, LXXIX (1883), 637 ; en 1883, LXXXV (1885), 201 ; en 1884, LXXXVIII (1886), 54.

Les pêches maritimes, leur distribution géographique, leur exploitation et leur rapport de 1869 à 1878 : Angleterre, LXVIII (1881), 260 ; Norvège, LXVIII (1881), 536 ; Suède, 554 ; Russie, 557 ; Danemark, 558 ; Islande, 568 ; Allemagne, LXIX (1881), 18 ; Héligoland, 27 ; Hollande, 29 ; Belgique, 36 ; Italie, LXX (1881), 59 ; Autriche, 73 ; Espagne, LXXI (1881), 110 ; Portugal, 121 ; Grèce, 123 ; Turquie, 123 ; Malte, Gozzo, Comino, 124 ; Algérie, 125 ; Tunis, 128 ; Tripoli, 131 ; Maroc, 131 ; Mer Rouge, 134 ; Amérique, LXXIII (1882), 366 ; Amérique du Sud, Antilles et Amérique centrale, LXXIII (1882), 385 ; Mers polaires, LXXIV (1882), 387 ; Afrique du Sud, LXXV (1882), 98.

Les pêcheries maritimes en Europe et aux États-Unis, LXXXI (1883), 258. — La navigation commerciale et les pêcheries françaises en 1877, LX (1879), 239 ; en 1878, LXIII (1879), 775. — Les prud'hommies de patrons pêcheurs de la Méditerranée, XC (1886), 25. — Caboteurs et pêcheurs de la côte de Tunisie, LXXXII (1884), 5.

Pêche du *phoque* dans les mers polaires, LXXIV (1882), 387.

Notes sur la pêche de la morue et de la baleine en Laponie, LXXII (1882), 56. — La pêche aux îles Loffoden en 1877, LXII (1879), 505 ; en 1885, XC (1886), 152. — Rapport sur la campagne de pêche de la station d'Islande en 1880, LXVIII (1881), 54 ; en 1881, LXXI (1881), 556 ; en 1882, LXXV (1882), 427 ; en 1884, LXXXIV (1885), 122 ; en 1885, LXXXVII (1885), 547. — Pêche dans le nord du Pacifique en 1883, LXXX (1884), 732 ; en 1886, XCII (1887), 188. — Pêche de la morue et du homard à Terre-Neuve, XCVIII (1888), 319.

Pêche du *saumon* de l'Orégon et du territoire de Washington, LXXVI (1883), 498.

Pêche du *hareng* d'Écosse en 1880, LXVII (1880), 531 ; en 1885, XCII (1887), 182. — Préparation et vente du hareng, LXIX (1881), 663. — L'industrie du hareng, LXXIII (1882), 199.

Pêche de la *sardine* (rapport au Ministre de la marine), XCVII (1888), 520 ; XCVIII (1888), 33.

Pêches d'Irlande, XCII (1887), 182. — Pêches de Grimsby (Écosse), LXII (1879), 245. — La pêche du Tonli-Sap (Cambodge), LXI (1879), 538.

Peck : sa torpille, XCII (1887), 563.

Peder-Skram, *frégate* cuirassée danoise, LXXI (1881), 181.

Pegasus, croiseur anglais, LXXI (1881), 585.

Peinture des embarcations et la lumière électrique, LXIII (1879), 522.

Pelayo, cuirassé espagnol ; essais, XCIX (1888), 159.

Pelican, croiseur anglais, LXXI (1881), 585.

Pellet (H.) : Note sur les composés explosifs, LX (1879), 372.

Pénelope, cuirassé anglais envoyé au cap de Bonne-Espérance comme stationnaire, XCVI (1888), 564 ; son armement, XCIX (1888), 601.

Peneus, cannonnière grecque LXXXIV (1885), 763.

Penguin, croiseur anglais, LXXI (1881), 585.

Pénitenciers : Service pénitentiaire des colonies, LXXVII (1883), 551. — Colonie pénitentiaire agricole de Saint-Laurent-du-Maroni, en 1878, LXVI (1880), 72.

Penmarch', XC (1886), 411.

Penshyn, île de l'océan Pacifique : Nouvelle station anglaise, XCVII (1888), 568.

Pérékop : Le canal, XCII (1887), 375 ; XCVIII (1888), 173.

Périm (Notice sur), LXXIV (1882), 266.

Perin (G.), député : Discours prononcé à la Chambre des députés lors de la discussion du budget des colonies de 1879 , LX (1879), 121 ; du budget de la marine de 1880, LXII (1879), 581.

Pérou. — Voy. *Constructions navales*, *Histoire*, *Marine militaire*.

Perrin (E.), lieutenant de vaisseau : Occultations des étoiles par la lune, LXXII (1882), 279, 538 ; LXXIII (1882), 41. — Détermination du point par les hautes circumzénithales correspondantes, LXXXI (1884), 88. — Note sur l'horizon à mercure à cuvette amalgamée, LXXXI (1884), 464.

Perroy, ingénieur de la marine : Rapport de M. Dupuy de Lôme sur son appareil distillatoire, LXI (1879), 364.

Pervenetz, garde-côtes russe, LXIX (1881), 205.

Persique (Golfe) : Ses ports, LXXXV (1885), 231.

Perun, monitor russe, LXIX (1881), 208.

Pesanteur apparente sur les navires à la mer, LXXXIV (1885), 206.

Pescadores (Iles) : Leur prise, LXXXVI (1885), 218.

Petersburg, bâtiment de servitude russe, LXXI (1881), 605.

Petersen, capitaine danois : Son matelas de sauvetage en liège, LXII (1879), 784.

Petit, lieutenant de vaisseau de la marine belge : Ses phares à la lumière électrique, LXV (1880), 124.

Petitcol, capitaine d'artillerie de la marine : Étude sur une nouvelle loi de probabilité des écarts, XCI (1886), 70.

Pétrole (Machine marine à), LXVII (1880), 634. — La force motrice produite par les explosions de l'essence de pétrole, LXXXVIII (1886), 548. — Emploi du pétrole sur le cuirassé russe *Tschesma*, XCIV (1887), 387 ; à bord des torpilleurs, XCVII (1888), 370. — Navigation au pétrole dans la Caspienne, XCVIII (1888), 187. — Solidification du pétrole, XCVIII (1888), 351.

Pétroliers (Les steamers), XC (1886), 539.

Petropawlowsk, frégate cuirassé russe, LXIX (1884), 196.

Petsche, ingénieur des ponts et chaussées : Le port de Saint-Pétersbourg et le nouveau canal maritime, LXXXVIII (1886), 348.

Phaeton, croiseur anglais, LXVII (1880), 263 ; nouveaux essais, LXXXI (1884), 474.

Phares : Notice sur les phares, LXX (1881), 299, 561 ; LXXI (1881), 502 ; leur éclairage, essais au pétrole, au gaz, à l'électricité, LXXXV (1885), 729. — Phares à la lumière électrique, LXII (1879), 369, 504 ; LXV (1880), 124 ; LXXXVIII (1886), 548 ; LXXXIX (1886), 180. — Lampe électrique pour phares, LXXIV (1882), 421. — Phare électrique et signaux sonores, LXXXI (1884), 355. — Phare électrique transportable, LXXXVII (1885), 445. — Les phares du Japon, LXXI (1881), 418. — Voy. *Sémaphore*.

Pharmaceutiques (produits) des colonies françaises à l'exposition d'Anvers, LXXXIX (1886), 470.

Pheasant, canonnière anglaise : mise à l'eau, XCVII (1888), 357 ; essais, XCIX (1888), 159, 602.

Philadelphia, croiseur américain : machines, XCIX (1888), 602, 682.

Philadelphie. — Voy. *Exposition*.

Philippe le Bel (La marine militaire au temps de), LXII (1879), 87.

Philoe, LXXIV (1883), 179.

Phœnix, canonnière anglaise, LXIII (1879), 749 ; LXXI (1881), 585 ; sa perte, LXXVI (1883), 482.

Phoque : Pêche du phoque dans les mers polaires, LXXIV (1882), 387.

Photographie : La photographie dans la marine autrichienne, XCII (1887), 375. — La photographie

instantanée sur les bâtiments de guerre, XCIV (1887), 393.

Physique. — Voy. *Magnétisme.*

Physique de la mer : Températures de la mer, LX (1879), 602 ; LXI (1879), 12 ; dans l'estuaire girondin et à Arcachon en 1879-1880, LXIX (1881), 5. — Sondages du *Black*, LXIII (1879), 770 ; du *Travailleur* et du *Talisman* (1882-83), LXXVI (1883), 464 ; LXXV (1886), 497. — Voy. *Marées.*

Piaud (L.), sous-ingénieur de la marine : Notice sur le compas *Thomson*, LXVIII (1881), 352.

Picanon (E.), inspecteur adjoint de la marine. — Voy. *Grasset.*

Picqué (Alb.), sous-commissaire de la marine : Les îles du Cap-Vert et la colonisation portugaise, LXXI (1881), 225.

Piemonte, croiseur-torpilleur italien : lancement, XCIX (1888), 159 ; description, XCIX (1888), 355.

Pierre-le-Grand, cuirassé russe, LXIX (1881), 201.

Pigeon, canonnière anglaise : essais, XCIX (1888), 602.

Pigmy, canonnière anglaise : essais, XCIX (1888), 602.

Pilcomayo, canonnière péruvienne : sa capture, LXIV (1880), 631 ; LXV (1880), 97.

Pilcomayo (Le Rio) : Route maritime de la Bolivie à l'océan Atlantique, LXVII (1880), 513.

Pina (H. de), capitaine de vaisseau ; Importance des feux du travers, LXV (1880), 477.

Pincher, canonnière anglaise : ses essais, LXII (1879), 753.

Pingouin, aviso français, LXXXIII (1884), 556.

Pinnule Hue : Son application aux instruments à réflexion, LXIX (1881), 456.

Pintsch : Ses bouées éclairées au gaz, LXI (1879), 655.

Pionnier, canonnière française : ses essais, LXXXII (1884), 492.

Pischon : Ses bouées éclairées au gaz, LXI (1879), 655.

Pisciculture. — Voy. *Pêches.*

Piton (A.), médecin de la marine : Un voyage à Bornéo, XCVII 66, (1888), 305.

Planchette pour tir incliné, LXIV (1880), 91.

Plaques de blindage. — Voy. *Artillerie : blindages.*

Plastun, clipper russe, LXII (1879), 472 ; LXIII (1879), 273 ; LXXI (1881), 603.

Plata : Les Anglo-Français dans la Plata sous la dictature de Rosas (1835-1852), LXII (1879), 584 ; LXIII (1879), 26.

Ploix (Ed.), ingénieur hydrographe : Notes sur les ouragans, LX (1879), 637. — Notice nécrologique sur P.-L.-J.-B. *Gaussin*, ingénieur hydrographe en chef (1821-1886), XC (1886), 321.

Plover, canonnière anglaise : lancement, XCIX (1888), 602.

Pluvier, aviso français, LXXI (1881), 204.

Poinçon *Kennedy* à spirale, LX (1879), 206.

Point : Rectification pratique du point observé, LXXIV (1882), 219. — Détermination du point par les hauteurs circumzénithales correspondantes, LXXXI (1884), 88.

Pointage (Appareil de) à mouvements relatifs, LXXVIII (1883), 302.

Pola : Les nouveaux travaux de défense, LXXI (1881), 416 ; ses fortifications, LXXXVII (1885), 665.

Pôle nord : L'expédition *Gordon Bennett*, LX (1879), 241. — Expédition anglaise du commander *Cheyne*, LX (1879), 807. — Nouvelle route commerciale dans l'extrême Nord du colonel *Dennis*, LXI (1879), 447. — L'expédition *Nordenskiold*, LX (1879), 491 LXII (1879), 811. — Croisière arctique du commandant *Markham*, LXIII (1879), 522. — Voyage de la *Jeannette*,

LXXVII (1883), 5. — Expédition américaine envoyée à la recherche de la *Jeannette*, LXX (1881), 478. — Les missions circumpolaires internationales, LXXXIII (1884), 279. — Nouvelle expédition, XCV (1888), 372.

Pôle sud : Exploration anglaise, XCV (1887), 539.

Police de la marine. — Voy. *Justice maritime.*

Police de la navigation des fleuves, rivières et canaux, dans leur partie maritime, LXXXVI (1885), 644.

Pollard, sous-ingénieur de la marine : Rapports sur l'Exposition d'électricité à Vienne en 1883, LXXX (1884), 139, 154, 448, 634.

Polynésie : Ses pêches maritimes, LXXV (1882), 114.

Polyphemus, bélier-torpilleur anglais; innovations apportées dans sa construction, LXII (1879), 244, 773; LXXXVI (1885), 455.

Pompée, vaisseau anglais. — Voy. *d'Hautpoul.*

Pompes (Les) du *Tegethoff*, LXVIII (1881), 233.

Pons, lieutenant-colonel d'infanterie de marine : Le tir de l'infanterie en terrain varié, LXXIII (1882), 668; LXXIV (1882), 147. — Étude sur le tir de l'infanterie, LXXV (1882), 641.

Ponts de bateaux : Leur construction, LXXVII (1883), 211.

Ponty (H.), lieutenant de vaisseau : Note sur son compteur électrique de nombre de tours de machine, LXIV (1880), 402.

Popoffkas (les), bâtiments russes, XC (1886), 550.

Porpoise, croiseur-torpilleur anglais, LXXXVII (1885), 849.

Porte, pharmacien de la marine de 1re classe : Analyse des charbons de la Nouvelle-Calédonie, XC (1886), 547.

Porte-amarre : Projectile porte-amarre *Hunt*, LXII (1879), 783.

Portemanteaux (Nouveaux)
d'embarcation, LXXXIV (1885), 375.

Porteur d'ordres électrique, LXVII (1880), 281.

Port-Hamilton, station anglaise de charbon, LXXXV (1885), 487; LXXXVII (1885), 443.

Portland. — Voy. *Artillerie.*

Port-Natal, LXXXIII (1884), 256.

Ports : Guerre maritime et ports militaires de France, LXXIII (1882), 5. — Les arsenaux maritimes de la France, LXXIII (1882), 146. — Nouvelles stations maritimes de l'Italie, XCI (1886), 595. — Navigation sous-marine appliquée à la défense des ports, XC (1886), 192; XCII (1887), 100. — Défense des ports de commerce anglais, XC (1886), 328. — Le budget de la guerre et la question de la défense des ports en Angleterre, XCVII (1888), 5. — Ports et rades fermés par les glaces en 1880-1881, XCII (1887), 179.

Amsterdam, LXII (1879), 246. — Anvers, LXXXIII (1884), 252. — Arthur, XCVII (1888), 569.

Baltique (Création d'un port de guerre russe dans la), XCVI (1888), 576. — Batavia, LXIV (1880), 420. — Batoum, XCVIII (1888), 539. — Brême, XCI (1886), 200. — Buenos-Ayres, LXXXIX (1886), 381.

Cardiff, dock flottant, XCIX (1888), 358. — Cette, LXVI (1880), 89. — Corée : mouvement commercial, XC (1886), 149.

Damiette, LXXIX (1883), 155. — Dundee, LXIII (1879), 778. — Douardenez, LXXXVI (1884), 581.

Francfort-sur-le-Mein, XCI (1886), 199.

Hambourg, LXIII (1879), 292. — Hamilton : son abandon, XCIII (1887), 217. — Harbourg, XCI (1886), 420. — Havre (Le), LXXIII (1882), 501. — Helder (le), LXII (1879), 246; LXIV (1880), 631; LXVII (1880), 290.

Kiel : travaux d'amélioration, LX (1879), 801; LXII (1879), 246. — Kurrachee, LXII (1879), 790.

La Ciotat, XC (1886), 305. — La

Goulette, LXXIII (1882), 404. — Lazareff, XC (1886), 329. — Lisbonne, LXXXVII (1885), 665. — Liverpool, LXIII (1879), 520.

Manche et mer du Nord (*Suite*), LXXXIX (1886), 22. — Mer Noire, XC (1886), 549. — Mississipi : travaux pour l'améliorationde son entrée, LXII (1879), 793 ; ses bouches et les jetées du capitaine *Eads*, LXVI (1880), 5 ; XCVII (1888), 355.

Novorossick, XCVIII (1888), 539.

Oamaru (Nouvelle-Zélande), LXXVI (1883), 497. — Obi : projet de construction d'un port à son embouchure, LXII (1879), 789. — Odessa, LXIX (1881), 663.

Paris port de mer, LXXIX (1883), 605. — Persique (golfe), LXXXV (1885), 231. — Port-Natal, LXXXIII (1884), 256. — Port-Saïd : situation de sa rade, LXI (1879), 666 ; LXXVIII (1883), 551.

Réunion (île), LXXXVIII (1886), 472.

Saint-Jean-de-Luz, XCI (1886), 422. — Saint-Pétersbourg : port et canal maritime, LXII (1872), 246, 793 ; LXXXIII (1884), 577 ; LXXXVIII (1886), 348. — San-Francisco : établissement d'un port entre le détroit de Fucca, LXI (1879), 223. — Sébastopol, LXXXVIII (1886), 175. — Sunderland : améliorations, LXVII (1880), 640.

Tarente : port militaire, XCVIII (1888), 191. — Tonkin, LXXXVIII (1886), 381. — Toulon, LXX (1881), 580 ; LXXI (1881), 68, 296. — Trieste, LXXXVII (1885), 443.

Windau, LXXXVIII (1886), 347. — Voy. aussi *Bassins*.

Port-Saïd : Situation de sa rade en 1878, LXI (1879), 666 ; LXXVIII (1883), 551. — La bataille de Port-Saïd, LXXXIV (1885), 74.

Portsmouth : Ses travaux de constructions navales en 1882, LXXVI (1883), 478. — Expériences de blindage, XCVIII (1888), 184.

Portugal. — Voy. *Colonies, Constructions navales, Côtes, Marine militaire, Pêches, Ports, Torpilles.*

Portugal, paquebot des messageries maritimes, XC (1886), 538.

Position du navire en vue des côtes : sa détermination rapide, LXXXV (1885), 280.

Pothuau, vice-amiral, ministre de la marine : Discours prononcés lors de la discussion du budget de la marine de 1879, LX (1879), 33, 68, 93, 102, 111, 120, 131, 144.

Pouchet, professeur au Muséum de Paris : Les courants de l'Atlantique, LXXXIX (1886), 190.

Poudres. — Voy. *Artillerie : explosifs.*

Pouliage, crocs et points fixes, LXXII (1882), 391.

Pouvreau (E.), lieutenant de vaisseau : Le fer et l'acier pour l'artillerie, LXII (1879), 571.

Poyen (H. de), chef d'escadron d'artillerie : Résistance de l'air, LXI (1879), 20. — Navires de guerre suédois, LXVI (1880), 178.

Presses : Presse-étoupe arrière de navire, LXVII (1880), 271. — Presses de 4,000 tonnes, XCVII (1888), 164.

Preussen, cuirassé allemand, LXVIII (1881), 604.

Preussen, paquebot allemand, XCI (1886), 419.

Prince-Albert, cuirassé anglais, LXVIII (1881), 19.

Princess-Wilhelm, bâtiment école allemand, XCVI (1888), 182 ; XCVII (1888), 356.

Principe-Amedeo, cuirassé italien, LXX (1881), 492.

Prins-Hendrik-der-Nederlanden, cuirassé hollandais, LXXI (1881), 168.

Prinz-Eugen, cuirassé autrichien, LXIX (1881), 490.

Prismatique (La poudre), LX (1879), 516.

Prix décernés à des officiers. — Voy. *Académie des sciences*.

Produits chimiques et pharmaceutiques des colonies françaises à l'Exposition d'Anvers, LXXXIX (1886), 470.

Projectiles. — Voy. *Artillerie*.

Projection de la sphère, XCIV (1887), 228.

Prony (La baie du) en Nouvelle-Calédonie, LX (1879), 244.

Propriété privée à la mer. — Voy. *Droit international*.

Propulseurs. — Voy. *Machines marines*.

Protection de l'enfance (La marine et la), LXXXVI (1885), 223.

Protector, croiseur australien, LXXXII (1884), 502.

Prudhommies (Les) de patrons pêcheurs de la Méditerranée, XC (1886), 25.

Puigcerda, monitor de rivière espagnol, LXXI (1881), 156.

Puissance navale (Les éléments de la), LXXVII (1883), 808.

Punta-Angamos. — Voy. *Histoire*.

Puritan, monitor cuirassé américain, LXXI (1881), 308.

Puységur (G.), sous-commissaire de la marine · Notice sur la cause du verdissement des huîtres, LXIV (1880), 248.

Pylades, croiseur anglais, LXXXIV (1885), 220.

Q

Quelpart : Notes sur cette île, LXII (1879), 509.

Queensland (Notice sur le), LXX (1881), 24.

Quinnebaug, corvette américaine, LXXI (1881), 620.

R

Radeaux : Nouveau système de radeaux pliants, LXXXVII (1885), 435.

Rades. — Voy. *Ports*.

Radetzky, frégate autrichienne, LXXI (1881), 608.

Radoub : Bassin de radoub d'Esquimalt, XCIII (1887), 217 ; XCV (1887), 536. — Ouverture d'un bassin de radoub à Aukland, XCVII (1888), 371. — Voy. *Renflouage*.

Raleigh, croiseur anglais, LXXI (1881), 571.

Rambler, canonnière anglaise, LXIII (1879), 749.

Ramiseram (Ile de) : Projet de canal, LXII (1879), 247.

Ranger, canonnière anglaise, LXIII (1879), 749.

Ranger, croiseur américain, LXXI (1881), 621.

Raoul (L.), lieutenant de vaisseau : Sauvetage du *Rhin*, LXVI (1880), 525.

Rapides (Les) du haut Mékong, LXXXVIII (1886), 462 ; XCIII (1887), 499.

Rapido, aviso italien, LXXI (1881), 615.

Rattler, canonnière anglaise, XCII (1887), 365 ; XCIII (1887), 217.

Rattlesnake, croiseur-torpilleur anglais, XCI (1886), 591 ; premiers essais, XCIII (1887), 218, 625.

Ravenhill (J.) : Derniers progrès dans les machines et chaudières marines, LXVI (1880), 403.

Rayo, torpilleur espagnol, XCV (1887), 173.

Razboinik, clipper russe, LXXI (1881), 604.

Reckenzaun : Son système de bateau électrique, LXXXVII (1885), 434.

Reclus (A.), lieutenant de vaisseau : Le canal interocéanique et les explorations dans l'isthme américain, LXI (1879), 75. — Nouveaux croiseurs pour la marine anglaise, LXV (1880), 215. — Les blindages fer et acier en Angleterre, LXV (1880), 225.

Récompenses : Prix décernés par l'Académie des sciences, en 1879, à des officiers des différents corps de la marine, LXI (1879), 361.

Recrues (De la répartition des) dans la marine, LXXIII (1882), 440 ; LXXIV (1882), 335, 477.

Recrutement : Législation et administration du recrutement ou de la dette personnelle militaire des citoyens envers l'État, LXIII (1879), 690.

Redbreast, XCVII (1888), 361.

Redpole, XCVII (1888), 361.

Red-River (L'expédition du), LXXXVI (1885), 108.

Régis, capitaine d'artillerie de marine : Le Tonkin en 1883, XCVI (1888), 113.

Régulateur gyrométrique pour machines à vapeur, LXV (1880), 452.

Reid (G.-H.) : Analyse de son ouvrage sur la Nouvelle-Galles du Sud, LXVII (1880), 27.

Reina-Regente, croiseur espagnol, XCIII (1887), 442 ; XCV (1887), 527.

Reine-Olga, corvette cuirassée portugaise, LXXI (1881), 162.

Relèvement. — Voy. *Renflouage*.

Remboë (Voyage au) et au lac Azhingo, LXXVIII (1883), 241.

Renard (Léon), ancien sous-directeur au ministère de la marine : Inventaire sommaire des archives de la marine, LXXII (1882), 589. — L'ostréiculture en 1886, XCII (1887), 209.

Renaud (G.), ingénieur hydrographe : Les ports du Tonkin, LXXXVIII (1886), 381.

Renflouage. — Voy. *Constructions navales*.

Renown, bâtiment-école allemand : éclatement d'un canon *Krupp* de 24 centimètres, LXIII (1879), 278, 761.

Renown, cuirassé anglais, LXXXVI (1885), 200 ; éclatement d'un de ses canons, LXIII (1879), 761.

Repulse, frégate cuirassée anglaise, LXVIII (1881), 26.

Requin, cuirassé d'escadre français, LXXXVI (1885), 193.

Rérolle et **Fargues**, lieutenants de vaisseau : Une tempête au cap Horn, LXXXVIII (1886), 402.

Resbecq (H. de) : L'administration centrale de la marine avant 1793, LXI (1879), 148. — L'administration centrale de la marine et des colonies, LXXXVIII (1886), 412. — Notice sur le chevalier *d'Arsac de Ternay*, LXXIII (1882), 182.

Research, corvette cuirassée anglaise, LXVIII (1881), 292.

Résistance, frégate cuirassée anglaise, LXVIII (1881), 14 ; attaques de torpilles, XCIV (1887), 209 ; XCVII (1888), 166 ; son renflouage, XCIV (1887), 385 ; essais d'artillerie, XCI (1886), 193 ; XCVIII (1888), 185 ; XCIX (1888), 350.

Résonnateurs. — Voy. *Sirène*.

Reunert : Sa torpille offensive à réaction, LXIII (1879), 764.

Réunion (Ile de la) : Origines, LXXXVI (1885), 491 ; LXXXVII (1885), 109, 356, 607 ; LXXXVIII (1886), 112, 290 ; LXXXIX (1886), 438 ; XC (1886), 439. — Description, LXXVII (1883), 367. — Nouveau port, LXXXVIII (1886), 472. — Commerce en 1883, LXXXIV (1885), 250 ; en 1884, LXXXVI (1885), 703 ; en

1885, XCI (1886), 595. — Réponse à une pétition de sa chambre de commerce, LXXV (1882), 623. — Pêches maritimes, LXXV (1882), 103. — Organisation de la station agronomique (*fin*), LXXII (1882), 112, 305, 521. — L'instruction publique, LXXXIII (1884), 49.

Réveille (J.), professeur d'hydrographie : Détermination des courants par une série de quatre hauteurs à intervalle, LXXXIX (1886), 274.

Réveillère, capitaine de vaisseau : Essai sur le magnétisme terrestre, LXXVII (1883), 662. — Rapport sur le passage des rapides du Mékong avec le torpilleur 44, LXXXVIII (1886), 462.

Réville (E.) : Les îles du Pacifique, LXXXVII (1885), 285.

Revue maritime et coloniale : Récompenses décernées aux auteurs des meilleurs mémoires insérés dans la *Revue* en 1878, LXI (1879), 212 ; en 1879, LXV (1880), 631 ; en 1880, LXX (1881), 672 ; en 1881, LXXIII (1882), 709 ; en 1882, LXXVII (1883), 806 ; en 1883, LXXXI (1884), 728 ; en 1884, LXXXVI (1885), 481 ; en 1885, XC (1886), 318 ; en 1886, XCV (1887), 165 ; en 1887 XCVIII (1888), 336.

Listes des travaux adressés à la *Revue* en 1879, LX (1879), 249, 519, 815 ; LXI (1879), 224, 448, 668 ; LXII (1879), 258, 812 ; LXIII (1879), 1302, 523 ; en 1880, LXIV (1880), 181, 426, 638 ; LXV (1880), 244, 465, 675 ; LXVI (1880), 431, 684 ; LXVII (1880), 293, 642 ; en 1881, LXVIII (1881), 430 ; LXIX (1881), 240 ; LXX (1881), 244 ; LXXI (1881), 421 ; en 1882, LXXII (1882), 667 ; LXXIII (1882), 498 ; LXXIV (1882), 649 ; LXXV (1882), 703 ; en 1883, LXXVI (1883), 242, 502 ; LXXVII (1883), 825 ; LXXVIII (1883), 484 ; LXXIX (1883), 723 ; en 1884, LXXX (1884), 243, 735 ; LXXXI (1884), 761 ; LXXXII (1884), 747 ; LXXXIII (1884), 888 ; en 1885,

LXXXIV (1885), 797 ; LXXXV (1885), 735 ; LXXXVI (1885), 710 ; LXXXVII (1885), 674 ; en 1886, LXXXVIII (1886), 552 ; LXXXIX (1886), 591 ; XC (1886), 337 ; XCI (1886), 204, 424 ; en 1887, XCII (1887), 565 ; XCIII (1887), 629 ; XCIV (1887), 598 ; XCV (1887), 541 ; en 1888, XCVI (1888), 578 ; XCVII (1888), 576 ; XCVIII (1888), 544 ; XCIX (1888), 336.

Rey (H.), médecin principal de la marine : Étude sur la Martinique, LXIX (1881), 260, 536 ; LXX (1881), 176.

Reynold : Son loch, LXV (1880), 653.

Rhin, transport français : sauvetage de ce bâtiment échoué à Mazatlan en 1865, LXVI (1880), 525.

Rhodes. — Voy. *Marine marchande*.

Riachuelo, cuirassé brésilien, LXXXI (1884), 480.

Ricaudy (De), capitaine de frégate : Le collège de la marine à Greenwich, LXXVII (1883), 692. — Organisation de l'École navale des États-Unis, LXXVIII (1883), 501.

Richard (G.) : Les torpilleurs automobiles *Lay* et *Williams*, LXXXIV (1885), 770.

Richelieu, cuirassé d'escadre : son renflouage, LXXIX (1883), 245.

Rikker : Sa chaudière à vapeur, LXIII (1879), 753.

Rio-Janeiro : Campagne de 1711 ; XCV (1887), 467 ; XCVI (1888), 296 ; XCVIII (1888), 76.

Riondel, capitaine de frégate : Les transports de la marine anglaise pour l'expédition d'Égypte, LXXV (1882), 615. — Le bombardement d'Alexandrie en 1882, LXXV (1882), 604.

Rio-Pongo (Le), LXXXV (1885), 29.

Rio-Uruguay (Les colonies françaises du), LXXIX (1883), 418.

Riveros (G.) : Capture de la *Pilcomayo*, canonnière péruvienne. LXIV (1880), 631.

Rivet (L.), capitaine de frégate : Le duel ou le jeu de la guerre navale, LXVIII (1881), 363. — Études sur la tactique navale, LXIX (1881), 284. — Étude sur la tactique de combat, LXXVII (1883), 625.

Robinson (Sir Spencer), amiral anglais : Les plaques de blindage des bâtiments de guerre, LXIII (1879), 104 ; LXIII (1879), 352.

Rocard, chef d'escadron d'artillerie de la marine : La flotte chinoise en 1879, LXIV (1880), 165. — Les transports à dos d'hommes dans les expéditions militaires, LXXXII (1884), 354.

Rochard (J.), inspecteur général du service de santé de la marine : La valeur économique de la vie humaine, LXXXIII (1884), 496.

Rodier, capitaine d'artillerie de la marine : Les progrès récents de l'artillerie de marine, LXXXIV (1885), 65. — Organisation politique et militaire des colonies étrangères, XC (1886), 56.

Rodney, cuirassé anglais, LXXXIII (1884), 558 ; ses essais, LXXXVII (1885), 183 ; XCVII (1888), 365 ; modifications apportées aux plans primitifs, XCVIII (1888), 536.

Rogliano (Le quartier de), XCI (1886), 85, 348.

Rolf-Krake, garde-côtes cuirassé danois, LXXI (1881), 182.

Rollet de l'Isle, sous-ingénieur hydrographe de la marine : Historique et état actuel du service des chronomètres au service hydrographique de la marine, XCIX (1888), 324, 480.

Romazzotti (G.), sous-ingénieur de la marine : Expériences de tir de la fabrique d'acier fondu de Krupp, LXXVIII (1883), 704.

Ronzinelli (Les) : Commerce des vieux filets, LXXII (1882), 109.

Roque, mécanicien principal de la marine : Guide pour l'emploi des machines à vapeur marines, LXVIII (1881), 437 ; LXIX (1881), 218.

Rosas : Les anglo-français dans la Plata sous sa dictature (1835-1852), LXII (1879), 584 ; LXIII (1879), 26.

Rose à relèvements destinée à faciliter la correction mécanique des compas, LXXXVIII (1886), 71.

Rosette, LXXIX (1883), 152.

Rosse, sous-commissaire de la marine : Éléments de droit maritime international, XCVII (1888), 446 ; XCVIII (1888), 5, 209, 411.

Rossel, lieutenant de vaisseau : Essais de la torpille *Lay*, LXIV (1880), 418. — Relèvement du *Grosser-Kurfürst*, LXV (1880), 325.

Rosset : son canon de 100 tonnes, LXIV (1880), 406, 629 ; LXIX (1881), 658.

Rossigneux (B.) : Système des impôts au Tonkin, LXXXI (1884), 261.

Rostaing (De), ancien capitaine de vaisseau : La marine militaire de la France sous Philippe le Bel (1294-1304), LXII (1879), 87. — L'expédition de *La Bourdonnais* dans la mer des Indes en 1746, LXVII (1880), 56, 412.

Rouge (Mer) : Récif inconnu, XCV (1888), 568. — Voy. *Pêches*.

Rouget (Ch.), inspecteur général des finances : Théorie des trajectoires, LXXXII (1884), 68.

Roulis. — Voy. *Constructions navales*.

Rousseau (A.), capitaine de frégate : Les éléments de la puissance navale, LXXVII (1883), 808.

Route à la mer : Moyens de prévenir les abordages entre navires à vapeur, LXII (1879), 779.

Rouvier (Ch.), lieutenant de vaisseau : notice nécrologique sur le contre-amiral *Sellier*, LXVIII (1881), 424.

Roux (F.-G.), peintre du département de la marine : notice nécrologique, LXXV (1882), 700.

Rover, croiseur anglais, LXXI (1881), 577.

Ruby, croiseur anglais, LXXI (1881), 580.

Ruelle : Applications de la transmission du travail à distance par l'électricité faites à la fonderie de Ruelle en 1880, LXXXIX (1886), 374.

Rufz de Lavison : Un chapitre de l'histoire de la Martinique : le gouvernement de M. de Vaugiraud (1814-1818), LXVI (1880), 311. — Notice nécrologique, LXXXIV (1885), 224.

Ruggiero di Lauria, cuirassé italien, LXXXII (1884), 493 ; LXXXIII (1884), 229.

Rupert, cuirassé anglais, LXVIII (1881), 312.

Russalka, monitor russe, LXIX (1881), 209.

Russel. — Voy. *Scott*.

Russia, paquebot russe, LXX (1881), 605.

Russie. Voy. *Artillerie, Budgets, Canaux, Chemins de fer, Constructions navales, Côtes, Marines marchande. et militaire, Navigation, Pêches, Pétrole, Torpilles*.

Rynda, croiseur russe de 1re classe, LXXXII (1884), 736 ; XCI (1886), 585.

S

Sable-Island, île de l'Atlantique nord : sa disparition, XCVIII (1888), 538.

Sachsen, corvette cuirassée allemande : ses essais, LXII (1879), 472 ; LXVIII (1881), 611.

Sack : Sa torpille offensive à réaction, LXIII (1879), 764.

Sagunto, frégate cuirassée espagnole, LXXI (1881), 155.

Saïd (Situation de Port-) en 1878, LXI (1879), 666.

Saïda, croiseur autrichien, LXXI (1881), 609.

Saint-Cristophe, colonie anglaise, LXVII (1880), 139.

Saint-Germain, paquebot : son renflouage, LXXIV (1882), 80.

Saint-Jean-d'Acre, LXXX (1884), 72.

Saint-Jean-de-Luz : sa rade, XCI (1886), 422.

Saint-Laurent. — Voy. *Canada*.

Saint-Paul (Ile) : ses pêches maritimes, LXXV (1882), 103.

Saint-Pétersbourg : son port et le nouveau canal maritime, LXII (1879), 246, 793 ; LXXXIII (1884), 577 ; LXXXVIII (1886), 348.

Saint-Pierre et Miquelon (Notice sur les îles), LXXVII (1883), 446 ; LXXXVIII (1886), 15 ; 238.

Saint-Sernin (De), lieutenant de vaisseau : Voyage aux lacs du Cambodge, XCVIII (1888), 369.

Saint-Servan (Inventaire des archives de la marine à), XC (1886), 281, 492.

Saint-Vincent, LXVII (1881), 556.

Sainte-Hélène (Ile) : ses pêches maritimes, LXXV (1882), 104. — Notice sur Sainte-Hélène, LXXV (1882), 236.

Sainte-Lucie, LXVII (1880), 572.

Sainte-Marie. — Voy. *Madagascar*.

Sainte-Maure. — Voy. *Marine marchande de la Grèce*.

Salamander, ponton autrichien, LXIX (1881), 481.

Salaun (E.), lieutenant de vaisseau : Essais de la *Mendoza*, LXIV (1880), 400. — Le budget de la marine anglaise pour 1884-1885 ; LXXXI (1884), 509 ; LXXXII (1884), 664.

Samarcande (Chemin de fer de la Caspienne à), XCVIII (1888), 194.

Samoa (Iles) : Traité d'alliance entre l'Allemagne et ces îles, LXII (1879), 257 ; LXVIII (1881), 397.

Samos (Ile de), LXXX (1884), 423.

Samuda. — Voy. *Aguilard.*

Sandfly, aviso torpilleur anglais, XCV (1887), 359.

Sandfort (De), ingénieur de la marine : Engrenage à vapeur pour gouverner (système *Nelson*), LXV (1880), 641.

Sandwich (Iles), LXXI (1881), 194 ; commerce et navigation en 1884, LXXXVIII (1886), 357.

San Francisco : Les machines et les établissements industriels de San Francisco, LXXIV (1882), 527. — Voy. *Ports.*

Sans-Pareil, cuirassé anglais : essais, XCIX (1888), 352.

Santa-Cruz (Marquis de) : Cérémonie du centenaire, XCVIII (1888), 183.

Sapphire, croiseur anglais, LXXI (1881), 576.

Sappho, croiseur anglais, LXXI (1881), 586.

Sardaigne :. Hydrographie de ses côtes, LXVII (1880), 634.

Sardegna, cuirassé italien : ses machines, XCIX (1888), 162.

Sardine : Rapport au Ministre de la marine sur la pêche de la sardine, XCVII (1888), 520 ; XCVIII (1888), 33.

Sardinian, paquebot anglais · sa rapide traversée, LXIII (1879), 520.

Saugus, ponton américain, LXXI (1881), 309.

Saulces de Freycinet (De), contre-amiral : notice nécrologique, LXXII (1882), 659.

Sautter (L.) : Notice sur les phares, fanaux, bouées et signaux sonores, LXX (1881), 299, 561 ; LXXI (1881), 502 ; LXXXI (1884), 355.

Sauvetage : Assemblée générale de la Société de sauvetage des naufragés du 10 mai 1879, LXII (1879), 494,

496. — La Société centrale de sauvetage des naufragés sur les côtes de France (1865-1879), LXII (1879), 521.

Expériences comparatives, en Angleterre, d'appareils de sauvetage, LX (1879), 234. — Engins de sauvetage pour la marine (système *Birt*), LXII (1879), 491.'—Projectile porte-amarre *Hunt*, LXII (1879), 783. — Matelas de sauvetage en liège (système *Petersen*), LXII (1879), 784.— Bouée électrique, XCI (1886), 196. — Bouée, XCVII (1888), 165. — Canot de sauvetage, XCV (1887), 537. — Canots à membrure articulée, XCIX (1888), 167. — Bateau de sauvetage à vapeur, XCVIII (1888), 354.— « Franklin life Buoy », XCIX (1888), 359. — Sauvetage rapide dans les abordages en mer, LXXXIV (1885), 375.

Projet d'établissement d'un réseau télégraphique de secours sur les côtes du golfe et du fleuve Saint-Laurent, LXII (1879), 785. — Voy. *Signaux.*

Savoïa, corvette italienne, LXXXII (1884), 193.

Savorgnan. — Voy. *Brazza.*

Schorpioen, monitor cuirassé hollandais, LXXI (1881), 171 ; sa perte, XCI (1886), 187.

Schwalbe, croiseur allemand, XCVII (1888), 158.

Schwartzkopf : Sa torpille, XCIX (1888), 360.

Schwérer (A.), enseigne de vaisseau : Note sur les huîtrières du Morbihan, XCVII (1888), 52.

Schwerer, capitaine de vaisseau : Considérations sur sa méthode pour l'étude des courbes d'évolution, LXVII (1880), 277.

Sclas, capitaine de frégate : Un yacht russe construit en Angleterre, LXIV (1880), 398. — Derniers progrès dans les machines et chaudières marines, LXVI (1880), 403.

Sciences militaires : la cryptographie et son application à l'art militaire, LXXXIV (1885), 371, 640.

Scilly : Projet d'établissement de station navale, XCVII (1888), 163.

Scorpion, garde-côtes à tourelles anglais, LXVIII (1881), 290.

Scorpionen, monitor cuirassé norvégien, LXXI (1881), 192.

Scott : sa torpille, LXXXV (1885), 727.

Scott Russel (J.) : Discussion sur le cuirassement des navires, LXIII (1879), 347.

Scout, croiseur torpilleur anglais, LXXXVI (1885), 664 ; LXXXVII (1885), 423. — Nouveaux navires de ce type pour la marine anglaise, LXXXIV (1885), 228 ; LXXXVI (1885), 449.

Sébastopol : Son nouveau port militaire, LXXXVIII (1886), 175.

Sedan, croiseur allemand, LXXI (1881), 597.

Segment « rapporteur », LXXVI (1883), 239.

Seine : Délimitation de la mer à l'embouchure de la Seine, LXXIII (1882), 357, 534 ; LXXIV (1882), 88. — Paris port de mer, LXXIX (1883), 605.

Selfridge : Son projet de canal interocéanique, LXII (1879), 137.

Sellier, contre-amiral : notice nécrologique, LXVIII (1881), 424.

Selwyn, amiral anglais : Discussion sur le cuirassement des navires, LXIII (1879), 351.

Sémaphores : Un nouveau sémaphore naval anglais, XCIII (1887), 443.

Sénégal (Notice sur le), LXXVII (1883), 396. — Ses dépendances, LXXXV (1885), 26. — Pénétration au Soudan, LXX (1881), 458 ; LXXI (1881), 456 ; LXXII (1882), 143, 637. — Le Soudan occidental, LXXVIII (1883), 5. — Le Diébédougou, LXXXI (1884), 501. — Voyage du Dʳ Bayol en Sénégambie, XCIV (1887), 441 ; XCV (1887), 72, 256, 438 ; XCVI (1888), 155, 492. — Navigabilité du fleuve du Sénégal, LXI (1879), 502. — Étude sur le fleuve Cazamance, LXXV (1882), 330. — Étude sur la barre du Sénégal, LXXXIX (1886,) 515. — Mé-téorologie, LXXIX (1883), 326 ; LXXXIII (1884), 536.

Sennett (Richard), ingénieur en chef de la marine anglaise : Relations entre les dimensions, la rapidité de mouvement et la puissance des machines à vapeur marines, LXXVIII (1883), 635.

Serpent, croiseur torpilleur anglais, LXXXIX (1886), 362 ; sa mise à l'eau, XCIII (1887), 625.

Serpette (A.), lieutenant de vaisseau : Emploi de l'ombre pour l'étude expérimentale d'une oscillation quelconque sur une mer agitée, de la giration et de la régulation des compas, LXXII (1882), 461. — La navigation en temps de brume, XCIV (1885), 183.

Serre, contre-amiral : Les marines de guerre de l'antiquité et du moyen âge, LXXXV (1885), 5, 314, 598 ; LXXXVII (1885), 22.

Serres (E.), enseigne de vaisseau : De l'emploi d'une table de lignes naturelles dans les calculs de mer, LXXXV (1885), 616.

Servan, capitaine de frégate : Projet de canal maritime de l'Océan à la Méditerranée, LXVII (1880), 297. — Rapports sur l'Exposition d'électricité de Vienne en 1883, LXXX (1884), 148, 437, 599, 609, 640.

Severn : Son compas avertisseur, LXIII (1879), 285.

Severn, croiseur anglais, LXXXIV (1885), 762 ; LXXXVII (1885), 425.

Sewastopol, frégate cuirassée russe, LXIX (1881), 195.

Sextant (Le), LXVII (1880), 526. — Le sextant binoculaire *Aved de Magnac* et les observations de nuit, LXXXIII (1884), 171. — Description d'un appareil destiné à éclairer le vernier et le limbe du sextant pour faciliter les lectures pendant les observations de nuit, LXXXVII (1885), 602.

Seymour, amiral anglais : Ses dépêches sur le bombardement d'Alexandrie, LXXV (1882), 604.

Sfax, croiseur français à flottaison cellulaire, LXXXI (1884), 468.

Shœburyness. — Voy. *Artillerie*.

Shah, croiseur anglais, LXXI (1881), 569 ; son artillerie, LXIX (1881), 657.

Shamrock, transport français ; réparation provisoire de ses avaries, XCVIII (1888), 304.

Shannon, cuirassé anglais, LXVIII (1881), 209.

Sharpee, embarcation américaine, LXX (1881), 5.

Sharpees (Les), en France, LXXII (1882), 42.

Sharpshooter, aviso anglais, XCIX (1888), 156.

Shelpoo (Rapport sur l'affaire de), LXXXVI (1885), 56.

Siam (Les îles et les côtes françaises du golfe de), XCI (1886), 395. — Aperçu sur la province de Battambang, XCII (1887), 5, 302.

Sibour, capitaine de vaisseau : Essais de la chaudière *Herreschoff* à bord d'une canonnière espagnole, LXV (1880), 451.

Siegel, lieutenant de la marine allemande : L'angle de dérive des navires, LXXVIII (1883), 679.

Sierra-Leone (Notice sur), LXXV (1882), 249.

Signaux : Appareil pour signaux de nuit à bord des navires de guerre allemands, LX (1879), 237. — La sirène *Wigham* pour signaux en temps de brume, LX (1879), 238. — Signaux de détresse et de brume au coton-poudre, LXII (1879), 784. — La trompette *Holms*, LXV (1880), 655. — Notice sur les signaux sonores, LXX (1881), 299, 561 ; LXXI (1881), 502 ; LXXXI (1884), 355. — Signaux par le canon, LXXXI (1884), 229. — Signaux de nuit électriques, LXXX ((1884), 437 ; LXXXIII (1884), 573. — Signaux acoustiques pour la marche des navires en temps de brume, LXXXIV (1885), 787. — Signaux pour indiquer la marche des navires, XCIII (1887), 627. — Emploi de la sirène et des résonnateurs pour les signaux de la marine, XCIV (1887), 346. — Signaux phoniques en temps de brume, XCVII (1888), 177, 385. — Feux de route pour prévenir les collisions, XCIX (1888), 177, 369. — Signaux transmis par les nuages, XCVIII (1888), 540. — Voy. *Sémaphores*.

Silans (L. de), enseigne de vaisseau : Fonte du canon de 100 tonnes à Turin, LXIV (1880), 406. — Essais du canon anglais de 80 tonnes, LXIV (1880), 414.

Silas (Ferdinand), ancien archiviste de l'ambassade de France à Vienne : Expédition autrichienne à l'île Jan-Mayen, XCII (1887), 385 ; XCIII (1887), 338 ; XCIV (1887), 5.

Silber : Ses appareils d'éclairage, LX (1879), 621.

Silotvaar (Le), poudre, XCI (1886), 589.

Silvado, garde-côtes cuirassé brésilien, LXXI (1881), 332.

Simart, lieutenant de vaisseau. Voy. *Guyou*.

Simon (J.), lieutenant de vaisseau : Position des hélices, LXIII (1879), 276. — Éclatement d'un canon *Krupp* de 24^{em}, LXIII (1879), 278. — Les ingénieurs-torpilleurs allemands, LXIII (1879), 281. — Le propulseur de *Bay*, LXIII (1879), 517. — Le personnel de la marine anglaise, LXIII (1879), 749. — Le *Phœnix*, LXIII (1879), 749. — Le *Rambler* et le *Ranger*, LXIII (1879), 749. — Le *Niger*, LXIII (1879), 750. — Collision de l'*Alexandra* et de l'*Achille*, LXIII (1879), 750. — Projet d'un grand cuirassé russe, LXIII (1879), 751. — Le *Habicht*, LXIII (1879), 752. — L'*Aragon*, LXIII (1879), 752. — Éclatement d'un des canons du *Renown*, LXIII (1879), 761. — Le torpilleur *Herreschoff*, LXIII (1879), 763. — Torpilleurs *Thornycroft* pour le *Northampton*, LXIII (1879), 763. — L'*Acheron*, LXIII (1879), 764. — Renflouement du *Columbia*, LXIII (1879), 767. — Les chargements de charbon,

LXIII (1879), 770. — Les grands sondages américains, LXIII (1879), 772. — Bon marché des transports aux États-Unis, LXIII (1879), 775. — Les canons-culasse *Armstrong* de 100 tonnes, LXIV (1880), 408. — Budget de la marine suédoise pour 1879, LX (1880), 217. — *État des constructions de la marine suédoise en 1879*, LXV (1880), 218. — Voy. aussi *tables des tomes* LX, LXI, LXII.

Simons : Sa drague porteuse, LXXI (1881), 207.

Sims : Ses torpilles, LXXXIX (1886), 178.

Sinistres maritimes. — Voy. *Naufrages*.

Sinope, cuirassé russe : LXXXII (1884), 736 ; état d'avancement, XCVI (1888), 188, 565.

Sirène irlandaise pour signaux en temps de brume, LX (1879), 238. — Emploi de la sirène, XCIV (1887), 346.

Sirius, croiseur anglais, LXXI (1881), 573.

Sivoutch, canonnière russe, LXXXII (1884), 936 ; LXXXIII (1884), 561.

Skipjaek, XCVII (1888), 567.

Sleeman (W.), officier de la marine ottomane : Les torpilles dans la guerre turco-russe, LXII (1879), 619.

Smertch, monitor cuirassé russe, LXIX (1881), 206.

Smith : Son appareil pour le chargement des gros canons, LX (1879), 216.

Smyrne, LXXX (1884), 649.

Société de sauvetage. — Voy. *Sauvetage*.

Solimoës, monitor cuirassé brésilien, LXXI (1881), 333.

Sondages. — Voy. *Hydrographie*.

Sondeurs (Les) à l'Exposition scientifique de Londres, LXV (1880), 457.

Souakim, LXXIX (1883), 180.

Soudan (Pénétration au), LXX (1881), 458 ; LXXI (1881), 456 ; LXXII (1882), 143, 637. — Le Soudan occidental, LXXVIII (1883), 5. — Météorologie, LXXIX (1883), 326 ; LXXXIII (1884), 536.

Soulou (Notes sur l'archipel de), LXXVI (1883), 237.

Soutes à charbon (Précautions à prendre contre l'ignition spontanée dans les), XCIX (1888), 161.

Southampton : expériences de lumière électrique, LXI (1879), 221.

Southport : Perte de deux bateaux de sauvetage, XCII (1887), 366.

Souverain, vaisseau français : notice historique, LXXIX (1883), 182.

Spalato, croiseur autrichien, LXXI (1881), 611.

Spartan, croiseur anglais, LXXI (1881), 573.

Spencer (Sir). — Voy. *Robinson*.

Spetsaïs, canonnière grecque, LXXXI (1884), 736.

Spezzia : Expériences de blindages, LXXVII (1883), 760 ; LXXXIV (1885), 175 ; XC (1886), 147. — Exercices de la marine italienne en octobre 1882, LXXVII (1883), 823.

Sphère : Nouveau système de la projection de la sphère, XCIV (1887), 228.

Spider, aviso-torpilleur anglais, XCV (1887), 359.

Spithead : Revue navale, XCIV (1887), 381, 588.

Sporades. — Voy. *Marine marchande de la Grèce*.

Sprée (Canal entre la) et l'Oder, LXIX (1881), 471.

Stabilité. — Voy. *Constructions navales*.

Staffetta, aviso italien, LXXI (1881), 615.

Stanley : Son premier établissement dans le Congo supérieur, LXIV (1880), 425.

Stations de charbon. — Voy. *Dépôts*.

Statique. — Voy. *Stabilité*.

Statistique. — État des ma-

rines militaires au 1er janvier 1880, LXV (1880), 632.

Statistique des marines marchandes à voiles et à vapeur du monde : en 1878-79, LXI (1879), 222 ; en 1879-80, LXVII (1880), 640 ; en 1883-84, LXXX (1884), 733 ; en 1884-85, LXXXIV (1885), 249 ; en 1885-86, LXXXVII (1885), 455.

Statistique des naufrages et événements de mer survenus sur les côtes de France en 1876 et 1877, LXIV (1880), 221 ; en 1879, LXII (1879), 246.

Statistique des pêches maritimes en France : en 1877, LXI (1879), 305 ; en 1878, LXIII (1879), 59 ; en 1879, LXVII (1880), 194 ; en 1880, LXXI (1881), 213 ; en 1881, LXXVI (1883), 47 ; en 1882, LXXIX (1883), 637 ; en 1883, LXXXV (1885), 201 ; en 1884, LXXXVIII (1886), 54.

Steamers pétroliers, XC (1886), 539.

Stein, frégate de croisière allemande, LXXI (1881), 597.

Stier, garde-côtes, cuirassé hollandais, LXXI (1881), 171.

Stockholm : Son bassin de carénage, LXII (1879), 789.

Stosch, croiseur allemand, LXXI (1881), 597.

Stratégie. — Voy. *Tactique navale.*

Strielok, clipper russe, LXXI (1881), 603.

Strjeletz, monitor russe, LXIX (1881), 208.

Stromboli, bélier-torpilleur italien, LXXXII (1884), 493 ; LXXXVIII (1886), 530.

Suède. — Voy. *Artillerie, Bassins, Budgets, Constructions navales, Marine militaire, Pêches, Voyages.*

Suez : Le canal maritime, LXII (1879), 139 ; LXXVIII (1883), 423. — Navigation de nuit, LXXXVII (1885), 669 ; XC (1886), 330. — Son éclairage, XCV (1887), 360. — La ville de Suez, LXXIX (1883), 149. — Route

du cap de Bonne - Espérance, XCIV (1887), 393.

Suhel (Z.) : Les dangers d'incendie par l'éclairage électrique, LXXVI (1883), 491.

Sulfure de calcium (Indication des mouvements de la barre au moyen de la phosphorescence du), LXXXVII (1885), 670.

Sulina, torpilleur russe : son accident, LX (1879), 813.

Sultan, cuirassé anglais : modifications à son armement, LXII (1879), 471 ; LXVIII (1881), 33.

Summer : Son système de bigues, LXV (1880), 647.

Sunderland : Commerce et navigation de ce port en 1878, LXII (1879), 794. — Améliorations de son port, LXVII (1880), 640.

Superb, cuirassé anglais, LXVIII (1881), 39 ; transformation, XCIX (1888), 157.

Surprise, aviso anglais ; ses essais, LXXXVI (1885), 451.

Surville (C. de), vice-amiral : notice nécrologique, LXIX (1881), 440.

Svéa, cuirassé suédois, XCI (1886), 586 ; XCII (1887), 176.

Svelt, steamer pétrolier, XC (1886), 539.

Swallow, corvette anglaise, LXXXII (1884), 493 ; LXXXVII (1885), 188.

Swatara, croiseur américain, LXXI (1881), 620.

Swiftsure, cuirassé anglais, LXVIII (1881), 297.

Symonds (Thomas), amiral anglais : son opinion sur la flotte anglaise, LXXVI (1883), 38.

Symplésomètre, LXV (1880), 656.

Syrie (La) et la Palestine en 1882, LXXVI (1883), 30. — Les côtes de Syrie et de l'Asie Mineure, LXXX (1884), 43, 389, 643.

T

Tabago, LXVII (1880), 566.

Tables du Négrier, LXIX (1881), 249.

Tactique : Essai historique sur la stratégie et la tactique des flottes modernes, LXI (1879), 271, 514. — Études sur la tactique navale, LXIX (1881), 284.— Études comparatives de tactique navale, LXXVI (1883), 59, 369 ; LXXVII (1883), 134 ; LXXVIII (1883), 33. — Tactique navale officielle, LXXXIII (1884), 673. — Contributions à la géométrie de la tactique navale, LXXXII (1884), 591.—Note sur la tactique en essai, LX (1879), 410. — Tactique de combat, usage à faire des moyens actuels d'attaque et de défense, LXXVII (1883), 625. — Étude sur la tactique d'abordage, LXIX (1881), 106.

Emploi des tables de *Decante* dans les évolutions d'escadre, LX (1879), 235. — Considérations sur la méthode *Schwerer* pour l'étude des courbes d'évolution, LXVII (1880), 277.— Puissance d'évolutions des bâtiments, LXXVIII (1883), 356. — Pouvoir giratoire des navires, LXV (1880), 561. — Mouvement simultané de deux bâtiments, LXVII (1880), 462. — Angle de dérive des navires, LXXVIII (1883), 679. —

Les combats de mer, LXXIX (1883), 63. — Du choc dans une bataille navale, LXXXII (1884), 680. — Étude sur les opérations combinées des armées de terre et de mer, LXXIII (1882), 287, 615 ; LXXIV (1882), 113 ; LXXVII (1883), 208 ; LXXVIII (1883), 198 ; XCIII (1887), 292, 449 ; XCIV (1887), 401 ; XCV (1887), 45, 282, 403. — La vitesse considérée comme un facteur dans les opérations navales, XCVI (1888), 573.

Navigation sous-marine appliquée à la défense des ports, XC (1886), 192 ; XCII (1887), 100. — Les forts contre les vaisseaux, XCVII (1888), 571. — Attaques simulées contre les forts anglais, XCIV (1887), 579. — Bombardement des villes ouvertes sur les côtes, XCIX (1888), 164.

Importance des feux du travers et proposition d'un feu pour l'étude des combats sur mer, LXV (1880), 477. —Rôle de l'artillerie dans un combat d'escadre, LXVII (1880), 181. — De l'attaque des navires cuirassés par l'artillerie, LXXVII (1883), 228.

Règlement pour la navigation en escadre des navires de guerre allemands, LXII (1879), 755. — Considération sur les grands navires italiens au point de vue de la tactique navale, LXXVI (1883), 400.

Le duel ou jeu de la guerre navale, LXVIII (1881), 363. — Le jeu du blocus naval, XCVII (1888), 570 ; XCVIII (1888), 194.

Les batailles navales au milieu du XVIIe siècle, LXXXV (1885), 497 ; LXXXVI (1885), 74. — Considérations sur les opérations navales de l'expédition d'Alger, LXIX (1881), 496. — Combat du vaisseau le d'*Hautpoul* et du vaisseau anglais le *Pompée*, LXXXIX (1886), 198. — Étude sur les combats livrés sur mer de 1854 à 1870, LVIII (1881), 178, 479 ; LXX (1881), 395, 504 ; de 1860 à 1883, LXXXI (1884), 5. — La bataille de Port-Saïd, LXXXIV (1885), 74.

Tage, croiseur français, LXXXVII (1885), 642.

Tahata, LXXIX (1883), 175.

Taïti : Le concours agricole et industriel de Papeete en 1878, LXI (1879), 321. — Notice sur Taïti, LXXVII (1883), 475.

Takatchiko, croiseur japonais, LXXXVI (1885), 201 ; LXXXIX (1886), 366.

Talisman, aviso français : Rapport sur la campagne scientifique de ce bâtiment, faite en 1883, LXXX (1884), 497.

Tamandare, garde-côtes cuirassé brésilien, LXXI (1881), 330.

Tangage. — Voy. *Constructions navales.*

Tantah, LXXIX (1883), 163.

Tarente, son port militaire, XCVIII (1888), 191.

Tartar, croiseur torpilleur anglais, LXXXVII (1885), 649 ; XCI (1886), 584 ; XCV (1887), 358.

Tasmanie (Notice sur la), LXX (1881), 365.

Taxes locales dans les ports anglais, LXXVI (1883), 228.

Tchekatcheff, amiral russe : Son projet de réorganisation de la marine russe, LXII (1879), 227.

Tcherodeilla, monitor russe, LXIX (1881), 209.

Tchi-Yuen, croiseur protégé chinois, LXXX (1884), 230.

Tegetthoff, cuirassé autrichien ; ses pompes, LXVIII (1881), 233 ; LXIX (1881), 492.

Télégraphie : Détermination des longitudes par le télégraphe, LXI (1879), 5 ; LXXXII (1884), 427. — Projet d'établissement d'un réseau télégraphique de secours sur les côtes du golfe et du fleuve Saint-Laurent, LXII (1879), 785. — Projet d'un câble télégraphique entre Vancouver et l'Australie, XCVIII (1888), 540. — Télégraphie optique, LXXXVII (1885), 80, 403, 671.

Télémètre *Le Cyre*, LXXV (1882), 584.

Téléphone : Son emploi pour s'assurer de l'état des torpilles fixes, LXI (1879), 649. — Le nouveau téléphone Edison, LXIII (1879), 682. — Application de la téléphonie à bord des navires et aux exercices de tir, LXXXIII (1884), 574. — La téléphonie en mer, LXXXIV (1885), 247 ; XCVII (1888), 165. — Communications téléphoniques entre bâtiments, XCV (1887), 537. —

Tematangy (Ile), LXXI (1881), 138.

Téméraire, cuirassé anglais,

LXVIII (1881), 40 ; son artillerie, XCVIII (1888), 186.

Températures de la mer, LX (1879), 278, 602 ; LXI (1879), 12 ; dans l'estuaire girondin et à Arcachon en 1879-1880, LXIX (1881), 5.

Tempêtes. — Voy. *Météorologie.*

Temple, lieutenant de vaisseau anglais : L'hydrographie en Angleterre, LXIII (1879), 520.

Tenaille d'Estais, enseigne de vaisseau : Voyage à pied du Remboë au lac Azhingo et à l'Ogôoué (1882), LXXVIII (1883), 241.

Tenedos, croiseur anglais, LXXI (1881), 573.

Ternay (D'Arsac de), chef d'escadre (1723-1780), LXXIII (1882), 182.

Ternet (E.), lieutenant de vaisseau : Essais à la vapeur de l'*Iris*, croiseur anglais, LXII (1879), 381, 814. — Sur la propulsion des navires à coques jumelles, LXIII (1879), 16.

Terre-Neuve (Notice sur), LXXVI (1883), 442. — Commerce en 1884, XC (1886), 334. — Observations faites à bord de la frégate la *Clorinde*, pendant la campagne de 1886, XCIII (1887), 398. — La pêche de la morue et du homard, XCVIII (1888), 319.

Terrible, cuirassé anglais, LXIX (1881), 448.

Terrible, garde-côtes français : ses plaques, LXXI (1881), 205.

Terror, monitor cuirassé américain, LXXI (1881), 307.

Tessan (L.-U. Dortet de), ingénieur-hydrographe : notice nécrologique, LXIV (1880), 148.

Testot-Ferry (A.), enseigne de vaisseau : Le rio *Pilcomayo*, route maritime de la Bolivie à l'océan Atlantique, LXVII (1880), 513.

Testu de Balincourt, lieutenant de vaisseau : La marine militaire italienne en 1888, XCVI (1888), 560.

Thames, croiseur anglais, LXXXVIII (1886), 166; LXXXIX (1886), 392; ses essais, XCII (1887), 365; XCIII (1887), 215.

Thé (Le) au Japon, LXII (1879), 417.

Thèbes, LXXIX (1883), 177.

Théorie du navire. — Voy. *Constructions navales*.

Thermomètre (La [route de l'Australie par le), LXXIII (1882), 576.

Thermométrie : Inégale distribution de la chaleur dans les deux hémisphères, LXXXIV (1885), 787.

Thetis, croiseur anglais, LXXI (1881), 576.

Thibault (E.), chef de bureau au ministère de la marine : Notice nécrologique sur le commandant A. *Trève* (1829-1885), LXXXVIII (1886), 156.

Thiersaut. — Voy. *Dabry*.

Thomson : Notice sur son compas, LXVIII (1881), 352.

Thor, monitor cuirassé norwégien, LXXI (1881), 192.

Thordon, monitor cuirassé danois, LXXI (1881), 190.

Thornycroft : Ses torpilleurs, LX (1879), 227; LXII (1879), 244 : LXIII (1879), 763; LXXVIII (1883), 119; LXXX (1884), 484, 489; LXXXV (1885), 700, 723; LXXXVII (1885), 201; LXXXIX (1886), 177, 373; XCII (1887), 374.

Thoulet, professeur à la Faculté des sciences de Nancy : Observations faites à Terre-Neuve, à bord de la frégate la *Clorinde*, pendant la campagne de 1886, XCIII (1887), 398.

Thrudvang, monitor cuirassé norvégien, LXXI (1881), 192.

Thunderer, cuirassé anglais, LXVIII (1881), 47; éclatement d'un de ses canons, LX (1879), 809; rapport de la commission d'enquête chargée de rechercher les causes de cette explosion, LXI (1879), 371; observations de la presse anglaise sur le rapport de l'amirauté relatif à cet accident, LXI (1879), 218; expériences sur l'éclatement de son canon, LXII (1879), 239; LXIV (1880), 413; LXV (1880), 292 ses machines, XCIX (1888), 602.

Ting-Yuen, cuirassé à tourelles chinois, LXXX (1884), 226.

Tir. — Voy. *Artillerie*.

Tjassens (Dittlof), lieutenant de vaisseau de la marine : Rapport sur le télémètre *Le Cyre*, LXXV (1882), 554.

Tôles. — Voy. *Métallurgie*.

Tonkin : Le protectorat du Tonkin, LXXXIV (1885), 280, 571. — Renseignements sur la province de Lang-Son et la frontière du Tonkin et de la Chine, LXXI (1881), 419. — Les ports du Tonkin, LXXXVIII (1886), 381; — ses rivières, XC (1886), 5. — Système des impôts, LXXXI (1884), 261. — Rapport de la commission technique des chemins de fer du Tonkin, XCV (1887), 369. — Analyse et traduction d'un ouvrage sur l'historique du Tonkin, XCVI (1888), 35, 209. — Deux années au Tonkin, XCV (1887), 143. — Le Tonkin en 1883, XCVI (1888), 113.

Tonli-Sap (Lac du Cambodge) : sa pêche, LXI (1879), 535.

Tonnage des navires, LX (1879), 801.

Tonnant, garde-côtes cuirassé français, LXVII (1880), 625.

Tonnot, capitaine adjudant-major d'infanterie de marine : La construction des chemins de fer militaires pendant la guerre russo-turque de 1877-78, LXVI (1880), 685. — De l'adaptation des navires à vapeur de long cours aux besoins de la guerre, LXVIII (1881), 319. — L'armée chinoise, LXX (1881), 223. — Voyages en Mésopotamie de *Lovett Cameron*, LXIX (1881), 570. — Sir Thomas Brassey et la marine anglaise, LXXVI (1883), 475. — Relations entre les dimensions, la rapidité de mouvement et la puissance des machines à vapeur marines, LXXVIII (1883), 635.

Tordens'kjold, cuirassé danois, LXVII (1880), 638.

Toretz, canonnière russe, XCVI (1888), 188.

Torpilles. — GÉNÉRALITÉS : Discussion sur les torpilles à l'*United service Institution*, XCVII (1888), 573. — Emploi du téléphone pour s'assurer de l'état des torpilles fixes, LXI (1879), 649. — Appareil anglais pour enlever les torpilles, LXIII (1879), 282. — Attaque par les torpilles et défense à opposer, LXXIX (1883), 199. — Filets contre les torpilles, LXXXVII (1885), 443. — Prix offerts par l'amirauté russe aux auteurs des meilleurs projets de défense contre les torpilles, LXXXIX (1886), 363.

PERSONNEL : *L'École des torpilles de la marine des États-Unis*, LXI (1879), 651. — Agrandissement de l'École flottante de torpilles en Angleterre, LXXXII (1884), 263.

PRATIQUE : *De leur emploi comme arme des canots à vapeur contre les bâtiments*, LXII (1879), 5. — Torpilles à bord des navires et des embarcations de combat, LXIV (1880), 324 ; LXXXII (1884), 269. — Les torpilles dans la guerre turco-russe, LXII (1879), 619. — Batteries de torpilles sur les côtes allemandes, LXXXII (1884), 506. — État de la défense par les torpilles en Espagne, XCIX (1888), 360. — Organisation des mines et torpilles en Russie, LXXVI (1883), 762.

Expériences de torpilles à Portsmouth, LX (1879), 224 ; en Angleterre, LXXXVI (1885), 468 ; à Kiel, par des officiers de la marine chinoise, LXXVI (1883), 227 ; à la Spezia, LXXXIII (1884), 254 ; à Malte, XCI (1886), 192 ; XCVII (1888), 166. — En Portugal, LXXXIII (1884), 254. — Exercices de torpilles sur le *Blücher*, LXX (1881), 475. — Essais contre l'*Elbe*, LXX (1881), 475 ; contre la *Résistance*, XCIV (1887), 385 ; XCVII (1888), 166. — Effets des explosions de torpilles, LXXXV (1885), 465. — Accident de torpilles à bord du *Severn*, croiseur anglais, XCVIII (1888), 542.

SYSTÈMES : Torpilles portées, LXXXVII (1885), 217 ; leur nouveau mode d'installation, LXXXII (1884), 263.

Torpilles *Berdan*, LXXXVII (1885), 440 ; comparaison avec l'obus Zalinski, XCVI (1888), 199 ; XCVIII (1888), 541. — *Brennan*, LXXXVI (1885), 210 ; LXXXVIII (1886), 541 ; XCI (1886), 592 ; XCIII (1887), 443 ; XCIV (1887), 595 ; XCVI (1888), 96. — *Ericsson*, LXVII (1880), 637. — *Howell*, LXXXVII (1885), 248 ; XCIX (1888), 166. — *Lay*, LXIV (1880), 418 ; expérience en Turquie, LXXVI (1883), 225 ; dans le Bosphore, LXXVI (1883), 765. — *Nordenfelt*, XCVIII (1888), 358. — *Paulson*, LXXXVI (1885), 702 ; LXXXIX (1886), 372. — *Peck*, XCII (1887), 563. — *Reunert-Sack*, LXIII (1879), 764. — *Schwartzkopf*, XCIX (1888), 360. — *Scott*, LXXXV (1885), 727. — *Sims*, LXXXIX (1886), 178. — *Weeks*, LXXXVI (1885), 704. — *Whitehead*, LXXI (1881), 412 ; expériences faites par le *Glatton*, LX (1879), 226. — *Woolwich*, LXXXII (1884), 506. — Torpilles *poissons* anglaises, LXXXIV (1885), 244, 512. — Les torpilles américaines, LXI (1879), 237 ; LX (1879), 517 ; LXXXVI (1885), 210. — Torpille offensive à réaction, LXIII (1879), 764. — Bombe-torpille russe, LXII (1879), 245.

Torpilleurs. — GÉNÉRALITÉS : Études comparatives sur les torpilleurs de diverses provenances, LXXXIII (1884), 237. — Les torpilleurs et leurs perfectionnements, LXXXVI (1885), 201. — Le meilleur bateau torpilleur, XCIV (1887), 392. — Expériences pour mettre en pression les torpilleurs de 2e classe à bord des bâtiments, LXII (1879), 244. — Modifications dans les chaufferies des torpilleurs, LXII (1879), 478. — Emploi du pétrole à bord des torpilleurs, XCVII (1888), 370. — Disposition pour la réserve des torpilleurs, LXI (1879), 220.

PERSONNEL : Le personnel des torpilleurs de la marine allemande, LX (1879), 494. — *Création d'un corps*

d'ingénieurs torpilleurs en Allemagne, LXII (1879), 757 ; LXIII (1879), 281. — Les officiers torpilleurs de la marine anglaise, LXI (1879), 438.

TACTIQUE : Emploi de la lumière électrique pour protéger les escadres contre les torpilleurs, LXXVI (1883), 227. — Simulacre d'attaque et de défense par des torpilleurs en Angleterre, LXVII (1880), 580. — Emploi des torpilleurs pour la défense des côtes, LXXXV (1885), 245. — Rôle des torpilleurs dans une bataille navale, LXXXVI (1885), 212. — Exercices de torpilleurs, LX (1879), 229 ; LXII (1879), 777. — Tactique des torpilleurs, LXXXVIII (1886), 532. — Voy. aussi *Navigation : rapports de mer de divers torpilleurs.*

SYSTÈMES : Torpilleurs : *Goubet*, LXXXVIII (1886), 346. — *Herreshoff*, LX (1879), 811 ; LXI (1879), 422, 651 ; LXIII (1879), 763. — *Lay* et *Williams*, LXXXIV (1885), 770. — *Mortensen*, LXI (1879), 649. — *Normand*, LXXVI (1883), 226. — *Nordenfelt*, LXXXVII (1885), 211, 436 ; LXXXVIII (1886), 534 ; LXXXIX (1886), 567 ; XCII (1887), 177 ; XCIII (1886), 621 ; XCIV (1887), 213, 390 ; XCVI (1888), 196 ; XCVII (1888), 167. — *Schichau*, LX (1879), 228 ; LXXXIX (1886), 177, 373, 568 ; XCI (1886), 192, 590. — *Thornycroft*, LX (1879), 227 ; LXII (1879), 244 ; LXIII (1879), 763 ; LXXVI (1883), 226 ; LXXVIII (1883), 119 ; LXXX (1884), 484, 489 ; LXXXV (1885), 700, 723 ; LXXXVII (1885), 201 ; LXXXIX (1886), 177, 373 ; XCII (1887), 374. — *Tuck*, LXXXIII (1884), 568. — *Welch*, LXXXVII (1885), 210. — *White*, XXXVIII (1886), 173. — *Yarrow*, LX (1879), 517 ; LXI (1879), 220 ; LXII (1879), 777 ; LXV (1880), 648 ; LXVII (1880), 276 ; LXXXII (1884), 168, 261 ; LXXXIV (1885), 769 ; LXXXV (1885), 464, 724 ; LXXXVI (1885), 700, 701 ; LXXXVII (1885), 207 ; LXXXVIII (1886), 344 ; LXXXIX (1886), 177, 373 ; XC (1886), 328 ;

XCII (1887), 176 ; XCIII (1887), 626 ; XCIV (1887), 215, 594 ; XCVII (1888), 169, 369 ; XCVIII (1888), 197 ; XCIX (1888), 156. — *Zalinsky*, LXXXVII (1885), 439.

Projet de torpilleur sous-marin, LXXXVII (1885), 216. — Torpilleurs sous-marins, XCII (1887), 177. — Torpilleur électrique sous-marin, LXXXVI (1885), 458. — Torpilleur à propulsion hydraulique, LXXXVI (1885), 701. — Torpilleur de haute mer : le *Buona Ventura*, XCIV (1887), 392.

CONTRE-TORPILLEURS : Contre-torpilleurs à mitrailleuses, LXXXII (1884), 465.

Voy. *Constructions navales des diverses puissances.*

Toster : Sa lampe sous-marine, LXI (1879), 438.

Touchard, vice-amiral : Discours prononcé à la Chambre des députés lors de la discussion du budget de la marine de 1879, LX (1879), 115. — Notice nécrologique, LXI (1879), 201.

Toulon (La rade de) et sa défense, LXX (1881), 580 ; LXXI (1881), 68, 296.

Toupie : Théorie élémentaire, d'après les méthodes de Poinsot, du mouvement de la toupie et de son application à un horizon artificiel, permettant d'obtenir à la mer la hauteur des astres, XCI (1886), 433. — Appendice au mémoire sur le mouvement de la toupie, XCII (1887), 539.

Tour. — Voy. *Artillerie.*

Tourmaline, croiseur anglais, LXXI (1881), 580.

Tourville et la marine de son temps, XCIX (1888), 577.

Tracé des voûtes en anse de panier : Méthode nouvelle par MM. F. *Gossot*, capitaine d'artillerie de marine, et *Dubois*, conducteur des ponts et chaussées, XCIV (1887), 474 ; XCV (1887), 105, 223.

Trafalgar, cuirassé anglais, LXXXVIII (1886), 525 ; son lancement, XCV (1887), 350 ; supplément d'ar-

mure, XCIX (1888), 156. — Voy. *Histoire*.

Trajectoires (Théorie des), LXXXII (1884), 68.

Transports : Transport des troupes : exercices d'embarquement et de débarquement de troupes en Allemagne, LXXI (1881), 416. — La question des transports dans la marine anglaise, LXII (1879), 225 ; LXXVII (1883), 318. — Transport pendant la campagne d'Égypte de 1882, LXXV (1882), 615, 619. — Transports à dos d'hommes dans les expéditions militaires, LXXXII (1884), 354.

Les transports à bon marché aux États-Unis, LXIII (1879), 775.

Transsaharien : Les relations de l'Algérie avec l'Afrique centrale, LXII (1879), 70.

Travailleur, aviso français : Rapport sur la campagne scientifique de ce bâtiment, faite en 1882, LXXVI (1883), 454.

Travaux adressés à la *Revue*, — Voy. *Revue maritime*.

Travaux hydrauliques et maritimes : Travaux à la mer en Angleterre, LXIX (1881), 465. — Approfondissement de la Clyde, XCVIII (1888), 542 ; XCIX (1888), 358. — Dessèchement du Zuiderzée, XCVII (1888), 371. — Élargissement du détroit de Chalcis, LXXXVI (1885), 69. — Enlèvement d'enrochements aux abords de New-York, LXIII (1879), 288. — Ouverture d'un bassin de radoub à Esquimalt, XCIII (1887), 217 ; XCV (1887), 536. — Ouverture d'un bassin de radoub à Aukland, XCVII (1888), 371. — Nouvelle méthode pour le tracé des voûtes en anse de panier, XCIV (1887), 474 ; XCV (1887), 105, 223. — Voy. *Canaux* et *Ports*.

Trentinian, général d'infanterie de la marine : Notice nécrologique, LXXXVI (1885), 663.

Trenton, croiseur américain, LXXI (1881), 619.

Trève (A.), capitaine de vaisseau : Note sur les courants d'Ampère,

LXIII (1879), 640. — Sur une application de la préexistence des courants d'Ampère dans le fer doux, LXIV (1880), 636. — Sur de nouveaux tubes lumineux, LXIV (1880), 637. — Note sur des phénomènes de mécanique moléculaire, LXXVI (1883), 495. — Notice nécrologique, LXXXVIII (1886), 156.

Trieste : Son nouveau port, LXXXVII (1885), 443.

Trinité (La), colonie anglaise, LXVII (1880), 436.

Tripoli, croiseur torpilleur italien, XC (1886), 536 ; ses essais, XCIII (1887), 626.

Tripoli. — Voy. *Pêches*.

Triremi, LXXXVII (1885), 24.

Triumph, cuirassé anglais, LXVIII (1881), 297.

Trombes — Voy. *Météorologie*.

Trompette pour signaux de brouillard (système *Holme*), LXV (1880), 655.

Troupes coloniales de la Cochinchine, LXXXIII (1884), 352. — L'armée coloniale de l'Inde néerlandaise, LXXXIV (1885), 5.

Tsapli, torpilleur russe : sa perte, LXXVI (1883), 226.

Tschesma, cuirassé russe, LXXXII (1884), 736 ; emploi du pétrole à bord, XCIV (1887), 387 ; essais, XCVI (1888), 188, 387 ; avancement, XCVI (1888), 565.

Tucha, canonnière russe, LXV (1880), 447.

Tuck, torpilleur électrique sousmarin, LXXXIII (1884), 568.

Tunis. — Voy. *Pêches*.

Tunisie (Souvenirs de l'expédition de), LXXIII (1882), 404 ; LXXV (1882), 179. — Les opérations maritimes de l'expédition de Tunisie, LXXVI (1883), 169. — Caboteurs et pêcheurs de la côte, LXXXII (1884), 5.

Turenne, cuirassé français : son lancement, LXIII (1879), 746.

Turques (Iles), colonie anglaise, LXVI (1880), 238.

Turquie. — Voy. *Artillerie, Chemins de fer, Constructions navales, Côtes, Marine militaire, Pêches, Torpilleurs.*

Turquoise, croiseur anglais, LXXI (1881), 580.

Tyger, moniteur cuirassé hollandais, LXXI (1881), 173.

Tyne, transport anglais : son armement, LXI (1879), 632.

Typhon, monitor russe, LXIX (1881), 208.

Typhons. — Voy. *Météorologie.*

Tyrfing, monitor cuirassé danois, LXXI (1881), 190.

U

Uchatius, colonel autrichien : Son artillerie de forteresse et de siège, LXII (1879), 766.

Ugor, torpilleur russe : son accident, LX (1879), 813.

Undaunted, croiseur protégé anglais, LXXXVII (1885), 649 ; XCII (1887), 365 ; XCIV (1887), 387.

Unébi, croiseur japonais, LXXXIX (1886), 366.

Uniformes : L'uniforme de la marine anglaise, LXXVI (1883), 217 ; — de la marine allemande, LXXXVIII (1886), 337 ; costume de nageur adopté dans la flotte, XCIV (1888), 346.

Uragan, monitor cuirassé russe, LXIX (1881), 208.

Uraletz, croiseur russe : lancement, XCVI (1888), 386, 566.

V

Vagues : Des lames de haute mer, LX (1879), 627 ; LXI (1879), 104. — Études expérimentales sur les mouvements de l'atmosphère et sur les ondulations de la mer, LXV (1880), 304. — Relation entre la période réelle des vagues et la période observée à bord d'un navire en marche, LXVII (1880), 590.

Valessie, capitaine de vaisseau : Note sur son compteur différentiel, LX (1879), 257 ; LXXIV (1882), 55. — Rapport de M. Dupuy de Lôme sur son compteur différentiel, LXI (1879), 368.

Valiant, frégate cuirassée anglaise, LXVIII (1881), 16.

Vallerey (J.), enseigne de vaisseau : Calcul de la longitude à la mer, LXVII (1880), 116. — Note sur le sextant, LXVII (1880), 526.

Vancouver : Projet de câble télégraphique avec l'Australie, XCVIII (1888), 540.

Vandalia, croiseur américain, LXXI (1881), 620.

Vanderberg, messager naval, LXXI (1881), 208.

Vanguard, cuirassé anglais : destruction de ses mâts, LXII (1879), 504.

Vapeur. — Voy. *Machines.*

Varechs. — Voy. *Flore marine.*

Vasco-da-Gama, corvette cuirassée portugaise, LXXI (1881), 158.

Vaugiraud (Le gouvernement de M. de) à la Martinique, LXVI (1880), 311.

Vauvert de Méan, consul de France à San-Francisco : Pêcheries de l'Orégon et du territoire de Washington, LXXVI (1883), 498. — Pêche de la morue dans le nord du Pacifique en 1883, LXXX (1884), 732.

Vedel (E.), enseigne de vaisseau : Note sur le renflouage, le remorquage

et les *réparations* du paquebot le *Saint-Germain*, LXXIV (1882), 80.

Véga (La) et le passage du Nord-Est : Relation du lieutenant Hovgaard, LXIV (1880), 297.

Venezia, bâtiment-école italien, LXX (1881), 491.

Ventero, canonnière italienne, LXXXII (1884), 493.

Vent (Iles sous le), LXVI (1880), 506 ; LXVIII (1881), 397.

Vent : Observations sur les vitesses relatives du vent et du navire à bord du *Jean-Bart* (*suite et fin*), LXXXVII (1885), 5 ; LXXXVIII (1886), 78. — La force du vent emmagasinée, XCVIII (1888), 356. — Voy. *Météorologie*.

Ventilation des navires, LXXXIV (1885), 245.

Verneuil, consul de France : Effectif de la marine marchande allemande, LXV (1880), 449.

Véron (L.), lieutenant de vaisseau : Manque de stabilité des navires en général, LXII (1879). 269.

Vers à soie au Japon, LXII (1879), 431.

Very (E.-W.), lieutenant de vaisseau de la marine des États-Unis : De l'emploi des torpilleurs pour la défense des côtes, LXXXV (1885), 245.

Vesuvio, bélier torpilleur italien, LXXXII (1884), 493.

Vesuvius, croiseur américain : son lancement, XCVII (1888), 565 ; ses essais, XCIX (1888), 602.

Vêtements incombustibles, LXXXVIII (1886), 371.

Vial (P.), capitaine de frégate en retraite : Moyens de prévenir les abordages entre navires à vapeur, LXII (1879), 779. — Études expérimentales sur les mouvements de l'atmosphère, sur les ondulations de la mer et sur la forme des carènes, LXV (1880), 304. — Les progrès de la marine à vapeur et l'amélioration de nos ports, LXXIII (1882), 501.

Vicary, contre-amiral : notice nécrologique, XCIV (1887), 369.

Victoria, croiseur anglais : ses

essais de vitesse, LXXXVI (1885), 200 ; XCVIII (1888), 351.

Victoria, colonie anglaise, LXIX (1881), 155.

Viehoff (Ch.), ancien officier de la marine des Pays-Bas : Le *Livadia*, LXVIII (1881), 329, 646.

Vidal (L.), capitaine de frégate : Note sur le théorème fondamental de la méthode des compas conjugués, LXI (1879), 617. — Centre de gravité et moment d'inertie de la surface héliçoïdale, LXXII (1882), 74. — Note sur la longueur du nœud de la ligne de loch, LXXII (1882), 340. — Contributions à la géométrie de la tactique navale, LXXXII (1884), 591. — La bataille de Port-Saïd, LXXXIV (1885), 74. — La loi des cyclones du commandant E. *Fournier*, LXXXIV (1885), 386. — Le compas *Bisson*, XCI (1886), 126.

Vie humaine : Sa valeur économique, LXXXIII (1884), 496.

Vierges (Iles), LXVII (1880), 160.

Vignot (H.), enseigne de vaisseau : Étude comparative de deux façons de résoudre le calcul d'angle horaire, LXI (1879), 343. — Essai de météorologie, LXIII (1879), 391.

Vigorite, poudre, LX (1879), 224.

Vinson, sous-commissaire de la marine : Le port et le quartier maritime de la Ciotat, XC (1886), 305. — La navigation fictive, XCIV (1887), 337. — Infractions à la police de la navigation et des pêches maritimes et de leur répression, XCVIII (1888), 106.

Viper, canonnière cuirassée allemande, LXVIII (1881), 613.

Vipère, canonnière française, LXIX (1881), 449.

Vision : Les conditions exigées au point de vue de la vision dans la marine, LXXIII (1882), 440 ; LXXIV (1882), 335, 477.

Vitesses relatives du vent et du navire à bord du *Jean-Bart*, LXXXVII (1885), 5 ; LXXXVIII (1886), 78. — Vitesse considérée comme facteur dans

les opérations navales, XCVI (1888), 573.

Vitiaz, croiseur russe, LXXXII (1884), 736.

Vitoria, frégate cuirassée espagnole, LXXI (1881), 153.

Vivant (E.), mécanicien en chef de la marine : Poinçon *Kennedy* à spirale, LX (1879), 206. — Expériences faites en Angleterre sur les tôles d'acier pour la construction des chaudières et des navires (*suite et fin*), LX (1879), 380, 727. — Les chaudières soudées, LXV (1880), 230. — Le *Gallia*, LXVI (1880), 187. — Nouveau mode de construction des chaudières, LXVI (1880), 189.—Les navires du type *Nelson*, LXVII (1880), 263. — Les machines du *Nelson* et du *Northampton*, LXVII (1880), 268. — La métaline, LXVII (1880), 285. — *Les mécaniciens de la marine anglaise*, LXXX (1884), 213. — Le service médical dans la marine anglaise, LXXX (1884), 221. — Tableau de concordance des divers grades dans la marine et l'armée anglaise, LXXX (1884), 224.

Vivant (G.) : Renflouage de l'*Austral*, LXXX (1884), 82.

Vivier (P.), lieutenant de vaisseau : Sur la méthode *Schwerer* pour l'étude des courbes d'évolution, LXVII (1880), 277. — Valeurs particulières de K, LXIX (1881), 41.

Vladimir Monomach, croiseur russe, LXX (1881), 474 ; LXXVI (1883), 758.

Voisin-Bey, ingénieur en chef des ponts et chaussées : Rapport sur les projets du canal interocéanique, LXII (1879), 125.

Volage, croiseur anglais, LXXI (1881), 574.

Volontaires de l'artillerie de la marine anglaise ; leur organisation, LXII (1879), 489 ; LXXXVIII (1886), 167. — Volontaires marins dans la milice anglaise, XCVII (1888), 362.

Voltigeur, aviso français : Sa machine et ses chaudières, LXXVI (1883), 483.

Voûtes en anse de panier : Méthode nouvelle pour leur tracé, XCIV (1887), 474 ; XCV (1887), 105, 223.

Voyages : Expédition américaine au pôle Nord de *Gordon Bennett*, LX (1879), 241. — L'expédition arctique suédoise de *Nordenskiold*, LX (1879), 491 ; LXII (1879), 811. — Expédition au pôle Nord du commander *Cheyne*, LX (1879), 807. — Route de l'extrême nord du colonel *Dennis*, LXI (1879), 447. — Croisière arctique du commandant *Markham*, LXIII (1879), 522. — La *Véga* et le passage du nord-est ; relations du commandant *Howguard*, LXIV (1880), 297. — Le voyage de la *Jeannette* et les observatoires scientifiques circumpolaires, LXXVII (1883), 5 ; expédition envoyée à sa recherche, LXX (1881), 478. — Missions circumpolaires internationales , LXXXIII (1884), 279.—Expédition autrichienne à l'île Jan-Mayen, XCII (1887), 385 ; XCIII (1887), 338 ; XCIV (1887), 5. — Nouvelle expédition au pôle Nord, XCVII (1888), 372.

Mission en Laponie, LXXII (1882), 56.

Voyage de *Lovett Cameron* en Mésopotamie, LXIX (1881), 570. — Expédition de *La Bourdonnais* dans la mer des Indes, LXVII (1880), 56, 412. — Expédition du commandant de *La Grée* en Indo-Chine, LXXXV (1885), 260.—Voyage aux lacs du Cambodge, XCVIII (1888), 369.—Voyage à Bornéo, XCVII (1888), 68, 305. — Expédition à la recherche de Lapérouse, XCIX (1888), 109.

Voyage du docteur *Bayol* en Sénégambie, XCIV (1887), 441 ; XCV (1887), 72, 256, 438 ; XCVI (1888), 155, 492. — Pénétration au Soudan, LXX (1881), 458 ; LXXI (1881), 456 ; LXXII (1882), 143, 637.—La marine au Niger, XCIX (1888), 505. — Expédition de S. *de Brazza* et N. *Ballay* sur les cours supérieurs de l'Ogooué, de l'Alima et de la Licona, LXI (1879), 245.—Voyages d'exploration de *Savorgnan de Brazza* dans l'Ogooué et au

Congo, LXXVI (1883), 509; LXXVII (1883), 175, 670 ; LXXVIII (1883), 379, 591; LXXIX (1883), 205, 264. — *Stanley* au Congo, LXIV (1880), 425. — Voyage de *Tenaille d'Etais* et *Lota*, LXXVIII (1883), 241. — Voyage à Stanley Pool du missionnaire *Holmann Bentley*, LXXIX (1883), 205, 264. — Relation d'un voyage à pied du Remboé au lac Azhingo et à l'Ogôoué (1882), LXXVIII (1883), 241.

Voyage du Red River, LXXXVI (1885), 108. — Le canal interocéanique et les explorations dans l'isthme américain, LXI (1879), 75. — Voyage d'exploration en Guyane en 1877, LX (1879), 706. — Exploration de l'Oyapock, LXV (1886), 61. — Mission scientifique du cap Horn (1882-1883); relation du voyage, XCVIII (1888), 248, 448 ; XCIX (1888), 23, 273. — Une exploration anglaise au pôle Sud, XCV (1887), 539. — Voy. *Géographie.*

Voyant à rainure horizontale de côté, LXVII (1880), 278.

W

Waddington : Son bateau électrique sous-marin, LXXXIX (1886), 370.

Wallis (Iles), LXVIII (1881), 397.

Wallut (R.), enseigne de vaisseau : Observations sur le magnétisme terrestre en Islande, LXXXI (1884), 387.

Walther (Dr), médecin en chef de la marine : Rapport sur l'épidémie cholérique de la Guadeloupe en 1865-1866, LXXXIV (1885), 433, 700, 797, LXXXV (1885), 155, 321, 648 ; LXXXVI (1885), 121, 383.

Wanderer, corvette anglaise, LXII (1879), 238.

Warrior, frégate cuirassée anglaise, LXVIII (1881), 12 ; XCIX (1888), 157.

Warspite, croiseur cuirassé anglais, XCIV (1887), 591.

Washburn (C.-H.) : Son système de gouvernail électrique, LXXXVI (1885), 467, LXXXIX (1886), 568.

Washington (Territoire de) : ses pêcheries, LXXVI (1883), 498.

Wasp, canonnière anglaise, LXVII (1880), 627; son armement, XCII (1887), 365 ; sa perte, XCVI (1888), 183.

Wasteneys - Smith : Son ancre sans jas, LXXXVIII (1886), 546.

Watbled (Ern.), consul honoraire, sous-archiviste du Sénat : Les relations de l'Algérie avec l'Afrique centrale, LXII (1879), 70. — Exploitation des mines du Laurium, LXXVIII (1883), 617. — Élargissement du détroit de Chalcis, LXXXVI (1885), 69.

Weeks : Système de torpille-fusée, LXXXVI (1885), 701.

Well (Denis), avocat : L'assurance sur fret en Angleterre, LXII (1879), 358.

Welch : Système de torpilleurs, LXXXVII (1885), 210.

Weser : Fortifications de l'embouchure de ce fleuve, LXII (1879), 242 ; LXIII (1879), 280.

Weser (Constructions de canonnières type), LXX (1881), 475.

Wesp, monitor cuirassé hollandais, LXXI (1881), 175.

Wespe, canonnière cuirassé allemande, LXVIII (1881), 613.

Weyll (E.), lieutenant de vaisseau : Les expériences d'artillerie Krupp, à Meppen, LXIII (1879), 237. — Le *Mercury*, LXIII (1879), 266. — La *Dévastation*, LXIII (1879), 270. — Échappement silencieux de la vapeur, LXIII (1879), 274. — Torpilleurs chinois, LXIII (1879), 282. — Appa-

reil pour enlever les torpilles, LXIII (1879), 282. — Compas avertisseur Severn, LXIII (1879), 285. — Enlèvement d'enrochements, LXIII (1879), 288. — Bassin à flot de Bombay, LXIII (1879), 292. — *L'Agamemnon*, LXIII (1879), 512. — Le *Mandovi* et le *Bengo*, LXIII (1879), 513. — Mâture de l'*Inflexible*, LXIII (1879), 514. — Essais de l'*Orient*, LXIII (1879), 515. — Les chantiers de Napier, LXIII (1879), 516. — Le canon de 80 tonnes modifié, LXIII (1879), 517. — Le canon *Armstrong* de 10 pouces, LXIII (1879), 519. — Canons de 100 tonnes pour la marine italienne, LXIII (1879), 519. — Le fort cuirassé de la Mersey, LXIII (1879), 520. — Traversée du *Sardinian*, LXIII (1879), 520. — L'hydrographie en Angleterre, LXIII (1879), 520. — Le bassin de carénage de Milford-Haven, LXIII (1879), 521. — La lumière électrique et la peinture des embarcations, LXIII (1879), 522. — Croisière arctique du commandant *Markham*, LXIII (1879), 522. — Voy. *Tables des tomes* LX, LXI et LXII.

White (W.-H.), aide constructeur de la marine anglaise : Hélices simples et hélices jumelles, LXI (1879), 155. — Dimensions principales et système de construction de l'*Iris*, LXIV (1880), 508. — Pouvoir giratoire des navires, LXV (1880), 561. — Ses nouveaux torpilleurs, LXXXVIII (1886), 173.

Whitehead : Exercices du *Glatton* avec cette torpille, LX (1879), 226.

Whitehead - Schwartzkopff (Adoption en Espagne des torpilles), LXXI (1881), 412.

Wiborg, torpilleur russe, XCI (1886), 591.

Wigham (J.-R.) : Sa sirène pour signaux en temps de brume, LX (1879), 238.

Wilde (H.) : Ses appareils de lumière électrique pour la marine, LXI (1879), 655 ; LXII (1879), 777.

Wild-Swan, corvette anglaise, LXXI (1881), 585.

Wilhelmshaven (Les défenses de), LXVIII (1881), 652. — Bouée au gaz en usage dans ce port, LXII (1879), 782. — Canal de l'Ems à la Jade, LXIII (1879), 774.

Williams : Son torpilleur automobile, LXXXIV (1885), 770.

Windau : Son port militaire, LXXXVIII (1886), 347.

Wischtun, monitor russe, LXIX (1881), 208.

Wivern, garde-côtes anglais, LXVIII (1881), 290.

Wladimir-Monomach, croiseur russe, LXX (1881), 474 ; son lancement, LXXVI (1883), 758.

Woodite (La), poudre, XCI (1886), 589.

Woolwich : Comptes des dépenses pour l'année 1876-1877, LX (1879), 210. — Expériences d'artillerie, LXII (1879), 487 ; XCVI (1888), 191 ; XCVII (1888), 161.

Wrangler, canonnière anglaise, LXVII (1880), 627.

Wrede (Carl) : Préparation et vente du hareng, LXIX (1881), 663.

Wurtemberg, corvette allemande, LXVIII (1881), 611 ; LXX (1881), 475.

Wyandotte, monitor cuirassé américain, LXXI (1881), 309.

Y

Yapura. — Voy. *Guyane*.

Yarrow : Ses torpilleurs, LX (1879), 517 ; LXI (1879), 220 ; LXII (1879), 777 ; LXV (1880), 648 ; LXVII (1880), 276 ; LXXXII (1884), 168, 261 ; LXXXIV (1885), 769 ; LXXXV (1885), 464, 724 ; LXXXVI (1885), 700, 701 ; LXXXVII (1885), 207 ;

LXXXVIII (1886), 344; LXXXIX (1886), 177, 373; XC (1886), 328; XCII (1887), 176; XCIII (1887), 626; XCIV (1887), 215, 594; XCVII (1888), 169, 369; XCVIII (1887), 197; XCIX (1888), 156.

Yorktown, canonnière américaine : son lancement, XCVII (1888), 565.

Ytier (G.), lieutenant de vaisseau : Lampe électrique, LXXIV (1882), 421.

Z

Zablaka, frégate russe, LXI (1879), 415 ; LXXI (1881), 601.

Zagazig, LXXIX (1883), 169.

Zalinski : Son torpilleur sous-marin, LXXXVII (1885), 439. — Son canon pneumatique, LXXXI (1884), 744 ; XCII (1887), 547 ; XCV (1887), 529 ; XCVI (1888), 566 ; XCVII (1888), 161 ; XCVIII (1888), 349. — Son obus, XCVI (1888), 190, 199, 566.

Zanzibar et Mozambique, LXXVI (1883), 115.

Zaporozetz, canonnière russe : état d'avancement, XCVI (1888), 386.

Zara, croiseur autrichien, LXXI (1881), 611.

Zaragosa, frégate cuirassée espagnole, LXXI (1881), 154.

Zélényi, capitaine de vaisseau russe : Discours sur la formation d'une marine volontaire en Russie, LXI (1879), 38.

Zrinyi, croiseur autrichien, LXXI (1881), 610.

Zuiderzée : Travaux de dessèchement, XCVII (1888), 371.

TABLE

ALPHABÉTIQUE DES CARTES ET DES PLANCHES

CONTENUES DANS LES 40 VOLUMES

REVUE MARITIME & COLONIALE

DE 1879 A 1888

——

N. B. — Les chiffres romains indiquent le tome, et les chiffres arabes la page ; le millésime placé entre parenthèses donne l'année de la publication de l'article.

——

A

Aden (Ouragan du golfe d') LXXXIX (1886), 60. — Marche du cyclone, XCIII (1887), 44.

Alexandrie : Plan du bombardement de ses forts en 1882, LXXXIII (1884), 330.

Amérique équatoriale, LXV (1880), 61.

Astronomie : Tableau d'observations de distances luni-stellaires, LXXXIII (1884), 159.

B

Boffa (Poste de), LXXXV (1885), 82.

C

Cambodge (Les lacs du), XCVIII (1888), 410.

Canon de 100 tonnes, LXXVIII (1883), 516.

Cap Horn (Mission scientifique du), XCVIII (1888), 302.

Cette (Port de), LXVI (1880), 97.

Chili : Plan des batailles de Mira-

flores et de Chorillos, LXXIV (1882), 648.

Champagne (La), paquebot de la Compagnie générale transatlantique, LXXXIX (1886), 68.

Chipka (Environs de), LXXXIII (1884), 672.

Chorillos (Plan de la bataille de), LXXIV (1882), 648.

Circulation atmosphérique, LXXII (1882), 96.

Collisions en mer, XCVII (1888), 184, 186, 228, 424, 434 ; XCIX (1888), 460.

Colonies anglaises (Carte des), LXXVII (1883), 800.

Congo (Carte du), LXVIII (1883), 400 ; LXXXVII (1885), 480.

Compteur différentiel *Valessie* LX (1879), 258 ; LXXIV, (1886), 64.

Corinthe (Plan de l'isthme de), LXXXI (1884), 676.

Cuirasses (Perforation des), LXXIV (1882), 262.

Cyclone : Courbe barométrique du cyclone observé par le *Volta*, LXXX (1884), 26.

D

Dépressions barométriques, LXVII (1880), 624.

Diégo-Suarez (Carte de la baie de), LXXXIII (1884), 213.

Dublin (Plan de la baie de), LXXXIX (1886), 60.

Dunkerque (Plan de), LXXXIX (1886), 60.

F

Fusil-canon mobile, LXXVIII (1883), 304.

G

Guadeloupe (Carte de la), LXXXVI (1885), 444.

H

Havre (Plan du), LXXIII (1882), 512.

J

Jan-Mayen (Expédition à l'île), XCIV (1887), 74.

K

Kita (Environs de), LXXIX (1883), 327. — Fort de Kita, 328.

L

Loch à moulinet Fleuriais, LXIII (1879), 466.

Lorient : Plans du port et de la ville en 1703 et en 1720, LXXIX (1883), 742.

M

Machines à deux hélices, XCIX (1888), 18, 20.

Madagascar, LXXXI (1884), 146. — Ouragans, XCVI (1888), 458.

Météorologie : Dépressions barométriques, LXVII (1880), 624.

— Circulation atmosphérique, LXXII (1882), 96. — Courbe barométrique du cyclone observé par le *Volta*, LXXX (1884), 26.

Miraflores (Plan de la bataille de), LXXIV (1882), 648.

N

Niger (La marine au) XCIX (1888), 534.

Normandie (La), paquebot de la Compagnie transatlantique LXXV (1882), 596 ; LXXXVII (1885), 454.

O

Océan indien (Tableau des températures de l'), LXXIII (1882), 578.

Ogôoué (Carte de l'), LXXVIII (1883), 400.

P

Pavillons de la marine chinoise LXXXII (1884), 742. — Tableau des pavillons et saluts de la marine française, LXXXVII (1885), 692.

Pentère grecque (Restitution d'une), LXXXVI (1885), 366.

Planchette pour tir incliné, LXIV (1880), 106.

Pôle Nord : Carte des régions polaires, LXXVII (1883), 52.

R

Rio-Pongo (Carte du), LXXXV (1885), 82.

Roulis (Instrument destiné à se rendre compte du), XCIII (1887), 248.

S

Seine : Son embouchure, LXXIII (1882), 574.

Sénégal (Carte des dépendances du), LXXXV (1885), 82. — La barre, LXXXIX (1886), 547.

Shamrock : Son avarie, XCVIII (1888), 318.

Sharpee (Le), LXX (1881), 16.

Sondages du *Talisman*, LXXX (1884), 525.

Soudan (Le), LXX (1881), 470.

Sphère (Nouveau système de projection de la), XCIV (1887), 228.

T

Toulon (Plan de), LXXI (1881), 302.

Trière athénienne, LXXXVI (1885), 54.

Trirème vénitienne, LXXXVI 1885), 54.

Trombes, LXVII (1880), 434.

Tunisie (Bateaux de la côte de), LXXXII (1884), 64.

Tyne (Plan de l'entrée de la), LXXXIX (1886), 30.

V

Vision (Phénomènes de la), LXXIV (1882), 386.

Paris. — Imprimerie L. Baudoin et C°, 2, rue Christine.